KB001987

리스크학 입문
2

경제에서 본 리스크

다치바나키 도시아키
엮음

고마무라 고헤이
오다 소이치
아베 아야
오카 도시히로
나가세 노부코
히로다 신이치 지음

백계문 옮김

한울
아카데미

이 도서의 국립중앙도서관 출판예정도서목록(CIP)은 서지정보유통지원시스템 홈페이지(http://seoji.nl.go.kr)와
국가자료공동목록시스템(http://www.nl.go.kr/kolisnet)에서 이용하실 수 있습니다.
(CIP제어번호: CIP2014030718)

新装増補　リスク学入門　2

経済からみたリスク

責任編集　橘木俊詔 Toshiaki Tachibanaki

岩波書店

RISUKUGAKU NYUMON, expanded edition
Vol.2, KEIZAI KARA MITA RISUKU
edited by Toshiaki Tachibanaki

발간에 즈음하여

근대 산업사회의 과학기술의 발전으로 인류는 풍족함을 얻었다. 그러나 산업사회가 편리하고 쾌적한 생활을 가져온 반면, 동시에 수많은 과학기술이 새로운 위험성을 만들어냈고 불투명성 또한 증대시켰다.

예를 들면 감염증을 조금이라도 예방하기 위해 수질 개선에 사용되는 약품이 한편으로는 발암의 위험을 만들어내고, 생활에 편리한 플라스틱 용기의 보급이 그 폐기나 사후처리 문제를 초래하기도 한다. 또 식량 사정을 개선하기 위해 개발된 유전자 조작이나 안정된 에너지 공급을 위해 고안된 원자력발전 등은 유사시에 얼마만큼의 피해가 어디까지 미칠 것인지, 그 리스크를 예측하기가 어렵다. 게다가 이들 리스크는 화재나 교통사고, 범죄 피해, 나아가 실업, 빈곤, 질병, 이혼, 폭력, 왕따, 사생활 침해 같은 기존의 리스크들과 결합하여 문제를 한층 복잡하게 만들고 있다.

산업사회가 글로벌화하면서 현대사회는 테러행위나 국가 간의 돌발적 분쟁 같은 예측하기 어려운 리스크로 겹겹이 둘러싸이게 되었다. 과학기술의 진보와 더불어 각종 리스크는 점점 더 비대해지고 있으며, 그 피해는 기존의 계급이나 계층 또는 국경의 차이를 뛰어넘어 확산되고 있다. 현대는 '리스크사회'이다. 이러한 리스크사회에 대응하기 위해서는 기존의 학문의 틀이 아닌 새로운 학제적學際的 대응이 요구된다고 할 수 있다.

리스크사회와 산업사회는 표리表裏관계에 있다. 산업사회가 부富를 증대시켜 생활수준을 향상시키는, 말하자면 빛의 부분에 초점을 맞추고 있는 것에 비해 리스크사회는 산업화가 가져오는 어둠의 부분, 즉 생활의 불안이나 공포, 불확실성, 통제하기 어려운 미래 등에 초점을 맞추고 있다. 양자의 차이는 리스크사회가 지닌 반성적·재귀적再歸的 속성에서 찾을 수 있다. 다시 말해, 리스크사회는 부의 생산과 확대보다 그것이 가져오는 공포나 불안에 대해 응답적應答的이며, 그것들의 원인을 찾고 해소하는 데 민감하다. 따라서 리스크사회의 관점은 산업화가 가져오는 부작용을 체계적으로 해명하고 평가하는 데 필요한 시각을 제공한다.

리스크사회의 또 다른 의의는 그것이 21세기의 과제인 지속가능한 사회를 구축하는 데 반드시 필요한 관점을 제공한다는 것이다. 그 관점은 모든 것을 감수하고 성장과 발전을 추구하는 것이 아니라 이미 확보한 풍족함을 잘 활용해 지속적인 행복을 추구하기 위해 리스크에 대한 취약성을 극복하는 것이다. 이를 위해서는 의료나 건강, 금융, 법, 기업과 산업, 소비, 주거, 근로, 여가, 교육, 가정 등 모든 방면에서 리스크에 대한 연구를 행할 필요가 있다.

이 시리즈는 이러한 학계의 동향을 민감하게 파악해, 앞으로의 리스크 연구의 체계화 — 리스크학學의 구축 — 에 대비하기 위한 시도로 기획되었다. 리스크학을 수립하기 위해서는 독자적인 관점, 리스크의 정의, 리스크 분석, 리스크 평가, 리스크 관리 등에 관한 정비가 필요한데, 이를 위해서는 먼저 지금까지 축적된 개별 리스크론들을 정리해야 한다.

그래서 이 시리즈에서는 다음과 같은 구성을 택하기로 했다. 먼저 기존의 리스크론을 토대로 리스크학學을 전망한다는 목적을 가지고 리스크사회의 특질과 그 관리 방향을 제시할 것이다(제1권). 그다음은 각론 편으로(제2~5권), 리스크 연구에 관한 선진 분야이며 축적도 있는 경제와 과학기술 분야를 다루었는데, 우리는 이 분야에서 축적된 것들을 연구의 기본으로 삼았다. 이어서 개인정보의 누출 리스크와 이에 대한 법률상의 보호, 사이버 사회에서의 리스크와 법 등 법률 분야에서의 리스크 대처를 다루는

데, 이는 최근 들어 부쩍 사회적 관심이 높아진 분야다. 또한 가족이나 교육 현장, 질병과 의료, 여가와 사교 등 좀 더 폭넓은 사회생활 분야를 다룬다. 각 분야에서는 ① 리스크가 어떻게 정의되고 있고, ② 이제까지 리스크 문제를 놓고 어떤 논쟁이 있었으며, ③ 현 상태에서의 문제점과 앞으로의 과제는 무엇인가 등에 대한 규명을 시도했다. 그리고 이러한 시도를 바탕으로 ④ 리스크 회피 내지 저감화低減化를 위해 무엇을 할 수 있는지에 관한 해결법을 제시했다. 우리는 이러한 사고 과정을 통해 향후 각 학문 분야에서 지금까지와는 다른 접근으로 리스크에 대한 문제 해결방법을 찾아낼 수 있을 것으로 기대한다.

우리는 일본 리스크론자들의 학문적 업적을 이 시리즈에 집결했으며, 이 시리즈가 '리스크학'이라는 새로운 학문의 구축에 하나의 계기가 되기를 희망한다.

2007년 7월 엮은이 일동

증보판 발간에 즈음하여

2011년 3월 1일, 천 년에 한 번 있을 만한 강도 9.0의 대규모 지진이 도호쿠東北의 산리쿠오키三陸沖를 진원지로 하여 일어났다. 그에 뒤따라 상상을 초월하는 거대 쓰나미가 이와테岩手 현, 미야기宮城 현, 후쿠시마福島 현 연안을 덮쳐 수많은 주택, 점포, 공공시설이 유실되고 파괴되었다. 이에 더해 후쿠시마 제1원자력발전소에서 원자로 노심 용융과 수소폭발이 일어나 대량의 방사능이 대기에 방출되었고 그것이 도호쿠 지방뿐만 아니라 간토關東 지방까지 날아가 주민들에게 심각한 방사능 오염 피해를 입혔다. 우리는 당시 '리스크사회'의 현실을 다양하게 목격할 수 있었다. 그리고 전 세계에서 '3·11'과 '후쿠시마'는 동일본 대지진을 상징하는 단어가 되었다.

이 시리즈는 3·11보다 3년여 앞선 2007년 7월부터 11월 사이에 발간되었다. 당시 우리가 특별히 대지진 가능성을 상정한 것은 아니었다. 단지 글로벌화와 함께 산업사회가 리스크사회로 변화하고 있는 현실을 직시해 시대의 요청으로서 '리스크학'을 제창했고, 분야별로 학술적 체계화를 목표로 한 선구적 작업을 시도했던 것이다. 그런데 공교롭게도 동일본 대지진이 일어나 일본 국민뿐 아니라 전 세계 사람들이 지진·쓰나미·원전 사고의 대규모 복합 재해가 어떤 것인지 보고 느끼게 되었으며 '리스크학'이 얼마나 중요하고 또 긴박한 것인지를 깨달을 수 있었다. 그리고 리스크 거버넌스, 리스크 활용능력, 리스크 커뮤니케이션 등 리스크 관리를 향한 노력에 많이 뒤처져 있는 현실에 대한 위기감을 불러일으켰다.

이러한 문제의식을 가지고 다시 시리즈를 살펴보니 이미 지진 재해, 저선량低線量 피폭 등 3·11 이후의 문제들을 논하고 있었다(제5권). 그 밖에 경제 불황이 가져오는 실업·고용·빈곤 등의 리스크도 다루고 있었고(제2권), 법학적 관점에서 본 인터넷 사회나 안전보장과 관련된 리스크 문제(제3권)나 더욱 심각해지고 있는 사회문제로서의 가족이나 교육 현장에서의 리스크 문제(제4권)도 다루고 있었다. 이것은 넓은 의미에서 재해 리스크에 대한 대응 및 부흥復興 문제와 통하는 테마들이고, 이 시리즈를 재간再刊해야겠다고 생각하게 만든 이유이기도 했다.

시리즈의 재간에서는 단순히 중판 내지 일괄 복간하는 방법도 있었으나 그럴 경우 3·11 이후 사정이 전혀 반영되지 않게 된다. 한편, 전면 개정일 경우에는 작업상, 시간상의 여러 문제가 발생한다. 그래서 우리는 다음과 같은 편집 방침을 세워 '신장新裝 증보판'을 간행하기로 했다.

첫 번째, 제2~5권 권말에 각 책임편집자가 「3·11 이후의 리스크학을 위하여」라는 논고를 덧붙인다.

두 번째, 각권 권말에 게재되어 있던 「관련문헌 해제」에 각 집필자가 구판 발간 이후의 문헌 해제를 한두 개 덧붙인다.

세 번째, 제1권에는 각 권 권말에 덧붙이는 「3·11 이후의 리스크학을 위하여」의 논고를 토대로 전 편집위원이 참여하는 좌담회인 「리스크학의 재정의와 재구축: 3·11에 의거하여」를 덧붙인다.

이상의 방침에 따른 이 시리즈의 재간이 최근의 중요한 과제에 대한 대응 및 3·11을 매개로 한 리스크학의 새로운 전개에 기여하는 작업이 되기를 기대한다.

2013년 3월 엮은이 일동

차례

서 장

경제학에서의 리스크 대책

다치바나키 도시아키橘木俊幸

1. 라이프사이클상의 리스크

리스크가 높아지고 있는 시대다. 사람은 태어나서 죽을 때까지 불확실하게 일어나는 수많은 사상事象을 만난다. 기쁨을 느끼기도 하지만 슬픈 일을 만나는 경우가 더 많다.

사람은 살면서 생각지 못했던 일을 마주하기도 하고 예상한 대로의 일을 겪기도 한다. 또한 대부분의 사람은 결혼, 자식의 탄생과 양육, 교육, 취직, 실업, 가계 파산, 이혼, 퇴직, 질병, 네타키리[1], 사망 등을 경험한다. 그러나 이중에는 사람에 따라 경험하지 않는 것들도 있다. 예를 들어 이혼의 수가 증가하고 있기는 하지만 대부분의 기혼자는 이혼 경험이 없다.

이 책의 목적은 앞서 열거한 인생의 많은 사상에 주목해, 이에 대해 사람들은 어떤 대책이나 대비를 하고 있는지 상세히 검토하는 것이다. 말하

1 네타키리(寝たきり): '누운 채'라는 의미. 뇌졸중이나 중풍으로 누워 지내는 노인이 증가하는 현대 사회 현상을 가리키며, 일본에서 화두가 되었다.

자면 '라이프사이클상에서 일어나는 불확실성이 높은 중요 사상들에 대한 평가와 그 대책에 대한 고찰'인 것이다. 이들 사상 가운데 다수는 인간에게 불행을 가져오는 것들인데, 이 책은 그러한 사상에 대비한 안전망으로서 사람들이 어떤 제도들을 마련해왔는지 밝히고 또한 그것들이 유효했는지 여부를 검토한다. 그리고 그것을 경제학에 입각해 분석한다.

사실 그러한 사상들이 불행한 사건들로만 구성되어 있는 것은 아니다. 예를 들어 결혼, 출산, 취직 등은 행복한 일이다. 따라서 불행에 대비한다는 관점만을 취하는 것은 잘못이다. 오히려 요즘에는 결혼하지 않는 사람, 아이를 낳지 않는 사람이 우리 주변에 드물지 않은데 이에 대해 아예 리스크 회피를 선호하는 사람이 늘고 있다고도 말할 수도 있다. 결혼을 하지 않으면 이혼을 겪지 않아도 되고, 아이를 갖는 데 따르는 리스크도 피할 수 있기 때문이다.

취직이란 인간이 살아가는 데 필요한 생활수단을 얻기 위한 것이다. 인간은 돈을 벌기 위해 일한다. 하지만 취직한 후에도 불확실한 일들이 일어난다. 생활보장을 위협하는 대표적인 사건이 실업失業이다. 실업보험에 가입해 있는 사람이라면 어느 정도의 소득이 보장되어 있지만, 보험에 가입해 있지 않은 사람이나 폐업한 자영업자에게 실업은 곧 소득의 엄청난 상실을 의미한다. 실업상태에서의 소득 보장은 중요한 주제인데, 이 책에서는 그 부분에도 주목한다.

인간은 일을 할 때도 리스크와 마주한다. 대표적인 것이 산업재해인 만큼 이 문제를 언급할 것이다. 산재를 입은 경우 그 보상액이 통상의 의료보험 급부액보다 크기 때문에 당사자는 의료보험 급부보다 산재보험 급부의 적용을 희망한다. 따라서 산재 인정 여부와 그 책임이 누구에게 있는가를 놓고 다툼이 일어나는 일이 많다. 그래서 이 책에서는 산재보험과 의료보험의 차이를 분석한다. 더 나아가 산업에 따라 크게 달라지는 산재 발생률의 문제, 산재 보험료를 기업에게만 부담시켜도 되는지의 문제에 대해서도 논한다.

사람들이 일을 하는 형태에서도 어떤 취업을 선택하는지, 혹은 선택하지 않는지 또한 흥미로운 주제다. 풀타임 정규직으로 일하는가 아니면 파트타이머나 파견사원 같은 비정규직으로 일하는가에 따라 차이가 있다. 정규직과 비정규직은 임금격차가 클 뿐만 아니라 사회보장제도의 가입이나 기업이 제공하는 사내 복리후생에서도 차이가 있다. 따라서 비정규직은 실업이나 질병, 상해 같은 다양한 리스크에 무방비 상태로 놓여 있다고도 볼 수 있다. 이를 그대로 방치해도 되는지가 사회에서 큰 논점이 되고 있다.

모든 비정규직 노동자가 희망하는 취업 형태를 선택하고 있는 것은 아니다. 가능하면 정규직으로 일하고 싶다는 사람들이 있는가 하면, 가사나 육아의 양립을 위해 일부러 파트타임 취업을 하는 사람들도 있다. 그리고 고령자 중에는 건강을 이유로 파트타임 취업을 희망하는 사람도 많다. 이렇게 의도적 혹은 비의도적으로 취업 형태의 선택을 만들어내는 제도적 요인과 더불어, 사람들이 어떤 형태로 일하기를 바라는지에 대해서도 탐구할 가치가 있다.

최근 일본 사회가 격차사회에 진입했다고 한다. '일억총중류一億總中流'[2] 라고 말하던 시대는 과거가 되었고, 현재는 빈부 격차가 확대되고 있다. 리스크 관점에서 이것을 평가한다면, 부유층은 방치해도 상관없다. 왜냐하면 부자가 될 리스크라는 것 자체는 의미가 없으며, 부자가 되는 것은 행복한 일이기 때문이다. 반면 빈곤층이 될 리스크는 방치해서는 안 될 뿐만 아니라 경제학이 풀기 위해 애쓰는 중요 과제 중 하나이기도 하다. 먹는 데 어

2 일본 국민의 90%가 본인을 중산층이라고 여긴다는 의미로, 일본 버블 시기를 지배했던 사고방식이었다.

려움을 겪는 사람들이 있다는 사실은 인간사회의 치부라 할 수 있는 만큼 빈곤의 리스크에 대해서도 논할 것이다.

고도성장기부터 대불황기에 진입하기 전까지 일본에서는 빈곤이라는 단어가 일부 식자층을 제외하고는 언급되지 않았다. 말하자면 일반인에게 빈곤은 멀리 떨어진 세계의 이야기였다. '일억총중류'라는 말이 이를 대변한다. 하지만 오늘날의 일본은 빈곤이 상당히 심각한 상태이고, 그 정도 또한 점점 커지고 있다. 그래서 이 책에서는 빈곤층이 늘어나는 이유가 무엇인지, 어떤 사람들이 빈곤이라는 리스크에 직면하게 되는지, 빈곤을 없애기 위한 정책에는 어떤 것들이 있는지 등에 대해 논한다.

한편, 모든 사람은 인생의 최종점에서 사망과 만나게 된다. 그리고 근로자는 언젠가는 노동시장에서 은퇴를 해야 하므로, 은퇴자들은 연금이나 노후를 위해 마련한 금융자산을 사용해 생활한다. 그러므로 이 책은 연금제도에도 주목한다. 소자고령화少子高齢化 시대(한국에서는 저출산·고령화라는 용어를 사용)에 진입한 일본에서는 많은 사람이 장래의 연금제도에 불안을 느끼고 있다. 그래서 연금제도의 현황을 정확하게 이해한 후에, 재정위험이 예상되는 공적연금제도를 어떻게 개혁하는 것이 좋은지가 큰 관심사다. '네타키리'가 될 리스크도 있고, 누가 어떤 개호를 받을 것인가에 대해서도 국민의 관심이 높다.

이에 더해 나이에 상관없이 누구나 얻을 수 있는 질병이나 상해 리스크가 있다. 말하자면 인간은 누구라도 질병에 걸리거나 상해를 입을 수 있다. 이것을 치료하는 의학의 중요성은 당연한 것이고, 그 비용을 누가 어떻게 부담할 것인지도 중요한 문제다. 그러한 리스크에 대비하는 것이 의료보험제도인 만큼 이에 대해서도 논할 것이다.

지금까지 서술한 사망, 노후, 질병, 개호 등에 대비하는 모든 제도들은 우리가 가장 큰 관심을 두고 분석해야 할 주제다. 말하자면 라이프사이클상에서 생겨나는 주요 불상사에 대해 인간이 어떤 대책들을 준비해왔는지, 그 정책은 잘 기능해왔는지가 이 책의 분석 과제인 것이다. 그런 대책들에 소요되는 비용은 누가 어떻게 부담해왔고, 기대되는 편익benefit은 실제로 예상만큼 영향을 미치고 있는지 또한 이 분석의 문제의식이 될 것이다.

2. 안전망으로서의 보험제도

경제학이란 인간생활의 경제적인 측면을 다루는 학문이다. 리스크와 연관해서 말한다면 손해가 발생할 확률을 최소화하기 위한 방책이나 피해발생 시의 보상책, 또는 최저생활 보장책 같은 것들을 마련하는 데 주된 관심이 있다. 따라서 보험제도, 안전망safety net 등에도 주목할 것이다. 지금까지 서술해온 산재보험, 실업보험, 연금, 의료, 개호 같은 여러 제도를 통일된 일반론으로서 생각하는 것도 중요하다. 그것이 보험의 경제학이다.

보험제도는 불확실하게 일어나는 불행이 발생했을 때 그 피해를 최소화하기 위한 제도다. 보험에 가입한 사람들이 정기적으로 보험료를 내고, 피해가 발생했을 때 모아둔 자금에서 보상액을 지급한다. 보험제도에는 공적부문이 운영하는 강제보험(실업보험, 산재보험, 공적연금 등을 떠올리면 된다)과 참가가 임의이고 민간회사가 운영하는 보험(생명보험, 손해보험 중 일부)의 두 종류가 있다.

보험제도를 'safety net(안전망)'으로 설명하면 이해가 쉬울 것이다. 원래 safety net이라는 단어는 안전망의 의미 말고도 서커스에서 공중그네 아래 펼쳐놓은 그물을 가리킨다. safety net이 펼쳐져 있다면 공중그네에 있다 떨어지더라도 큰 부상을 입지 않는다. 그것이 곡예사를 안심시켜 연기에 용감하게 임할 수 있도록 돕는다. 보험제도도 이러한 safety net의 일종으로 볼 수 있다.

경제학의 역사에서는 이러한 보험제도, 안전망에 관한 분석이 축적되었다. 정보경제학이라는 분야가 이와 관계가 깊고, 최근에는 수학의 한 분야인 게임이론도 분석방법의 하나로 사용되고 있다. 경제학의 관점에서 전통적인 보험제도나 안전망을 이해하려는 연구 또한 많았다(酒井泰弘, 1996; 山口, 1998; 橘木俊詔, 2000, 2002).

보험제도나 안전망과 관련해 경제학에서 논의되는 중요 개념이 '모럴 헤저드(도덕적 해이)'와 '역선택adverse selection'이다. 그리고 경제학에서는 이 두 가지를 최소화 또는 배제하도록 하는 보험제도나 안전망이 존재하고 있는지를 분석해왔다.

'모럴 해저드'란 사람이 보험제도에 가입해 있거나 안전망이 충실할 경우, 사람은 제도를 악용하게 되고 그 결과 제도가 본래의 목적을 발휘할 수 없게 되는 것을 말한다. 이해하기 쉬운 예는 다음과 같다. 일본에서 고용자의 절반 정도는 실업보험(일본에서는 고용보험이라고 부른다)에 가입해 있어서 실업자 되더라도 급부가 있고, 빈곤해질 경우 생활보호를 지급받는다. 모럴 해저드란, 실업자나 빈곤자가 되더라도 이처럼 급부가 있기 때문에 진지한 자세로 직장을 구하지 않는 사람이 생기는 것을 가리킨다.

'역선택'은 의료보험을 생각해보면 쉽게 알 수 있다. 병에 걸리기 쉬운 사람은 스스로 보험에 가입해 급부를 받으려 하지만 건강에 자신이 있는 사람은 추후 보험료를 사용하지 않을 가능성이 높기 때문에 의료보험에 가입하려 하지 않는다. 이것을 역선택이라 부른다. 이를 방치할 경우 급부액이 보험료 수입을 크게 웃돌게 되기 때문에 보험회사는 파산하기에 이른다. 공적 부문에서 모든 사람에게 보험 강제가입을 요구하는 것은 이를 막기 위해서다. 미국을 제외하고 거의 모든 나라에서 공적의료보험제도를 갖추고 있는 것이 이것을 여실히 증명해준다.

보험제도 운영에서는 이러한 모럴 해저드와 역선택의 문제에 어떻게 대처할지가 가장 큰 관심사였다. 이 문제를 둘러싸고 보험 가입자(잠재적 가입자를 포함)와 보험 경영 주체(공영·민영을 불문하고)가 사투를 반복해온 것이 보험의 역사라 해도 과언이 아니다.

보험제도와 관련해 반드시 생겨나는 '소득이전' 문제도 의론이 필요한 부분이다. 의료보험을 예로 들면 건강한 사람에게서 병에 걸리기 쉬운 사람에게로 소득이전이 발생하는 것을 피할 수 없다. 즉, 보험 가입자 간에 소득이전이 일어나는 것이다. 이 소득이전을 사회 전체에서 용인하지 않는다면 사회보험은 성립할 수 없다. 이와 관련해 사회 구성원 간의 연대감이 사회보험 성립의 기초 조건이라는 연구도 있었다(Diamond, 1977).

다만 순수 경제학적으로 논한다면 그러한 연대감이 반드시 필요한 것은 아니다. 왜냐하면 각 보험 가입자는 자신이 병에 걸릴 확률을 사전에 예측할 수 없기 때문에 병에 걸렸을 때는 앞서 기술했던 소득이전의 수령자가 되는 것이고, 병에 걸리지 않는 동안에는 단지 소득이전의 제공자가 되는 것일 뿐이다. 보험제도가 원래 그런 것이라고 모든 사람이 이해한다면 반드시 연대감을 필요로 하지 않아도 보험제도의 운영이 가능하다.

그러나 현실 세계에는 이처럼 순수하게 경제학적으로 해석하지 않는 사람(즉, 소득이전에 따른 이해득실을 문제로 삼는 사람)들도 있기 때문에, 이 연구에서 그런 사람들을 윤리적으로 설득하기 위해 사회적 연대감이 필요하다고 주장했을 것이라고 나는 해석한다.

3. 보험제도 운용 시의 여러 문제

나아가 일본에서도 공적연금제도와 관련해서 세대 간 소득이전의 문제가 논의되는 경우가 많다. 부과賦課 방식 아래서는 소자고령화의 진행과 함께 현역 세대로부터 은퇴 세대로의 소득이전이 발생한다는 것에 주목해 세대 간 불공평이 존재한다는 주장이 그것이다. 이때 연금 문제는 앞서 기술한 의료보험에서의 소득이전과 성격이 유사하다. 사회적 연대감을 근거로 세대 간 불공평론의 무의미성이나 몰염치함을 비난하는 논리가 있을 수 있고, 일본 국민은 순수 경제학적으로 해석하는 것이 불가능한 인간이라고 한탄하는 의견도 있을 것이다.

사회보험의 성립 이유가 개개인의 대응이 불가능하고, 강제가입이 아니면 보험제도의 운영이 불가능하기 때문이라고 했는데, 이러한 이유만으로 사회보험의 존립을 설명하는 것은 충분치 않다. 그렇다면 이것들을 명확하게 한 다음 나의 개인적인 의견을 제시하겠다.

이것들은 앤서니 반스 앳킨슨Anthony Barnes Atkinson의 책 『소득과 복지국가(Incomes and the Welfare States)』(1995)에 그 이유가 제시되어 있다. 첫 번째, 만일 상당히 많은 사람이 어떤 높은 리스크에 노출되어 있는 상황과 관련한 보험이라면, 그런 사람들이 바라는 것을 만족시키는 보험시장은 성립하기 어렵다. 예를 들어 풍토병이나 역병이 유행하는 지역에서는 의료보험 비즈니스가 쉽게 성립되지 않는다. 게다가 현대의 리스크 시대를 상징하는 원전 사고나 광우병BSE으로 대표되는 식품 오염 또는 대지진 같은 대규모 사건에 대해서 일반적인 보험제도로 대처하는 것은 불가능하다.

두 번째, 지금까지 보험의 경제학적 해석에서는 완전경쟁시장을 가정했는데, 독점적인 보험회사의 존재를 용인한다면 지금까지와는 다른 해석이 필요해진다. 왜냐하면 독점적인 보험회사는 시장지배력을 행사해 보험료율을 조작할 수 있는데 이러한 보험회사가 시장의 실패를 보완하는 경우도 있을 수 있다. 즉, 독점적인 보험회사가 시장의 모든 것을 지배하는 것이 시장의 실패를 배제하는 것으로 연결될 수 있는 것이다(다만 독점 이윤이 간단히 용인되지 않는 것은 확실하기 때문에 이 방법으로 시장의 실패를 배제하려 하는 것이 현실적이지는 않다).

세 번째로, 지금까지의 보험이론에서는 이른바 보험수리적인 리스크에만 모든 관심이 집중되었다. 앳킨슨의 말을 빌리자면, 이제까지는 프랭크 나이트Frank Knight의 저서 『위험, 불확실성 그리고 이윤(Risk, Uncertainty and Profit)』(1921) 주장했던 류의 리스크에 대해서는 무관심했다. 쉽게 말하면, 시대의 변천에 따라 리스크의 성격이 변화하고 사회의 대응도 변화한다는 것을 간과해서는 안 된다는 것이다. 예컨대 실업의 성격도 시대에 따라 변화한다. 더 중요한 것은 가족 기능이 현저히 변화했고(예를 들면 일인 가구의 증가, 이혼의 증가), 자조自助 노력에 대한 믿음이 약화되었다는 것이다. 또한 이후 서술할 환경문제에서는 보험이론만으로 대응할 수 없는 것이 많다. 이런 것들을 고려한다면 사회보험의 성립 기반을 좀 더 폭넓은 관점에서 논할 필요가 있다.

4. 기업과 환경에 얽혀 있는 리스크

경제학에서 리스크를 말할 때는 기업이 어떤 역할을 하고 있는가에 주목해야 한다. 지금까지 실업이나 빈곤에 대해 이야기했는데, 이러한 현상들을 발생시키는 요인으로 기업이 지목된다. 예를 들어 실업의 원인으로는 기업 측이 직원을 해고하는 것도 있지만 기업이 도산해서 모든 직원이 직장을 잃게 되는 경우도 있다. 빈곤은 실업에 의해 발생하고 기업이 지불하는 임금이 낮을 때도 발생한다. 이처럼 기업의 활동은 사람들의 경제생활 보장과 직접적인 관계가 있다.

그래서 이 책에서는 기업이 어떤 상황에서 도산하는지, 그리고 도산을 막기 위한 방책은 있는지에 대해 — 기업지배구조corporate governance 문제부터 경영정책까지를 포함해 — 분석한다. 나아가 도산의 사후 처리, 도산을 피하기 위한 기업회생책, 금융기관과의 관계 등을 포함하는 기업도산 리스크에 대해 논할 것이다.

기업을 리스크의 관점에서 평가할 때, 또 한 가지 측면은 기업이 환경문제를 만들어내는 주체라는 점이다. 경제학은 기업과 관련한 환경문제를 논할 때 이를 외부불경제外部不經濟로서 분석한다. 기업은 소음, 매연, 불순물, CO_2 같은 공해의 원인이 되는 갖가지 부산물을 만들어낸다. 일본에서 유명한 미나마타병水俣病, 욧카이치四日 시의 매연, 석면asbest 피해 등 이와 관련된 수많은 사례가 있다.

말하자면 환경문제 발생의 원천인 기업 활동을 어떻게 하면 좋을지가 큰 논점이 된다. 환경문제를 일으키지 않는 생산체제를 논하는 것도 중요하겠지만, 환경문제가 발생했을 경우 이를 처리하기 위해서는 경제학이 등장할 수밖에 없다. 예를 들어 환경문제로 피해를 입은 사람이나 기업에 대한 보상 정책, 환경문제의 발생을 막기 위해 기술이나 설비에 투입되는 비용의 부담 방법, 공공부문의 관여 방법 등 과제는 수없이 많으며 이에 대해서도 논할 것이다.

참고문헌

酒井泰弘. 1996.『リスクの經濟學』. 有斐閣.

橘木俊詔. 2000.『セーフティ·ネットの經濟學』. 日本經濟新聞社.

______. 2002.『安心の經濟學』. 岩波書店.

山口光恒. 1998.『現代のリスクと保險』. 岩波書店.

Atkinson, A. B. 1995. *Incomes and the Welfare States.* Cambridge: Cambridge Univer sity Press.

Diamond, P. A. 1977. "A Framework for Social Security Analysis." *Journal of Public Economics*, vol. 8, pp. 275~298.

Knight, F. H. 1921. *Risk, Uncertainty and Profit.* Boston: Houghtop Mifflin.

제 1 장

의료·개호, 연금과 리스크

고마무라 고헤이駒村康平

인간은 살아가면서 수많은 리스크에 직면한다. 사회보장제도, 사회보험은 개인이 자기책임만으로는 좀처럼 대응하기 어려운 리스크들에 대응하는 시스템이다. 이 장에서는 인간의 삶을 둘러싼 갖가지 리스크의 종류와 그 성격 및 인간의 불안 문제를 다루고, 여기에 리스크에 대처하는 사회보장제도·사회보험으로서 의료·개호보험과 연금보험의 역할을 논한다. 의료·개호보험과 관련해서는 의료·개호비의 발생 확률, 분포, 보험의 구조, 그리고 고령화에 따른 의료·개호비의 증대 등의 과제에 대해 생각해본다. 한편, 연금보험은 장애보험, 생명보험, 노후저축 기능을 가지고 복합적인 소득보장을 담당하는 보험이다. 그러나 그 재정은 부과 방식을 따르기 때문에 고령화가 진전됨에 따라 불안정해진다. 고령화 사회에서는 의료보험, 개호보험, 연금보험 모두 부담과 급부의 조정이 필요하게 된다. 사회보장제도 전체에 걸친 정합성 있는 개혁이 앞으로의 과제가 될 것이다.

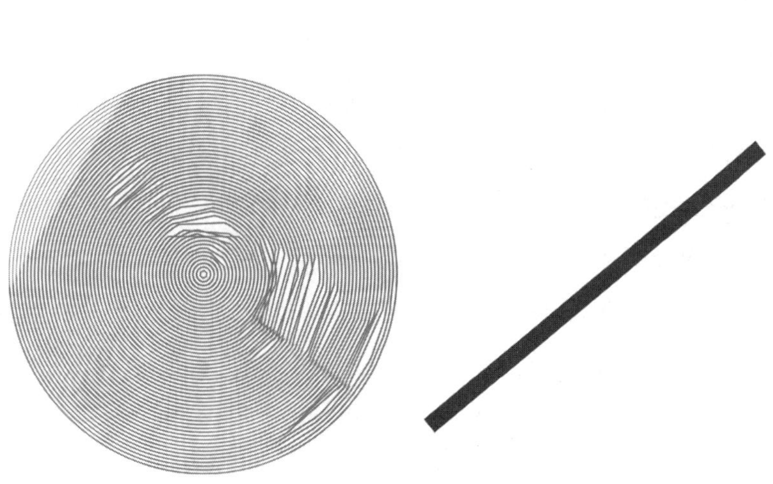

1. 들어가며

인간은 살아가면서 수많은 리스크와 불확실성과 직면하며, 이에 대응하기 위해 보험에 가입하거나 저축을 하는 등 다양한 생활보장 수단을 선택한다. 이 장에서는 질병이나 장애, 개호가 필요한 경우, 노후 생활비가 부족하게 된 경우, 주 소득을 담당하는 집안의 가장이 일찍 사망한 경우에 생활보장의 중심이 되는 사회보험을 중심으로 그 역할과 한계, 문제점 등을 사고해나갈 것이다.

1) 인간의 삶과 관련된 다양한 리스크

(1) 리스크에 관한 연구

인간은 살아가면서 수많은 리스크·불확실성과 만난다. 리스크는 ① 위험한 일(사태), ② 위험한 일이 일어날 확률, 이 두 가지 의미로 사용되는데 여기에서는 위험한 일이 일어날 확률이라고 생각할 것이다. 리스크에 대응하기 위해서는 여러 가지 방법이 있고 사람들은 스스로 최선이라고 판단하는 방법으로 리스크에 대비한다. 여기에서 중요한 것은, '리스크=위험한 일이 일어나는 확률'을 사람들이 어떻게 평가하는가이다. 확률에는 객관적인 위험 확률과 주관적인 위험 확률 두 가지가 있다. 객관적인 확률이란 동전 던지기에서 앞면 혹은 뒷면이 나올 확률처럼 측정과 계산이 가능한 확률을 말한다. 한편, 주관적인 확률이란 객관적인 확률에 대한 각 개인의 예측이라고 할 수 있는데 신념 등 정신적인 영향을 받는다. 이러한 주관적인 확률, 즉 리스크에 대한 인간의 인지認知는 객관적인 확률과 괴리된 경우가 적지 않다. 리스크 인지는 사고에 대한 이미지, 두려움, 미지성未知性 같은 것에 크게 영향을 받는다(岡本浩一, 1992).

보험은 객관적인 리스크를 집단적으로 공유해, 확률적 현상으로서 리스크를 분산해가는 방법이다. 만약 모든 리스크에 대해 보험이 존재한다고 가정한다면, 기대효용이론을 따를 경우 위험회피적인 사람은 리스크에 무방비 상태로 노출되는 것보다는 보험에 가입하는 쪽이 만족도가 더 높을 것이다. 그러나 기대효용이론으로 잘 설명할 수 없는 인간의 행동이 많이 존재한다. 사람들이 객관적인 확률에 따라 행동을 선택하는 것만은 아니라는 것이 밝혀졌고, 최근에는 심리학 등의 연구 축적을 바탕으로 리스크에 관한 연구 분야가 확장되고 있다(廣田すみれ·增田眞也·坂上貴之, 2002).[1] 객관적 확률과 주관적 확률의 간극, 즉 리스크 인지에 대해 체계적으로 연구한 분야로는 전망이론prospect theory이 있다. 대니얼 카너먼Daniel Kahneman은 전망이론 연구로 노벨경제학상을 받았는데, 이 이론은 행동경제학이라는 분야로 성장해 현재 투자행동분석 등에 응용되고 있다.

존재하는 리스크에 어떻게 대처할지는 결국 각 개인의 리스크에 대한 인지나 선호에 영향을 받을 것이다. 또 새로운 질병의 발생이나 수명의 증가 같은 발생 확률이 안정되어 있지 않은 리스크도 존재한다. 더 나아가 인구가 감소하고 고령화가 진전되는 사회에서 연금보험, 의료보험, 개호보험 같은 사회보장시스템이 지속가능한지 같은 객관적인 확률 예측이 어려운 '불확실성' 또한 존재한다.

(2) 인간의 불안감

주관적인 리스크는 '불안'이라고도 볼 수도 있다. 인간이 생활하면서 느끼는 불안에는 여러 가지가 있다. 〈그림 1-1〉은 일본 내각부가 매년 실시

---

1 기대효용이론과 비(非)기대효용이론, 심리학에서의 리스크 연구에 관한 개설서로서는, 니시무라(西村周三, 2000: 2·3·4障)가 있다.

〈그림 1-1〉 일본 국민의 불안 상황

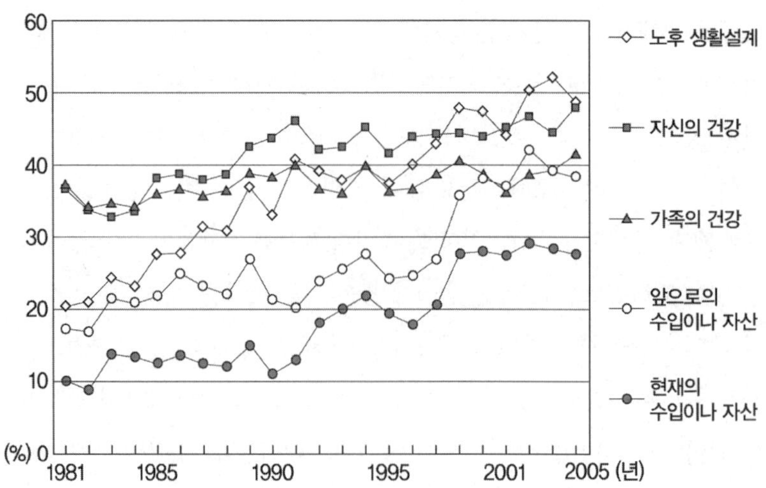

주: 1998, 2000년은 조사가 없었음.
자료: 일본 내각부, 「국민생활에 관한 여론조사」 참조해 작성.

〈그림 1-2〉 여론조사 답변자의 구성

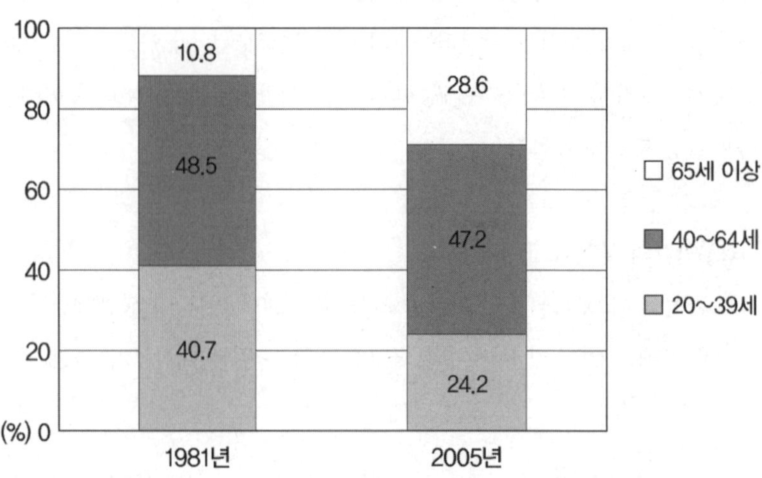

자료: 일본 내각부, 「국민생활에 관한 여론조사」 참조해 작성.

〈그림 1-3〉 연령별 불안 요소

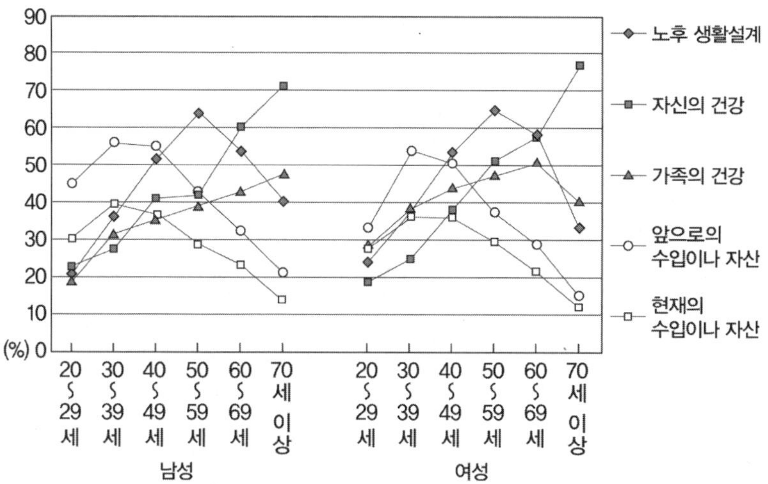

자료: 일본 내각부(2005), 「국민생활에 관한 여론조사」 참조해 작성.

〈그림 1-4〉 소득과 재산에 관한 불안 요소

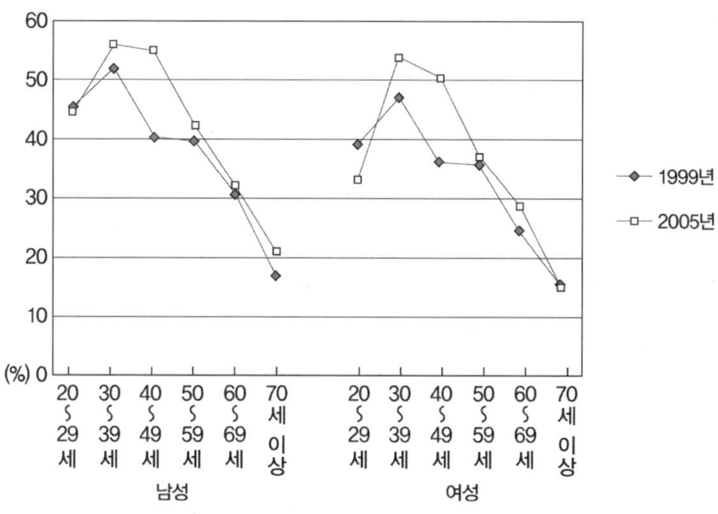

자료: 일본 내각부, 「국민생활에 관한 여론조사」 참조해 작성.

하고 있는 「국민생활에 관한 여론조사」를 참조해 작성한 것이다.[2] 여기에서의 불안들은 주관적인 리스크를 반영한 것이다. 〈그림 1-1〉로부터 일본 국민의 다양한 불안감이 상승하는 추세라는 것을 알 수 있다.

그러나 〈그림 1-2〉에서 볼 수 있듯이, 1981년과 2005년에는 여론조사 대상의 연령구성이 크게 변화했다.

실제로는 〈그림 1-3〉으로 알 수 있듯이, 연령과 함께 불안의 종류가 달라진다. 건강에 대한 불안은 나이가 들면서 함께 변화한다. 또한 가족들의 건강에 대한 불안감도 가족 형태나 연령의 영향을 받고 있다. 노후 생활에 관한 불안에서는 연금에 관심이 높은 50대에 불안이 정점에 있다가 연금을 받기 시작하면 불안이 감소한다. 한편, 현재 또는 앞으로의 소득이나 자산에 대한 불안은 부양가족이 많고, 한창 일할 세대인 30~40대에서 가장 높게 나타난다.

다만 〈그림 1-4〉에 나타나듯이, 그 사이 앞으로의 소득이나 자산에 관련된 불안은 최근 수년간 모든 연령층에서 상승 경향에 있다는 것에 주목할 필요가 있다. 불안감이 높은 고령자 인구비율이 높은 고령화 사회에서는 사회 전체의 불안감도 증대된다.

2) 생활보장에 관한 보장제도

여러 가지 불안에 대처하는 수단으로는 자조自助, 호조互助, 공조公助 세 가지가 있다.[3] 자조는 저축이나 민간보험처럼 리스크에 대비하는 금융자

---

2 일본 내각부 정책홍보실(http://www8.cao.go.jp/survey/inex-ko.html) 작성.

3 나라에 따라 이 세 가지의 역할은 크게 다르다. 세계 여러 나라의 사회보장·복지국가의 유형화에 대한 연구는 에스핑-안데르센(Esping-Andersen, 2001)을 참조.

산을 말한다. 호조는 가족이나 지역 내에서 서로 돕는 것이고, 공조는 사회보장제도 등 공적제도에 의한 생활보장 수단이다. 일본 사회보장제도의 중심은 사회보험 방식이다. 장수, 조기사망, 장애 같은 리스크들에 대한 소득보장은 연금보험에 의해, 질병에 대한 의료 서비스 보장은 의료보험에 의해, 자신이나 가족에 대한 개호 서비스는 개호보험에 의해, 실직 시의 소득보장은 고용보험에 의해, 산재 시의 소득과 치료 서비스 보장은 산재보험에 의해 이루어지고 있다. 사회보험이란, 보험이라는 수단을 사용해 소득이나 서비스를 보장하는 것인데 ① 조건을 충족한 국민은 강제로 가입해야 하며, ② 보험료는 개개인의 리스크를 반영해 책정되는 것이 아니라, 정액 혹은 소득에 비례해 책정되는 경우가 많은 것이 특징이다.

호조와 공조, 자조와 공조, 자조와 호조 간 구분은 확실하게 분리되지 않는다. 예를 들어 기업 복지의 경우, 이는 고용에 수반되는 취업조건이기 때문에 일종의 자조로서의 성격이 있다. 하지만 다른 한편으로 기업 복지에는 기업 내 동료들 사이에 서로 돕는 성격이 존재하기 때문에 부분적으로는 기업 내 호조로서의 성격도 있다. 또 건강보험조합이나 후생연금기금처럼 부분적으로 기업 복지를 제공하면서 동시에 사회보험의 역할을 대신하고 있는 조직들도 있다. 또한 호조와 공조의 관계에도 애매한 부분이 있다. 사회보험의 하나인 국민건강보험이 그 예인데, 그 시작을 지역 내에서 서로 돕는 활동으로부터 찾아낼 수 있기 때문이다(宮下和裕, 2006).[4] 그러나 이 장에서는 이러한 자조, 호조, 공조의 관계에 대해서 깊게 논의하지 않을 것이고, 공조인 사회보장제도에 대해 자세히 살펴볼 것이다.

4 국민건강보험의 원형이 된 지역의 호조 조직으로, 정찰(定札)이라는 제도가 있다.

2. 건강에 관한 리스크와 의료보험

1) 건강에 관한 리스크

〈그림 1-3〉에서 보았듯이 건강에 관한 불안, 즉 질병이나 부상에 관한 불안은 모든 연령층에서 공통적으로 나타난다. 질병이나 부상의 리스크를 좌우하는 것은 유전적인 요인, 식생활이나 운동 같은 생활습관적인 요인, 사고 같은 예기치 못한 요인, 전염병 같은 공중위생에 관한 요인 등으로 다양하다. 사람이 병에 걸리거나 부상을 당하면 그 개인의 생활기능이 저하되고 자립적 생활의 영위나 취업이 불가능해지며 치료하는 데 비용이 소요된다.

사람은 연령에 따라 직면하는 건강 리스크의 종류가 변화한다. 젊을 때는 확률은 낮더라도 중증 급성질환의 리스크가 중심이지만, 고령기에 접어들면 나이와 생활습관에 따른 만성질환·생활습관병(성인병)이 중심이다. 고령화 사회에서는 국민 의료비의 약 30%가 생활습관병 치료에 충당된다.

〈그림 1-5〉는 일본 A시의 국민건강보험 영수증 데이터에 기초한 통원·입원 의료비의 분포를 나타낸 것이다. 연령별로 의료비 분포의 집중도를 보면 대략 상위 25%의 환자가 전체의료비의 70~80%를 사용하고 있다는 것을 알 수 있다.[5]

이렇게 생각해보면 의료비를 둘러싼 리스크는 그 발생 확률은 낮지만 일단 발생하면 큰 비용이 소요된다는 것을 알 수 있다.[6]

---

5 의료비 영수증 점수를 고액 순으로 나열해 그 금액 분포를 보면 상위 25%가 전체 의료비의 3/4을 차지하고 있다고 한다(池上直己, 2006), 이런 경향은 미국에서도 마찬가지다. 상위 1%가 전체 의료비의 30%, 상위 5%가 전체 의료비의 50%를 사용하고 있다는 연구가 있다(Getzen·Allen, 2007).

〈그림 1-5〉 의료비가 상위 25%에 집중되는 정도

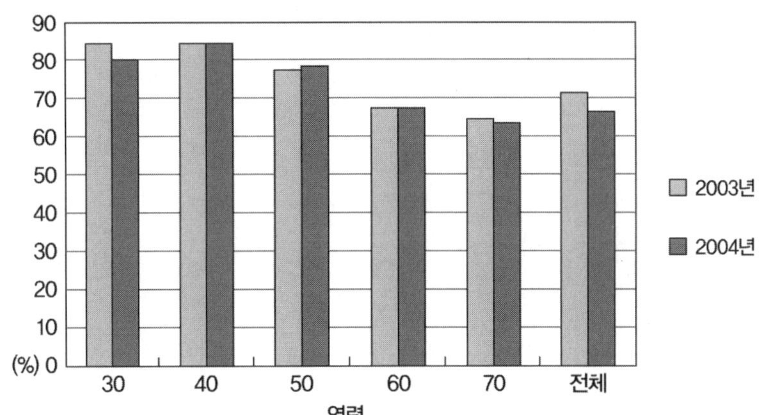

자료: SWIP 프로젝트 컨소시엄(2006).

그 밖의 건강에 관한 리스크에는 자신이나 가족이 개호가 필요하게 될 리스크나 장애를 입어 개호가 요청되는 리스크도 있다.[7]

2) 의료보험·개호보험의 역할

이상과 같은 의료비·개호비 리스크를 보상해주는 것이 의료보험과 개호보험이다. 보험이란 보험 가입자들이 사전에 보험료를 내고 사고가 발생했을 때 당사자가 손해에 대해 보상을 받는 제도다. 그중 의료비를 보상받는 보험이 의료보험이다. 보험 가입자는 보험료라는 비용을 지불해야 하지만 혹시나 매우 큰 의료비가 소요되는 질병에 걸리더라도 보험 측에서 그것을

---

6 의료보험에서 급부의 구조를 보려면, 지누시(地主重美, 1992)의 연구를 참조.

7 40세 미만에 장애가 생겨 여러 개조(介助) 서비스가 필요한 리스크는, 장애자복지제도가 담당하고 있다.

〈그림 1-6〉 보험자 규모와 평균(기대) 의료비 간의 관계

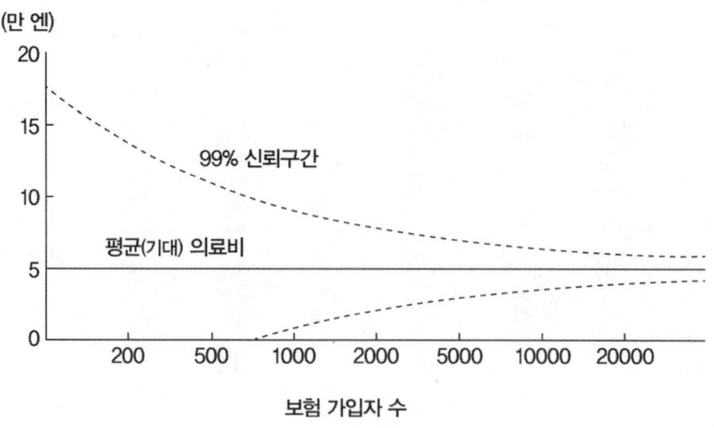

자료: Getzen·Allen(2007: 81) 자료 수정.

확실하게 지불해준다는 이점을 누릴 수 있다. 보험의 구조를 떠받치고 있는 것은 대수大數의 법칙인데, 이것은 '어떤 시행試行을 여러 번 반복할 경우 확률이 일정한 값에 수렴해간다는 법칙'이다. 가장 알기 쉬운 예가 주사위 던지기다. 주사위를 던질 경우 던지는 횟수가 적을 때는 특정 눈이 많이 나올 수 있다. 그러나 던지는 횟수가 많아지면 점차 어느 눈이든지 나올 확률은 1/6에 접근해간다. 마찬가지로 질병에 걸릴 확률도 가입자가 많아지면 일정한 확률에 수렴한다. 여기서 모든 가입자가 1%의 확률로 500만 엔의 의료비를 필요로 하는 질병에 관한 보험을 가정해보자. 각 가입자가 부담할 평균(기대) 의료비는 500만 엔 × 1%, 즉 5만 엔이 된다. 그런데 가입자 수가 아주 적을 경우에는 병에 걸리는 사람이 전혀 생기지 않거나 반대로 여러 명이 나올 가능성도 있다. 이 같은 상황에서 보험 운영자는 후자의 경우에 대비해 많은 의료비를 확보할 필요가 있고, 따라서 높은 보험료를 요구할 가능성이 있다. 〈그림 1-6〉의 점선은 발생 가능성이 있는 의료비의 99%까지 보상할 수 있는 평균(기대) 의료비(=보험료)의 범위를 나타낸 것

이다. 가입자의 수가 적으면 점선의 폭이 확대되어, 극단적으로 높은 보험료를 필요로 하고 또는 보험료가 0이 되는 경우도 있다는 것을 알 수 있다. 그러나 점점 가입자 수가 증가하면 99%의 신뢰구간이 좁아져 5만 엔 주변으로 수렴해가는 것을 볼 수 있다.

의료보험에는 민간의료보험과 공적의료보험이 있다. 민간의료보험은 가입이 임의적이며 보험료도 가입자의 건강 상태나 병력에 따라 달라지는 경우가 많다. 민간의료보험은 가입이 자유이기 때문에 개인의 리스크 인지認知가 큰 영향을 미친다. 질병에 걸릴 객관적인 확률보다 주관적인 확률이 높은 경우, 또는 공적의료보험에 관한 지식이 적을 경우에는 필요 이상으로 많은 보험에 계약하게 된다(永田宏, 2007).

한편, 공적의료보험이 필요성에 관해서는 민간의료보험에서의 역선택이 지적된다. 역선택이란 보험 운영자가 건강한 사람과 건강하지 않은 사람을 구별할 수 없을 경우, 병에 걸릴 가능성이 높거나 건강에 자신 없는 사람일수록 적극적으로 보험에 가입하고 그 결과 보험 사고가 많이 발생해 보험 재정이 파탄해버리는 것을 말한다. 이렇게 가입이 임의인 민간의료보험에서는 역선택이 발생하기 때문에 전원 강제가입이 이루어지는 공적의료보험이 필요한 것이다. 그러나 실제로 역선택이 일어나는지에 대해서는 의문이 있다. 민간의료보험에서는 정보고지 의무 등을 부과해 오히려 위험선택, 즉 어떻게 하면 건강하지 못한 사람을 보험에 가입하지 못하게 할 수 있을지를 궁리해왔다. 물론 시중에 무선택보험(누구나 가입할 수 있는 보험)이 존재하기는 하지만, 이것은 건강에 자신 없는 사람들이 가입한다는 것을 전제로 처음부터 보험료를 비교적 높게 정하고 보장기간에 엄격한 제한을 두며, 보험 급부를 하지 않는 질병을 많이 설정하는 등 역선택을 방지할 수 있는 구조로 만들어져 있다. 이 장에서는 공적의료보험을 중심으로 서술해나갈 것이다.

일본에서는 공적의료보험으로서 모든 국민이 가입하는 국민개보험제도國民皆保險制度가 채택되어 있다. 다만 모든 국민이 같은 공적의료보험에 가입해 있는 것은 아니다. 즉, 가입된 의료보험이 직업별로 다른, 분립형分立型 의료보험 체계로 되어 있다. 최근 제도가 개혁되면서 급부 내용이 거의 통일되기는 했지만 보험료는 보험제도에 따라 다르다. 공적의료보험은 크게 ① 회사원과 공무원 그리고 그 가족이 가입하는 건강보험, ② 회사원이 아닌 사람이 가입하는 국민건강보험으로 나눌 수 있다. 이 두 보험의 보험료는 서로 다른데, 건강보험이 가족의 수와 무관하게 급여에 비례해 설정되어 있는 데 반해 국민건강보험은 가족의 수 등에 따른 응익應益 보험료 형태다.[8] 이처럼 이 두 보험료의 구조가 다른 것은, 회사원은 급여소득자로서 세금이나 사회보험료의 부과 대상이 되는 소득이 충분히 노출되어 있는 반면, 자영업자 등 회사원이 아닌 경우에는 일본에서 "십十, 오五, 삼三"[9]이라는 말이 있을 정도로 그 소득을 정확히 파악하기 어렵기 때문에 이 두 경우를 동일하게 취급하는 것은 불공평하다는 사고방식에 기초한다. 그리고 2006년 일본 의료제도 개혁에 따라 2008년 이후 75세 이상의 고령자들은 독립된 보험에 가입하게 되었다.

현재 일본에서의 의료 서비스 급부는 3세 미만의 어린이는 소요 의료비의 20%, 3세부터 74세까지는 30%, 75세 이상은 소득에 따라 10~30%의 비용을 본인이 부담하고 있다.

그 밖에 고도의 의료 서비스를 받은 경우 소요 의료비의 30%라고 해도 적은 액수가 아닌 만큼 이런 경우를 위한 「고액의료비제도」가 마련되어

8 응익원칙은 국가의 서비스를 받는 사람이 그에 대응하는 세금을 내야 한다는 원칙이다. 반대되는 개념은 응능원칙인데, 이는 각자의 수익에 따라 부담하는 것을 의미한다.

9 소득파악률이 급여소득자는 약 100%, 자영업자는 약 50%, 농림수산업자는 약 30%라는 의미이다.

〈그림 1-7〉 입원 시 연령별 자기부담 비용

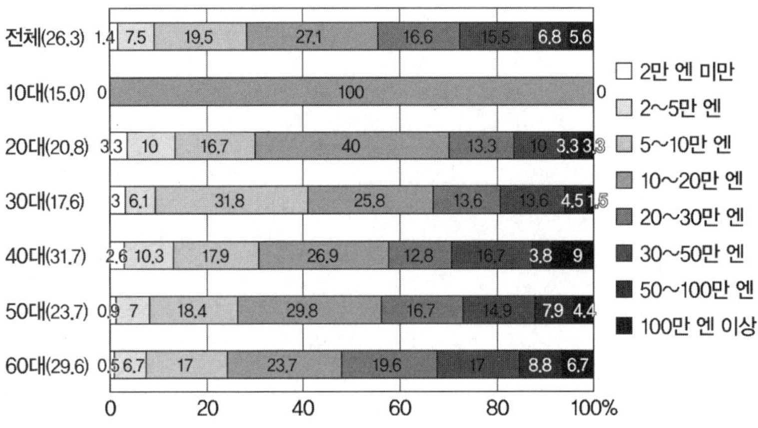

자료: 생명보험문화센터(2004), 「생활보장에 관한 조사」.

있다. 이 제도에 따르면 일정액 이상에 대해서는 소요 의료비의 1%만을 부담하게 되어 중병에 걸렸을 때 의료비 부담이 많이 경감된다.

다만, 그럼에도 실제 의료에 수반되는 자기부담은 〈그림 1-7〉과 같이 나타나는데, 연령에 따라서 자기부담액이 증가하고 있는 것을 알 수 있다.

한편 40세 이상의 일본 전 국민은 개호보험에 가입하도록 되어 있다. 개호보험은 일본 행정구역인 시·정·촌市·町·村 단위로 운영되고 있는데, 피보험자는 65세 이상의 1호 피보험자, 40~64세의 2호 피보험자로 나뉜다. 1호 피보험자의 보험료는 시·정·촌에 따라 다르고 또 소득에 따라서도 달라지는데, 주로 공적연금에서 공제·징수되고 있다. 한편, 2호 피보험자의 보험료는 의료보험료와 합산해 징수되고 있다. 1호 피보험자와 2호 피보험자의 급부 내용은 서로 다르다. 1호 피보험자는 5단계로 나누어져 있는 개호서비스의 중요 개호 대상으로 인정되면, 의료비의 10%를 자기가 부담하는 개호서비스를 이용할 수 있다. 한편, 2호 피보험자는 법적으로 정해진 특수한 질병에 따른 중요 개호 대상의 경우만 개호서비스를 이용할 수 있다.

3) 의료보험·개호보험제도가 안고 있는 문제들

일본 의료보험제도의 장점은 ① 전 국민이 가입하는 국민개보험이고, ② 환자가 자유롭게 의료기관을 선택할 수 있는 프리 액세스free access이며, ③ 전국 어디서나 거의 균등한 의료 서비스를 받는 것이 가능하다는 세 가지 장점이 있다. 국제적으로 비교해도 일본의 의료보험제도는 ① 비교적 낮은 비용으로 국민 건강을 확보·유지하고 있고, ② 국민 전체가 의료 서비스를 누릴 수 있으며, ③ 의료기술의 발전을 비교적 원활하게 도입하고 있다는 점 때문에 비용 대비 효과가 크다고 높게 평가된다.[10] 한편, 일본 의료보험제도의 문제점은 ① 국민건강보험의 재정이 말해주듯이, 고령화가 진행되면서 보험 재정이 불안정해지고 있는 것, ② 의료기관의 기능분화가 시행되지 않아 자원이 낭비되고 있을 가능성이 있다는 것,[11] ③ 의료기술의 표준화·정보화가 지체되어 있어, 중증 질환의 경우 치료 성과에서 병원 간 격차가 존재하는 것, ④ 의료기관에 대한 평가 시스템이 불충분하고 환자의 소비자 주권이 확립되어 있지 않은 것, ⑤ 매상고 방식의 진료보수제도 때문에 과잉 투약, 과잉 검사 등 잘못된 인센티브를 의료기관에 부여하

10 평균수명이 높고, 유아 사망률이 낮으며, 국민소득에서 의료비가 차지하는 비율이 낮다는 지표를 기준으로 하는 WHO의 「세계보건보고서」는 각 항목(① 건강의 수준, ② 건강의 공평성, ③ 보건시스템이 이용자들에게 대응하는 수준, ④ 보건시스템의 공평성, ⑤ 전반적 수준)의 도달 정도와 보건자원 이용의 효율성이라는 측도를 평가해, 일본의 도달 수준이 세계 1위라고 평가하고 있다.

11 병원을 자유롭게 선택할 수 있기 때문에 가벼운 질환이더라도 큰 병원을 찾아가는 '큰 병원 지향성'이 작동해, 큰 병원에서는 '3시간 대기, 3분 진찰'이라는 혼잡한 상황이 발생하고 있다.

고 있는 것, ⑥ 병상 수number of bed hospitals의 과잉 때문에 병상당 의료진의 수가 적고 입원 기간이 긴 것, ⑦ 지역별로 진료과가 편재되어 있다는 것 등이 지적되고 있다(山崎泰彦·連合總合生活開發硏究所, 2005).

일본의 의료보험제도는 인구 감소와 고령화가 진행되면서 큰 과제들에 직면하게 되었다. 그것은 ① 고령화와 질병구조의 변화에 따른 의료비 증가와 재정 불안정, ② 의료 서비스 공급에 따른 모든 문제와 수요와 공급에서의 지역적·질적 미스매치, ③ 고용의 유동화와 비정규직의 증가에 따른 의료보험의 공동화空洞化 같은 문제들이다.

(1) 고령화·질병구조의 변화에 따른 의료비의 증가

일본 국민의 의료비는 증가하고 있다. 고령자일수록 의료비가 많이 들기 때문에, 앞으로 고령화가 진전할수록 의료비가 급증할 것으로 예상된다. 일본 후생노동성은 2025년에 일본 국민 의료비가 56조 엔에 달할 것이고 그중 44%가 고령자의 몫이 될 것으로 예상하고 있다. 일본의 현 의료비 재원 구조를 살펴보면, 30%가 국민의 보험료, 20%가 기업의 보험료, 35%가 세금 등 공적자금, 15%가 환자 부담액으로 되어 있다.

작은정부를 목표로 하는 고이즈미 준이치로小泉純一郎와 아베 신조安倍晋三 내각은 의료비 증가가 재정을 압박하고 경제활동을 억압한다는 이유로 이를 억제하려고 했다.[12] 이러한 전체 의료비를 감축하는 과제와는 별개로 앞에서 이야기했듯이, 일본의 의료제도에는 몇 가지의 구조적인 문제가 있다. 그 하나가 진료보수제도다. 진료보수제도란 의료기관이 제공하는 서비스에 대한 가격을 정하는 구조를 말하는데, 현재 일본에서는 이것이 정치

12 그러나 이러한 일본 후생노동성의 예측에 대해서, 이는 과거에 시행된 상당히 과대평가된 추계이며 또 고령화가 의료비증가의 주요인은 아니라는 비판도 있다.

적으로 정해지고 또 전국에 걸쳐 일률적으로 시행된다. 이 구조는 기본적으로 의료기관의 서비스 량에 비례해 보수가 지불되는 매출고의 방식이다. 많은 의료 서비스를 할수록, 의료기관의 수입이 증가한다. 이 구조는 한 시기에 집중적으로 치료를 해야 하는 급성질환일 경우에는 이득이 있지만, 필요 이상의 투약이나 검사를 하는 등 과잉 의료 서비스를 제공함으로써 의료비를 증가시키는 단점이 있다. 이를 개선하기 위해 의료기관에 대한 보수를 일정 범위 내로 억제하는 포괄 지불 방식 등을 도입하는 중이다.

또한 사람들의 생활 방식이 건강상태에 영향을 미쳐 생활습관병으로 연결될 가능성도 있다. 고령화 사회에서는 생활습관병이 차지하는 비중이 커진다. 생활습관병은 인간이 피할 수 없는 리스크라기보다는 일상생활의 선택의 결과다. 고령화 사회의 핵심은 이 생활습관병의 억제라고 할 수 있다. 리스크 자체의 저감을 위해서는 개호가 중요하고 '건강수명'이 중요하다. 육체적인 수명의 증가에 대응해 건강수명이 늘어나지 않는다면 그만큼 의료비나 개호비가 늘어난다.

(2) 의료 서비스에 따른 문제들

의료에서는 의료 서비스의 질이 문제가 된다. 나아가 의료 현장에서 생겨나는 많은 실수, 의사나 간호사의 미숙한 기술 때문에 생기는 사고 같은 의료사고도 사람들에게는 큰 문제다. 이 같은 리스크들을 경감시키기 위해 치료의 계획, 진척 상황에 관한 정보를 환자와 의료진 간에 공유하는 크리티컬 패스critical path 같은 시스템이나, 치료에 대한 방대한 데이터베이스나 학회에서 승인된 가이드라인에 기초해 치료방법의 정확성을 확인하는 증거중심의학EBM: Evidence-Based Medicine의 사고방식이 확산되고 있다. 또한 의료기관의 질을 높이기 위해 환자가 병원을 평가하는 제3자 평가 방식이 도입되고 있다.

의료서비스에 따르는 또 하나의 문제는, 의료 서비스의 지역 간의 미스매치 또는 양적 부족이다. 과소화過疎化·고령화가 진전된 지역에 모든 진료과를 설치하는 것은 대단히 어려운 일이기 때문에, 정부는 의료자원을 효율적이고 계획적으로 배치하기 위한 계획을 추진하고 있다. 그러나 실제로는 대도시에 의료기관이 집중되는 경향이 더욱 강화되고 있다.

이런 가운데 최근 일본에서 문제가 되고 있는 것이 소아과와 산부인과의 부족이다. 저출산이 진행된 인구밀도가 낮은 지역에 소아과와 산부인과가 자취를 감추면서 어린이의 생명에 관한 사고가 각지에서 발생하고 있다. 실제로 10만 명당 산부인과와 소아과의 수와 영유아 사망률 간에 양의 상관관계가 있다는 것이 확인되고 있다. 즉, 산부인과와 소아과가 적은 지역일수록 영유아의 사망률이 높다(今井博久, 2005). 효율성을 높이면서 안전성을 확보할 수 있는 의료 네트워크 확립이 필요한 시점이다.

(3) 의료보험의 공동화

최근 들어 국민건강보험료를 내지 않거나 낼 수 없는 미납자가 증가해 2005년에는 약 10%에 달했고, 도시에서는 그 정도가 더 심각해지고 있다. 미납자가 늘어나는 배경에는 비정규직의 증가에 따른 격차 확대, 빈곤층의 증가가 있다. 국민건강보험 가입자의 평균소득은 낮아지는 추세다. 한편, 2005년의 소득세 개정과 연동해 보험료는 상승 경향에 있다. 국민건강보험은 국민연금과는 달리 면제제도가 없어, 보험료의 납부 면제는 생활보호를 받아 의료부조를 이용하는 경우에만 한정된다. 생활보호 대상이 되기 위한 자력 조사는 상당히 엄격해, 결국 수입이 낮은 저소득자가 미납자가 된다. 보험료 미납이 계속되면 보험증을 사용할 수 없게 되고 그 대신 자격증명서를 발급받는다. 이 자격증명서로 진료를 받을 경우, 일시적으로 의료비 전액을 부담하고, 나중에 미납된 보험료와 상쇄한 후 돌려받는다.

사회보험은 ① 소득에 대응하는 보험료를, ② 노사가 절반씩 부담해, ③ 급여에서 공제가 가능한 회사원이 가입하는 건강보험에서는 잘 기능하지만, 회사원이 아닌 아르바이트 근로자, 파트타이머가 증가하는 취업형태에서는 대폭적인 손질이 필요하게 되었다. 구체적인 대응으로 ① 의료부조 대상자 외에도 보험료를 면제 또는 경감받을 수 있는 제도를 도입하는 것, ② 아르바이트 근로자나 파트타이머에게도 정규직과 마찬가지로 건강보험에 가입할 수 있도록 건강보험의 적용 범위를 확대하는 것 등이 있다.

4) 최근의 개혁 상황과 과제들

(1) 2005년 개호보험 개혁과 2006년 의료제도 개혁

일본에서 2000년에 시작된 개호보험제도는 ① 중요 개호 대상자 급증, ② 개호 서비스 사업자에 의한 개호 수요 창출, ③ 가벼운 수준의 중요 개호 대상자 증가가 원인이 되어 급격하게 재정지출이 확대되고 있다. 한편, 앞으로 연금급부 수준의 억제와 의료보험료 상승이 예측되므로 1호 피보험자가 지불하는 개호보험료의 표준 금액을 월 5000엔 정도로 낮춰야 한다는 견해도 있다. 이런 사정 때문에 2005년 개호보험 개혁에서는 20~39세의 젊은이들도 개호보험 대상이 되는 것인지가 의논되었다. 하지만 기업이 보험료의 절반을 부담해야 하고, 당장 젊은 세대에 대한 급부가 없다는 점 때문에 이러한 연령확대 제안은 기각되었고, 개호보험제도와 장애인복지제도를 통합하는 방향으로 다음번 개정에서 다시 대상연령에 대해서 검토하기로 결론지었다. 2005년의 개호보험 개혁에서는 ① 시설개호로부터 지역·재택개호로 유도, ② 시설개호에서의 자기부담액 인상, ③ 개호 예방 강화, ④ 서비스 사업소에 대한 규제 강화 등이 이루어졌다. 특히 개호 예방은 중요 개호리스크와 개호의 필요도를 저하시킨다는 점에서 2005년 개혁의 중심이 되었고, 그 결과 지역포괄지원센터 등이 개호 예방을 지원하게 되었다.

한편, 2006년 6월 일본의 의료제도 개혁은, 1982년의 노인보건제도 창설 이래 사반세기 만의 대개혁이었다. 그 개혁의 내용을 '의료보장의 크기(의료보장 급부의 제어)'와 '의료보장의 설계', 즉 보험집단의 범위·단위, 재원 정책이라는 두 부분으로 나누어 살펴보기로 한다.

(2) 의료보장 급부의 제어

일본 내각부의 경제재정 자문회의에서는 고령화에 따른 의료비 증대를 피하기 위해 의료비 증가를 국내총생산GDP 증가율 이내로 억제하는 '증가율 관리' 또는 인구구성의 변화를 고려한 '고령화 수정 GDP 증가율 관리'를 주장했다. 이러한 생각은 3절에서 서술하게 될 2004년의 연금개혁에서 공적연금 지출의 증가율을 억제한 거시경제 슬라이드와 일맥상통하는 것이다. 결국, 이 개혁은 총액의 증가율을 관리하는 것이 아니라 급부 범위의 재고라는 단기정책과 생활습관병 대책을 중심으로 했던 중장기정책으로 구성되어, 이를 통해 의료비 적정화를 위한 의료비 억제를 시행하는 것이었다. 단기의 의료급부비 억제는 진료보수의 인하에 더해, 고령자의 창구에서의 자기부담 인상, 요양 병상에서의 식비·거주비 인상, 고액 의료비의 자기부담 한도액 인상 등을 내용으로 하고 있다.

중장기 억제책은 요양 병상 수의 삭감과 생활습관병 대책들을 중심으로 하는 의료비 적정화 계획이었다. 일본에서는 국가가 목표로 하는 전국 의료비 적정화 계획에 기초해, 각 도都·도道·부府·현縣에서 2008년부터 5개년 계획을 책정해 그 실적을 평가하고 의료비의 증가를 억제시키는 노력을 하고 있다.

(3) 제도 설계에 관한 개혁

제도의 설계, 즉 의료보험의 구조는 ① 전기고령자前期高齢者(65~74세)의 재정조정을 철저히 한 것, 후기고령자後期高齢者(75세 이상)의 의료제도가 확립된 것, ② 보험 단위가 일본 행정구역인 도·도·부·현 단위로 수렴하는 방향성이 나타난 것에 의해 크게 변화했다. 기존의 보험 간 자금융통 제도인 노인보건제도에 대한 분담 금액은, 고령화율이 다른 보험 간의 연대(형식상으로는 횡横의 연대)였으나, 이번 개혁으로 후기고령자 의료제도와 그에 대한 지원금은, 형식적으로나 실질적으로나 세대 간 연대(즉, 종縱의 연대) 또는 세대 간 이전 구조로 바뀌게 되었다. 그와 동시에 보험료 징수 방식도 후기고령자는 연금에서 개인별로 공제하는 방식으로 통일되어, 이미 시행되고 있는 개호보험액의 공제까지 고려하면 실수령 연금은 한층 더 빠듯해지게 되었다. 한편, 지원금을 지불하는 현역 세대는 기존과는 달리 자기 자신과 가족의 보험료분인 기본 보험료율과 후기고령자 지원금분·전기고령자 납부금분 등으로 구성되는 특정 보험료율을 지불하게 되었다.[13] 하지만 2020~2025년 무렵에는 현역 세대의 보험료에서 세대 간 이전분(특정 보험료율) 등이 차지하는 비율이 50%를 초과할 가능성이 있어, 현역 세대에게 의료보험료는 '고령자의 의료 목적을 위한 세금'으로서의 기능이 강화될 예정이다. 이처럼 사회보험료의 성격이 '리스크에 대한 대처'로부터 '세대 간 소득이전'으로 변하고 있다. 나아가 고액 의료비의 자기분담분이나 고령자의 진료 시의 자기부담액은 소득이 많을수록 커지게 되었다. 본래 사회보험은 지불 능력에 따라 보험료를 지불하면 소득이나 자산에 상관없이 급부 수급이 가능한 것이 장점이었는데, 최근의 개혁으로 수급 시에 소득이나 자산에 따라 급부가 달라지는, 다시 말해 급부 시에 소득재분배가

13 여기에는 요양 병상을 노인보건시설 등으로 전환하는 전환지원금분도 포함되어 있다.

이루어지게 되어 사회보험의 역할이 크게 변질되고 있다.

(4) 앞으로의 과제: 보건·'건강 만들기' 사업과 그 검증[14]

앞으로 의료보험사업자, 사업자협의회, 국가, 도·도·부·현, 시·정·촌은 건강검진과 보건지도, 건강증진계획이나 '건강 만들기' 캠페인의 계발·보급 등을 통해 각종 생활습관병을 감축할 것과 외래 의료비, 입원 의료비의 억제를 통해 의료비 전체를 억제하는 중장기적인 의료비 적정화가 강화되었다.[15] 2013년부터는 각 의료보험사업자가 생활습관병을 억제하기 위한 노력으로 얼마만큼의 성과를 거두었는지에 대한 평가[16]를 토대로 각 보험사업자가 부담하는 후기고령자 지원 금액에 대한 가산이나 감산을 하게 되었다. 이는 각 보험사업자에 대해 처음으로 의료비 억제를 위한 직접적인 인센티브가 도입되는 것을 의미한다.

---

14 그 밖에 앞으로 주목해야 할 과제는, 후기고령자 의료제도에서의 진료보수체계의 구축이다. 후기고령자의 심신의 특성에 적합한 진료보수가 검토되고 있다. 일본 후생노동성은 ① 종말기 의료의 평가, ② 재택에서의 일상적 의료관리부터 진찰에 이르기까지의 일관된 대처가 가능한 주치의 보급, ③ 의사, 간호사, 케어매니저, 홈헬퍼 등과의 상호 제휴를 통한 의료·개호의 제공, ④ 재택의료에 대한 보완책으로서 입원에 의한 포괄적 호스피스 케어의 보급 등을 중점사항으로 설정하고 있다. 국민보건보험 중앙회의 연구회에서는 고령자를 일상적으로 지켜보고, 계속적으로 의료를 제공하는 진료소 주치의 체제를 강화하되, 진료소 주치의에게는 등록된 고령자의 수에 따라 정액의 의사 보수를 지급하는 이른바 내원자 수와 매출고를 조합시키는 안을 제안하고 있다.

15 일본 후생노동성은 2025년에 6조 엔의 억제를 기대하고 있다.

16 평가 기준은 건강 검진 데이터의 파악률이나 보건지도의 실시율, 생활습관병 환자·예비군(어떤 상태에서 어떤 병에 걸릴 가능성이 있는 무리) 등의 감소율 등이다.

3. 소득 변동의 리스크: 연금보험의 역할과 그 한계

2절에서 다룬 건강 리스크 외에도 소득 변동의 리스크가 있다. 인간은 질병, 장애, 사망, 실업, 퇴직 등에 의해 소득을 얻을 수 없게 되는 경우에 대비해 평소부터 저축이나 민간보험에 가입한다. 또한 부담을 국민적으로 분산할 필요가 있는 리스크 또는 사회적인 도움을 필요로 하는 리스크와 관련해서는 소득 보장책으로서 사회보험제도, 또는 최후의 안전망으로서 생활보호가 있다. 여기서는 사회보험제도 가운데 노령, 사망, 장애에 의해 소득이 없어지는 리스크에 대해 다루고 있는 공적연금제도를 살펴보기로 한다.

1) 수명에 관한 리스크와 공적연금보험의 역할

(1) 연금의 구조

역사상 가장 오래된 연금은 고대 그리스의 도시국가 밀레투스Miletus가 마케도니아와 국제 분쟁에 휘말렸을 때, 시민들에게 강제로 차입한 후 상환 때는 종신연금을 보장한 일종의 전시재정조달책이 그 시작이라고 할 수 있다. 하지만 이는 지금의 사회보장제도의 연금보장과는 상당히 다른 것이었다(右谷亮次, 1993). 한편, 보험으로서의 연금은 직능단체인 길드의 상호부조 조직에서 유래한 것으로 알려져 있다. 그 후 17세기에 프랑스에서 "마지막까지 살아남은 사람이 모든 부금賦金을 취한다"는 일종의 도박 같은 톤틴Tontine 연금이 생겨나 유럽에 확산되기도 했다. 그러나 그것은 모든 국민을 다루는 것이 아니고 일부 상류계급을 위한 것이었다. 오늘날과 같은 공적연금의 원형을 만든 것은 독일의 오토 폰 비스마르크Otto von Bismarck로, 그는 1889년에 「폐질·노령연금보험법」을 도입했다. 이렇듯 연금보험은 긴

〈그림 1-8〉 공적연금제도의 체계

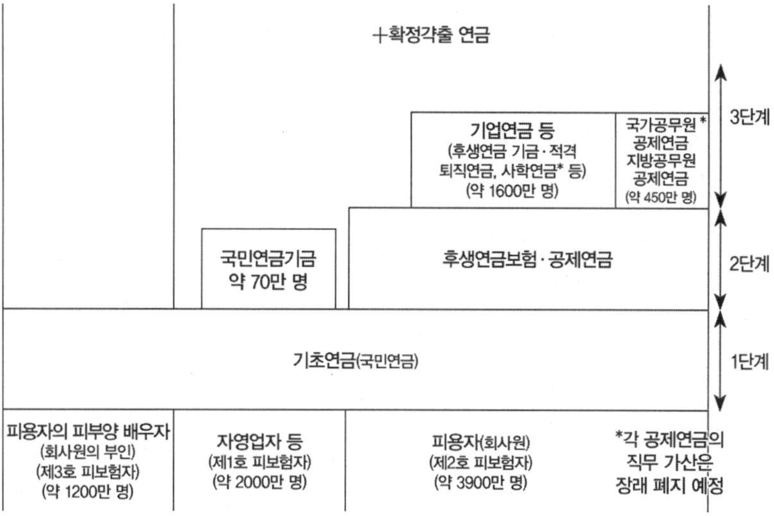

+확정갹출 연금

기업연금 등
(후생연금 기금 · 적격 퇴직연금, 사학연금* 등)
(약 1600만 명)

국가공무원* 공제연금
지방공무원 공제연금
(약 450만 명)

3단계

국민연금기금
약 70만 명

후생연금보험 · 공제연금

2단계

기초연금(국민연금)

1단계

피용자의 피부양 배우자
(회사원의 부인)
(제3호 피보험자)
(약 1200만 명)

자영업자 등
(제1호 피보험자)
(약 2000만 명)

피용자(회사원)
(제2호 피보험자)
(약 3900만 명)

*각 공제연금의 직무 가산은 장래 폐지 예정

자료: 일본 후생노동성(2006) 자료 수정.

역사를 지니고 있지만, 일본에서는 1942년 노동자연금(후에 후생연금)이 연금보험의 시작이었다.

먼저 오늘날의 공적연금제도의 개요를 소개해보겠다. 〈그림 1-8〉에서 보듯이 일본의 공적연금제도는 회사원이나 공무원들이 가입하는 후생연금과 20~59세의 모든 국민이 가입하는 국민연금으로 구성되어 있다. 회사원이 아닌 경우에는 매월 1만 4100엔의 보험료를 납부해 국민연금(기초연금이라고도 부른다)을 수급할 권리를 얻고, 회사원들은 임금에 비례하는 보험료를 부담해 기초연금에 더해 후생연금도 수급할 수 있다.[17]

17 공적연금제도나 그 재정 구조에 대해서는 고마무라(駒村康平, 2003)의 연구를 참조.

(2) 다양한 리스크에 대응하는 연금보험

공적연금보험은 ① 퇴직 후 예상보다 수명이 길어져 생활비가 부족해지는 리스크, ② 집안의 가장이 일찍 사망해 피부양 가족만이 남겨지는 리스크, ③ 한창 일할 나이에 큰 부상을 당해 소득을 얻을 수 없게 되는 리스크, 모두 세 가지의 리스크를 다루고 있다. ①은 노후의 소득 보장이고, ②는 생명보험, ③은 장애보험의 역할을 한다. 그렇다면 다음에서 각각의 리스크에 이것들이 어떻게 대응하고 있는지에 대해 알아보기로 한다.

① 장수 리스크와 노령 급부

〈그림 1-9〉는 완전생명표Complete Life Table에 기초해 일본에서 각 연령별 여명餘命의 동향을 표시한 것이다. 0세 시점의 여명을 일반적으로 수명壽命이라 부른다. 1947년 이후를 보아도, 모든 연령층에서 여명이 늘어나고 있는 것을 알 수 있다.

라이프사이클 소비-저축 모형에 따르면, 개개인은 기본적으로 자신의 노후를 위해 저축을 한다. 하지만 자신이 몇 세까지 살 것인지는 알 수 없으며 여명이 얼마나 늘어날지 또한 개인으로서는 예측이 어렵다. 예를 들어 1947년에 20세인 사람이 65세까지 일하고, 그 이후의 생활비를 준비한다고 하자. 이 경우 1947년 시점에서 65세의 여명 10.2년을 참고로 할 것이다. 그러나 1947년에 20세였던 사람이 65세가 되는 것은 1992년이다. 이때 65세인 사람의 여명은 16.3년이고, 6년분의 생활비가 부족하게 된다. 물론 45년의 시간 동안 조금씩 여명 예측을 수정해나갔겠지만 실제 여명이 어느 정도로 늘어날 것인지는 누구라도 개인 차원에서 정확하게 예상하기 어렵다. 그러므로 예상을 넘는 장수에 대비해 노령연금보험(노령급부)이 필요한 것이다.

〈그림 1-9〉 여명의 동향

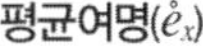

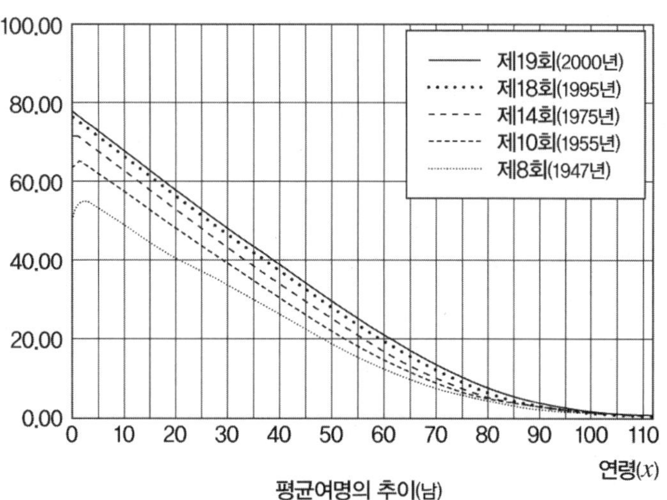

평균여명의 추이(남)

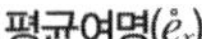

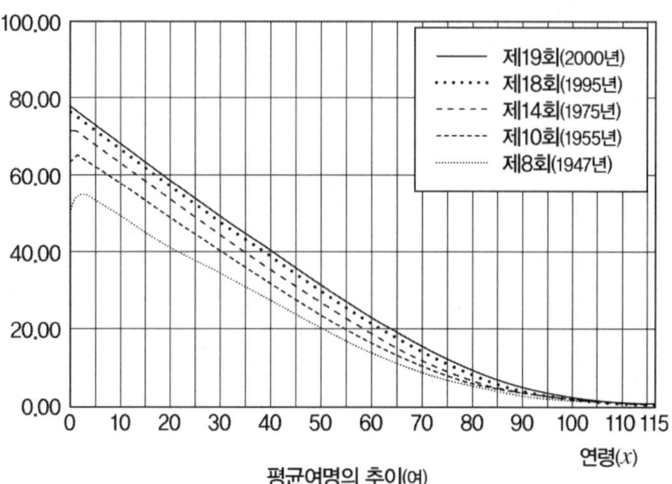

평균여명의 추이(여)

주: http://www.mhlw.go.jp/toukei/saikin/hw/life/19th/index.html.
자료: 일본 후생노동성(2000), '안전생명표'.

노령기초연금(국민연금)의 기본적인 급부 계산식은 다음과 같다.

월 수령 연금액 = 138엔 × (보험료 납부개월 수 + X)

이 식에서 X는 면제기간을 나타낸다. 국민연금은 소득에 따라 4단계로 면제를 신청할 수 있다. 면제기간은 일정 기간 납부한 것으로 취급할 수 있다. 그 구체적인 방법은 다음과 같다. 전액 면제를 받은 기간을 A, 3/4의 면제를 받은 기간을 B, 1/2의 면제를 받은 기간을 C, 1/4의 면제를 받은 기간을 D로 하면, X = A/3 + B/2 + C × 2/3 + D × 5/6가 된다.[18]

추가 1개월의 보험료 납부(2007년 시점에서 국민연금 보험료는 1만 4100엔, 앞으로는 1만 6900엔)는 매월 연금액이 138엔만 증가하는 것이 된다.[19]

한편, 노령후생연금 보수 비례 부분의 기본 급부 계산식은 다음과 같다.

월 수령 연금액 = 개개인의 평균보수 × 0.548% × 가입 연수

예를 들어 40년 가입이라면 0.548% × 40 = 22%가 되어 월 수령 연금액이 현역 시절 평균보수의 22%가 된다. 여기에 앞에서 설명한 노령기초연금(국민연금)의 급부액이 추가된다.[20]

이 노령연금은 장기에 걸친 보험료 갹출에 기초해, 65세 이후 20년 가까

---

18 다만, A+B+C+D≧300을 만족할 때 수급자격이 된다.

19 겨우 138엔이라고 생각할 수도 있지만 40년간 480개월을 납부한다면, 1개월 연금 수령액은 6.6만 엔, 연 수령액은 79만 엔이 된다. 따라서 2004년의 65세 평균여명으로 계산할 경우 남성의 생애 연금수령액은 1112만 3000엔이 되고, 여성은 평균여명이 좀 더 길기 때문에 1668만 4500엔이 된다. 또한 이 금액은 물가연동에 의해 조정되기 때문에 가치상으로도 축소되지 않는다. 이 금액과 생애 보험료 부담 총액을 비교해보면, 국민연금은 결코 손해가 되지 않는다는 것을 알 수 있다.

20 0.548% 부분을 급부승률이라고 부르는데, 현역 시절 임금의 몇 %가 연금에 반영되었는지를 말하는 척도가 된다.

이 장기수급을 받는 장기보험이다. 그 때문에 그 사이의 경제변동, 특히 물가상승 리스크에 대처하기 위해 물가변동 시, 즉 물가나 임금이 상승했을 때 연금 금액이 연동해 상승하는 구조로 되어 있다.

② 일찍 사망해 가족을 남겨놓는 리스크

장수와는 반대로 피부양 가족을 남겨놓고 예상 외로 일찍 사망하는 리스크도 있다. 〈그림 1-10〉은 연령에 따라 변화하는 유족후생연금의 발생률을 나타낸 것이다. 남성은 50세부터 70세에 걸쳐 80% 이상의 확률로 배우자를 남겨놓고 사망한다는 것을 알 수 있다.

그런데 공적연금에 유족 급부가 있지만 연금을 수급할 수 있는 유족의 범위가 국민연금(기초연금)과 후생연금이 서로 다르다는 것에 주의할 필요가 있다. 국민연금의 유족은 원칙적으로 18세 미만의 자녀이거나 자녀가 있는 배우자인데, 후생연금에서는 자녀에 한정되지 않고 실제 부양되던 사

〈그림 1-10〉 유족후생연금의 발생률

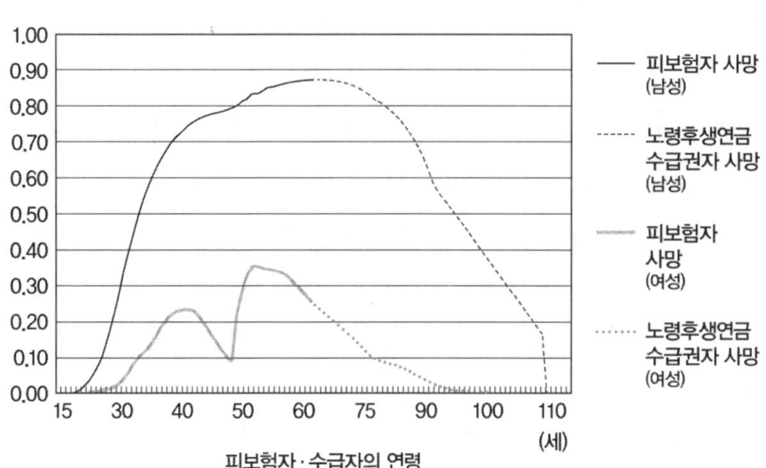

자료: 일본 후생노동성(2006) 자료 수정.

람이 수급 자격을 가지게 된다. 따라서 18세 미만의 자녀가 없을 경우 국민연금에서는 유족연금을 지급하지 않지만, 후생연금에서는 가입자에 의해 부양되었던 사람(주로 배우자)이 유족연금을 수급받는다.

③ 장애가 발생하는 리스크

사고나 질병 등에 의해 연금제도가 정해놓은 장애가 발생해 생활이나 일을 할 능력이 저하된 경우 장애연금을 수급할 수 있다. 장애연금 또한 국민연금과 후생연금에 따라 그 급부 내용이 서로 다르다. 장애기초연금에는 1급과 2급이 있는데 1급은 2급의 1.25배의 급부를 받는다. 한편, 장애후생연금에는 1급, 2급, 3급이 있다. 장애연금을 수급할 확률은 연령과 더불어 높아지고 여성보다 남성의 리스크가 높은 경향이 있다.

2) 공적연금이 안고 있는 문제: 인구감소·고령화에 따라 연금제도는 어떻게 변화할까

연금 재정의 구조에는 적립 방식과 부과 방식 두 가지가 있다. 적립 방식의 연금은 국민이 현역 시절에 납부한 보험료를 국가가 적립하고, 자산을 운용하다가 노후에 진입한 국민에게 이것을 조금씩 나누어주는 방식이다. 이 방식은 금융시장이 충분히 기능하고 있는 경우에는 인구구조가 변동하더라도 안정적 운영이 가능하다는 장점이 있다. 그 반면 급격한 인플레이션 등 예상하지 못한 경제 변동에 대해서는 대응력이 낮은 점, 40년간 적립한 후에야 비로소 연금 수급이 시작되기 때문에 그때까지 장기간을 기다려야 한다는 점, 출범 후 당분간 고령자에 대해 연금급부를 할 수 없다는 점 등의 한계가 있다.

한편, 부과 방식의 연금은 현역 세대가 납입한 보험료가 그대로 고령자

세대에게 연금으로 지불되는 방식으로, 현역 세대의 연금은 다음 세대의 연금비용을 마련하기 위해 충당된다. 부과 방식의 연금은 연금제도가 성립한다면, 바로 당시의 고령자세대에게 급부를 시작할 수 있고, 또한 급부재원을 현역 세대가 담당하기 위해 인플레이션 때 임금도 연동해 상승하기 때문에, 인플레이션에 대해서도 대응력이 있는 장점도 있다. 그러나 소자고령화가 진행되면 보험료를 지불하는 현역 세대가 감소하게 되고, 이에 따라 급부를 삭감하거나 보험료를 인상할 필요성이 생기기 때문에 제도가 불안정해지는 단점이 있다. 이런 이유로 고령화 사회에서는 부과 방식의 연금에서 적립 방식의 연금으로 변경해야 한다는 의견이 제기되고 있다. 그러나 이미 고령자세대에 대한 급부를 약속해놓고 있는 상황에서, 젊은 세대는 그들의 급부를 보장해주면서 자기 자신의 노후를 위한 연금도 적립해야 하는 이중의 부담을 지고 있기 때문에 재정 방식을 전면적으로 교체하는 것은 어려운 일이다.

또한 부과 방식의 연금은 지급하는 연금보험료에 이자가 붙어 노후에 돌아가는 것이 아니다. 지급되는 연금수령액은 그 시대의 현역노동자의 임금과 비교해서 어느 정도의 연금수준이 바람직한지 혹은 급부로서의 균형 등을 고려해 정치적으로 결정된다. 부과 방식의 연금은 그때그때 나라 전체의 소득을 젊은 세대와 고령자세대 간에 나누어 갖는 구조라 할 수 있다. 부과 방식 아래서는 생애 동안 납입한 보험료보다 수급 연금이 더 많은 세대도 있을 수 있고, 반대로 수급하는 연금이 납입한 보험료보다 더 적은 세대도 있을 수 있다. 특히 앞으로는 고령화에 따라 노동자 수가 감소해, 상대적으로 고령자 수가 많은 기간이 계속될 것으로 예상되기 때문에, 현재 40세 이하에 해당하는 세대는 생애 동안 납입한 보험료가 평생 수급할 연금급부보다 더 클 가능성이 있다. 그러한 세대 간 납입과 수급의 불공평함을 해소하기 위해 연금액을 대폭 삭감해야 한다는 의견도 나오고 있다.[21]

3) 연금제도를 어떻게 할 것인가

이상에서 보았듯이 고령화 사회를 맞아 현행 연금제도를 재검토할 필요성이 대두되었고, 현행 연금제도를 어떻게 평가할 것인지 그 평가 기준을 명확히 할 필요가 있다. 여기에서는 ① 급부 수준의 타당성, ② 제도의 지속가능성, ③ 사회·경제 상황의 변화에 대한 대응력, ④ 세대 간 공평성 확보 등을 기준으로 제시하고자 한다.

①의 급부 수준의 타당성이란 연금급부 수준이 생활비를 얼마만큼 다룰 수 있는지의 문제다. 일반적으로 소득대체율이 그 척도가 된다. 그러나 이것은 그 정의(분자의 모형이 되는 연금이나 분모를 형성하는 현역 세대의 소득) 또는 전제가 되는 변수의 선택이나 제도 등을 고려해야 하는 쉽지 않은 주제다. OECD 보고서 「한 눈에 보는 연금Pensions at a Glance: Public Policies across OECD Countries」은 각국의 연금급부 수준에 대한 엄밀한 국제 비교를 행하고 있는데, 현재 일본 연금의 소득대체율은 OECD 평균보다 약간 낮은 수준이다. 다만, 2004년 연금개혁 시의 거시경제 슬라이드에 따라 급부액이 한층 더 낮아지고 있다는 것을 고려할 필요가 있다.

다음으로 ②의 지속가능성과 관련해서, 세계 각국은 그 경제에서 연금이 차지하는 비중을 일정 비율 이하로 억제해 연금 재정의 안정성을 도모하기 위한 개혁에 착수하며 거출과 급부의 대응관계를 강화하고 있다. 하지만 그 결과 적은 금액을 거출할 수밖에 없었던 사람의 연금은 낮아지는 문제가 발생한다. 이것은 ③의 사회·경제 상황의 변화에 대한 대응력과도 관계된다. 세계 각국에서 비전형 노동자가 증가하고 있는데 이들의 취업

---

21 연금·개호·의료를 아우르는 사회보장 개혁 전반에 대해서는 고마무라(駒村康平, 2006)의 연구를 참조.

노동 기간은 짧고 거출금 또한 낮기 때문에 충분한 연금을 수령하는 것은 어렵다. 그래서 몇몇 나라에서는 세금을 재원으로 하는 최저소득 보장제도 Minimum Benefits를 도입하고 있다. 일본 연금총합연구센터(年金總合硏究センター, 2005)에 따르면 연금보험을 보완하는 형태로 세금을 재원으로 하는 최저소득 보장제도 도입국은 이탈리아, 스웨덴, 스페인, 폴란드 등으로 나타난다. 하지만 국제사회보장협회ISSA: International Social Security Association의 보고에 의하면 그 밖에 독일, 그리스, 라트비아 같은 나라들에서도 연금제도라는 이름을 사용하지는 않지만 고령자를 대상으로 한 최저소득 보장제도가 도입되어 있다.

④의 세대 간 공평성의 문제는 제도의 지속가능성에 관한 문제이기도 하다. 일본의 현행 연금제도는 부과 방식을 취하고 있다. 그렇기 때문에 수명이 늘어나 연금 수급자가 늘어나고 저출산으로 연금 납입자가 감소하면 보험료는 상승하게 된다. 그래서 출생연도, 즉 세대에 따라 부담에 대한 급부의 배율이 각각 달라지고, 젊은 세대일수록 급부의 배율이 낮아진다. 그러나 실제 연금액의 분포를 보면 현재의 고령자들이 그렇게 많은 연금을 수령하고 있는 것은 아니다. 세대별로 부담·급부의 배율이 다른 주요인은, 〈그림 1-11〉의 출생연도별 생애 평균 후생연금 보험료율이 보여주듯이, 현재의 고령자들이 현역이었을 무렵에 보험료가 낮게 설정되었기 때문이다. 현재 70대 후반인 사람이 20세였던 1950년대 후반은 일본의 전후 경제 부흥기였기 때문에 높은 보험료 부담이 현실적으로 불가능했다는 점을 고려해야 할 것이다. 만약 모든 세대에게 부담하는 급부의 비율을 동일하게 설정한다면, 현재 연금 수급자들이 지급받는 연금을 대폭적으로 삭감할 필요가 있어 실현이 매우 어렵다. 한편, 역으로 고령자의 연금 수급권을 완전히 보호하려 한다면 그것은 앞으로 생겨날 소자고령화의 비용을 모두 젊은 세대에게 이전한다는 의미가 되기 때문에, 젊은 세대의 부담 의욕이 떨어

〈그림 1-11〉 출생연도별 생애 평균 후생연금 보험료율

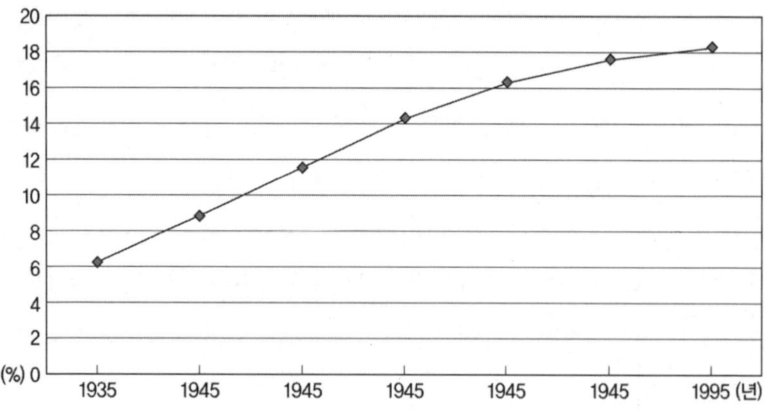

자료: 과거 보험료의 동향으로부터 저자가 추계. 전체에서 차지하는 보험료액의 비율.

지고 취업 의욕 또한 낮아질 것이다. 완전한 세대 간의 공평성을 확보하는 것은 어렵고, 젊은 세대와 고령자세대의 이해는 제로섬이 되므로 인구고령화 리스크를 최대한 많은 세대에 분담하는 구조가 반드시 필요하다.

(1) 2004년의 연금개혁

일본에서는 후생연금이 1942년에, 국민연금은 1961년에 수립되었다. 그리고 현행 제도의 형태를 갖추게 된 것은 1985년이다. 공적연금제도는 대략 5년에 한 번, 장래 인구 추계의 수정과 연동해 개정이 이루어진다. 고도경제성장 시기에는 경제성장과 인구증가를 배경으로 급부가 계속 인상되었지만, 1970년대 중엽부터 경제성장이 둔화하고 출생률이 낮아지면서 재정 안정성을 높이기 위해 급부를 계속 억제해왔다. 급부 억제를 위해 지금까지 사용된 수단은 ① 앞서 설명한 승률乘率을 낮추는 등의 연금계산식 자체의 변경, ② 변동률의 인하, ③ 지급 개시 연령을 높이는 것 등이 있고, 연금개혁 시마다 이 중 하나 또는 몇 가지의 조합이 사용되었다. 그러

나 이와 같은 조정에도 보험료는 대략 5년간 평균 2~2.5%씩 인상되어왔다. 그래서 정부는 2004년의 연금개혁 때는 기존의 일정한 급부를 확보하기 위해 보험료 인상을 계속하는 '급부선결 방식'을 버리고, 보험료를 고정하고 그 재정 수입에서 가능한 급부를 제공하는 '보험료 고정 방식'을 채택했다. 그리고 물가 변동의 일부를 삭감하는 거시경제 슬라이드를 채택해, 고령화의 진전을 급부 삭감으로 대체했다.[22] 정부는 앞으로도 고령화 때문에 제한 없이 보험료가 상승하는 일은 없을 것이라는 점을 보여주며 젊은 세대로부터 신뢰를 얻으려 했다. 그 결과 2004년 시점에서 중위中位추계 인구를 기초로 한 연금 재정 전망에서는 거시경제 슬라이드를 2023년 무렵까지 적용하고, 그 이후로는 중단할 수 있으며 급부 수준을 50.2%로 보증할 수 있다고 했다. 그러나 실제로 소자고령화는 진행되고 있고, 저위低位추계를 기준으로 하면 연금 가입자 수는 2100년이 되면 중위추계 수치보다 30%만큼 작아지게 된다. 일본정부는 2004년의 연금개혁 때, 2100년까지의 유한균형 방식[23]이라는 사고를 채택하면서, 2100년까지 보험료 수입 총계와 연금지출 누계의 균형을 맞추는 것이 필요하게 되었다. 2005년의 합계특수 출생률total fertility이 저위추계에 가까운 상황이 계속되면, 연금 가입자 수는 감소하고 장래의 보험료 수입 총계가 작아질 것으로 예상된다. 〈그림 1-12〉는 2100년까지의 보험료 수입 누계에 중위추계와 저위추계에

22 거시경제 슬라이드란 물가 슬라이드(연동)를 일부 인하하는 방법이다. 예를 들어 물가 상승률이 1%인 경우 연금액도 1% 상승하는 것이 기존의 구조였는데, 2023년 무렵까지는 1%－0.9%＝0.1%밖에 연금액을 인상하지 않는다. 이로써 연금의 실질가치가 매년 저하하게 된다. 그리하여 2023년 무렵까지 실질 연금액은 현재보다 누계 15% 수준으로 낮아질 것으로 예상된다.

23 (이 방식에 의하면) 2040년 무렵부터 적립금을 조금씩 찾아 쓰는 것이 예상된다. 그러나 유한균형 방식을 5년마다 반복해 행한다면, 궁극적으로는 영구균형 방식과 거의 같은 결과가 될 것이며, 적립금을 찾아 쓰는 일은 없게 될 가능성도 있다.

〈그림 1-12〉 2100년까지의 후생연금·국민연금의 보험료 수입 누계 전망

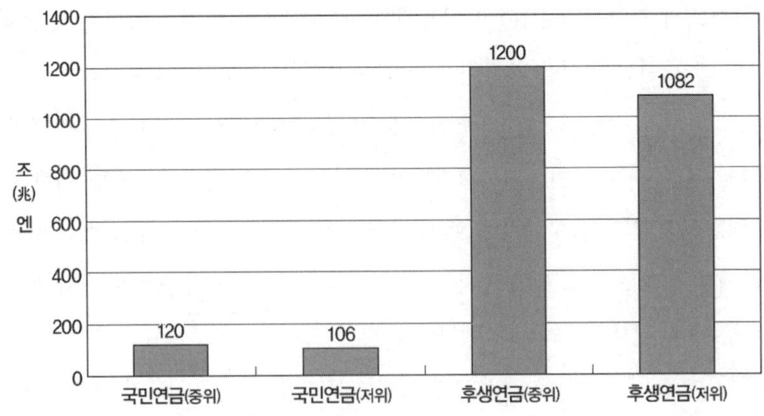

자료: 사회보장심의회 연금수리부회(2006)에 의한 추계.

따라 각각 어떻게 차이가 나는지를 보여주고 있는데, 국민연금과 후생연금은 약 10% 차이가 난다. 보험료 수입이 10% 감소하면, 유한균형 방식의 규칙에 따라 연금지출누계도 10% 삭감해야 한다. 그 구체적인 방법은 거시경제 슬라이드를 연장하는 것이다.

일본 사회보장심의회 연금수리부회(社會保障審議會 年金數理部會, 2006)는 저출산이 계속될 경우(저위추계 시) 거시경제 슬라이드는 2031년까지 계속되고, 후생연금의 급부 수준은 46%까지 저하된다고 발표했다. 누적급부 저하율은 약 22%로, 중위추계보다 7%나 더 낮아지는 것이다. 다만 2004년의 연금개혁은 거시경제 슬라이드의 속행으로 '다음번 재정 전망이 작성될 때까지 50%보다 낮을 것이 예상될 경우, 급부 및 부담의 존재 방식에 대해 재검토한다'고 결정했다. 따라서 향후 제도에 대한 재검토를 연기하게 되면 2020년 전후에는 급부 수준이 50%보다 낮아질 가능성이 높다. 이때 이러한 제도의 재검토가 이루어질 것인지는 그 시기의 정치 상황에 좌우되는데, 유권자의 고령화가 진행되고 있으므로 젊은 세대에게 불리한 개

혁이 될 가능성이 높다. 연금제도는 앞으로도 급부삭감이라는 리스크를 안고 있는 것이다. 이러한 급부수준의 저하를 회피하기 위한 가능성 있는 수단은 ① 경제성장을 높이거나, ② 현재의 65세에서 67세로 지급 개시 연령을 인상하는 수밖에 없다. 그러나 현재는 60세에서 65세로 지급 개시 연령을 인상해나가는 중이기 때문에 당장 지급 개시 연령을 높이는 것은 어려운 상황이다.

(2) 취업구조의 유동화와 연금의 공동화

최근에는 파트타이머나 프리터freeter[24]가 증가하면서 국민연금의 공동화가 문제가 되고 있고, 이에 대한 대책 마련이 시급하다. 공동화의 가장 큰 원인은 취업구조의 변화에 후생연금제도가 대응할 수 없는 데 있다. 원래 젊은 세대일수록 연금에 관심이 없고, 근시안적인 시야를 가진 사람은 현재의 생활이나 소비를 과대평가하고 장래의 생활을 과소평가한다. 그러므로 연금보험료 부담을 회피하려 하는 사람은 언제나 일정 비율 존재한다(駒村康平·山田篤裕, 2007 참조). 회사원이 취업형태의 중심이던 시대에는 급여에서 보험료가 자동 공제되기 때문에 보험료를 납부하지 않는 선택은 있을 수 없었으나 1990년대부터 취업형태가 다양해지고 비전형 노동자가 증가하면서, 급여에서 자동으로 공제되는 국민연금 2호 피보험자(후생연금 가입자)가 감소하고, 자발적인 납부를 요구받는 국민연금 1호 피보험자가 증가해 그에 따라 일정 비율이 미납자가 되었다. 따라서 파트타이머, 파견근로자 같은 비전형 노동자들에 대한 후생연금의 적용 확대가 국민연금 공동화의 해결 방법인 것이다. 그러나 독일이나 이탈리아의 경우에서 볼 수

24 자유(free)와 아르바이터(arbeiter)를 합친 말로, 아르바이트나 파트타임으로 생계를 유지하는 사람들을 가리키는 신조어.

있듯 비전형 노동자에 대한 피용자 연금의 적용은 기업과 노동자 양쪽 모두 적용을 회피하는 경향이 있어서 이것이 한층 더 취업형태의 변화를 만들어낼 가능성이 있다. 이를 막기 위해서는 궁극적으로 취업형태에 관계없이 모든 국민이 동일한 연금에 가입하는 연금의 일원화가 실현되어야 한다. 그러나 현실적으로 비전형 노동자나 자영업자들을 포함한 연금 일원화는 사업주 부담의 증가나 소득 파악의 불충분 등 여러 과제가 있어, 정부는 우선 후생연금과 공제연금에서의 피용자 연금 일원화를 추진하고 있다.[25]

(3) 연금 정보를 둘러싼 국민과 정부의 커뮤니케이션

급속한 고령화 속에서 연금이 지속가능한 것인지, (젊은 세대는) 연금을 지급받지 못하게 되는 것이 아닌지 하는 연금제도 그 자체에 대한 불안이 있다. 그 원인은 ① 개개인의 연금 정보를 개인과 정부가 공유하고 있지 않으며, ② 연금개혁의 정보나 제도의 구조가 국민에게 정확하게 전달되지 않는 데 있다.

연금제도의 커뮤니케이션과 관련해 스웨덴 등에서는 '오렌지 레터'라는 것을 발행해 모든 연금 가입자에게 개인별 연금 정보를 제공하면서, 제도에 대한 국민의 신뢰감을 높이고 있다. 일본에서는 2007년의 참의원 선거 직전, 통합되지 않은 '공중에 뜬 연금'이 5000만 건이나 존재한다는 것이 밝혀져 큰 문제가 된 적이 있다. 그러므로 일본에서도 정부가 개별 가입기

25 2006년 4월의 각의 결정 「피용자 연금제도의 일원화 등에 관한 기본 방침에 대하여」는 ① 각 공제연금의 1, 2단계 부분 보험료율을 2018년 후생연금보험의 보험료율 18.35%로 통일한다, ② 직역(職域) 부분을 폐지한다, ③ 각 공제연금이 보유하고 있는 적립금에 대해서는 후생연금보험의 적립금 수준에 합당한 금액으로 정리해, 이것을 후생연금보험의 적립금과 함께 피용자 연금제도의 1, 2단계 부분의 공통 재원으로 공유한다, ④ 추가 비용을 재검토한다 등의 내용을 결정했다.

록을 국민에게 통지해, 정부와 국민의 연금 커뮤니케이션이 원활하게 이루어지도록 하는 구조를 도입해야 할 것이다.

4. 마치며

인간은 여러 가지 리스크에 직면해 저축·사적 보험 같은 자조 노력을 기울이거나, 가족이나 지역 차원의 상조를 도모하거나, 사회보험 등을 통해 안심을 확보하려고 한다. 이 장에서는 그중에서도 사회보험의 역할과 그 한계에 대해 논했다. 본래 사회보장이란 가계家計의 노후 불안이나 건강 불안을 제외하고, 가계의 장래의 소비 계획을 안정화시키는 기능이 있다. 하지만 일본은 21세기에 진입하면서 베이비붐세대인 단카이團塊세대 은퇴 직전에 사회보장 개혁이 집중적으로 추진되었고, 연금·개호·의료 분야 등 개혁이 따로따로 이루어졌기 때문에 사회보장제도 전체를 관통하는 정합성이 있는 개혁이었는지를 국민에게 전달하는 것이 불명확했던 부분도 적지 않았다. 가계는 각각의 보험제도를 별개로 보지 않고, 생활보장의 틀로서 하나로 바라본다. 사회보장제도 자체가 가계의 리스크 및 불안의 요인이 되지 않도록 인구구조의 변화에 대응할 수 있는 틀로 바꿔나가야 할 것이다.

고령화 사회에서 의료, 개호, 연금 모두를 충실화하는 것은 불가능한 일이다. 의료, 개호의 충실화를 도모하면서 연금에 대해서는 급부 억제와 지급 연령을 끌어올려 사적 연금을 우대하는 서비스 중심형 사회보장제도로 나아갈지, 아니면 연금 수준을 유지하면서 의료, 개호의 자기 부담을 강화하고 보험 범위를 축소하는 공적연금 중심형 사회보장제도로 나아갈지는 국민이 선택할 일이다.

참고문헌

池上直己. 2006.『ベーシック醫療問題』. 日本經濟新聞社.

今井博久. 2005.「小兒科醫師·産婦人科醫師の過少偏在と周産期アウトカムの低水準との關聯性」.『ヘルスリサーチフォーラム2005年度』.

岡本浩一. 1992.『リスク心理學入門ヒューーマン·エラーとリスク·イメージ』. サイエンス社.

厚生勞働省. 2006.『厚生勞働白書』. ぎょうせい.

駒村康平. 2003.『年金はどうなる: 家族と雇用が変わる時代』. 岩波書店.

駒村康平. 2006.「醫療·介護·年金と最低生活保障: 社會保障横斷的な改革の視點」. 貝塚啓明·財務省 財務總合政策研究所 編著.『年金を考える: 持續可能な社會保障制度改革』. 中央經濟社.

駒村康平·山田篤裕. 2007.「年金制度への强制加入の根據: 國民年金の未納·非加入に關する實證分析」. ≪會計檢査研究≫, 第26号.

地主重美. 1992.「國民醫療費と醫療保險」. 社會保障研究所 編.『リーディングス日本の社會保障 醫療』. 有斐閣.

社會保障審議會·年金數理部會. 2006.『平成16年財政再計算に基づく公的年金制度の財政檢證』.

SWIP プロジェクト·コンソーシアム. 2006.『平成17年度 サービス産業創出支援事業(事業化基本計劃策定事業)健康づくり未實施層を取り込むためのウエルネス·インセンティブプログラム開發プロジェクト: SWIP(Systen for Wellness Incentive Program)プロジェクト—調査研究報告書』.

永田宏. 2007.『販賣員も知らない醫療保險の確率』. 光文社.

西村周三. 2000.『保險と年金の經濟學』. 名古屋大學出版會.

年金總合研究センター 編. 2005.「諸外國の年金制度とその改革の動向」. ≪年金と經濟≫, 2005年 10月号.

廣田すみれ·增田眞也·坂上貴之 編著. 2002.『心理學が描くリスクの世界: 行動的意思決定入門』. 慶應義塾大學出版會.

右谷亮次. 1993.『企業年金の歷史: 失敗の軌跡』. 企業年金研究所.

宮下和裕. 2006.『國民健康保險の創設と筑前‘宗教·鞍手’の定札: 日本における醫療扶助活動の源流を探る』. 自治体研究社.

山崎泰彦·聯合總合生活開發研究所 編. 2005.『患者·國民のための醫療改革』. 社會保險研究所.

老人保建福祉法制研究會 編. 2003.『高齡者の尊嚴を支える介護』. 法研.

G. エスピン·アンデルセン. 2001.『福祉資本主義の三つの世界: 比較福祉國家の理論と動態』. 岡澤憲芙·宮本太郎 監驛. ミネルヴァ書房.

Getzen, Thomas E. and Bruce Allen. 2007. *Health Care Economics*. John Wiley &

Sons Inc Published.
OECD. 2005. *Pensions at a Glance: Public Policies across OECD Countries.* Paris: OECD.
Levinsky. Richard and Roddy McKinnon(eds.). 2005. *Toward Newfound Confidence.* Geneva: ISSA.

제 2 장

실업과 산업재해

오다 소이치太田聰一

인간은 일을 해서 생계를 꾸려가지만 이것과 바꾸어 실업과 산업재해라는 두 가지의 큰 리스크를 얻는다. 이 장에서는 이 리스크들에 대해 개관하면서 이를 억제하기 위한 정책들을 논한다. 먼저 이 두 가지 리스크에 직면하기 쉬운 노동자 유형에 공통성이 있다는 것을 서술할 것이다. 이러한 리스크에 노출되기 쉬운 사람은 일반적으로 청년·고령자·중소기업 근무자 등이다. 한편, 시계열적인 추이로 보면 실업과 산업재해는 전혀 다르다. 이들 리스크에 대해서는 실업보험과 산재보험이라는 공적인 보험이 존재해 피재 노동자의 구제를 도모하고 있다. 그리고 정부는 좀 더 적극적으로 이 두 가지 리스크의 억제 방책을 수행하고 있다. 고용 유지나 신규 채용을 돕고 실업자를 교육·훈련시키며 안전에 대한 법적 규제를 실시하는 것 등이 그러한 노력이다. 이 장에서는 또 청년실업 문제나 기업 내 리스크 관리의 촉진 등 앞으로 중요성이 커질 연구 과제들에 대해서도 논할 것이다.

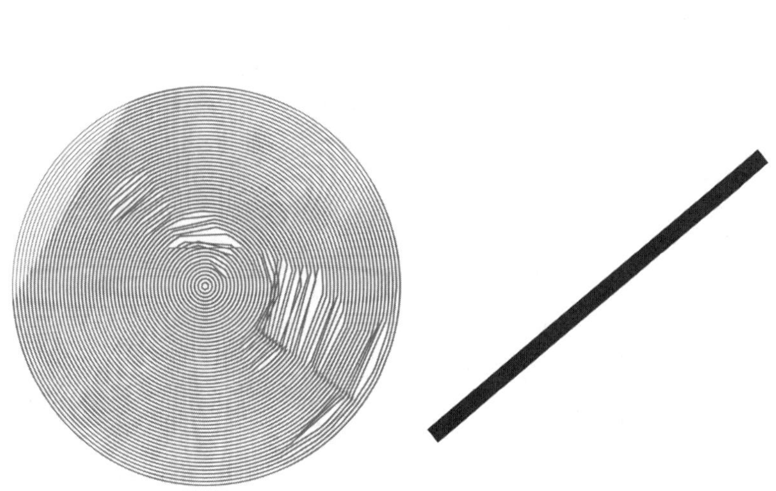

1. 들어가며

실업과 산업재해는 '일하는 것'에 부수하는 리스크 가운데 가장 심각한 것이라 할 수 있다. 이 두 가지는 일하는 것 자체를 곤란하게 만든다는 공통점이 있다. 실업은 일을 찾고 있으나 일이 없는 상태이며, 그런 이유로 여러 문제를 일으킨다. 근로자는 노동을 통해 소득을 얻고 그로써 생활을 꾸려가기 때문에 실업자가 되면 더 이상 목표가 서지 않는다. 즉, 실업은 소득의 대폭적 저하를 가져와 본인 및 가족의 생활을 위협한다. 또한 일을 한다는 것은 내가 타인에게 어떤 역할을 하고 있다는 자부심이나 일하는 것을 통해 사회의 다른 부분들과 연결되어 있다고 느낄 수 있도록 한다. 그러나 실업자가 되면 일하는 것이 주는 그러한 효용을 박탈당한다. 한편, 산업재해는 일이 원인이 되어 병이나 사고가 발생하는 것을 의미하는데, 산재를 당하면 실업과 마찬가지로 기존의 생활양식과 일을 계속할 수 있다는 만족감을 잃게 된다.

따라서 살아가면서 만날 수 있는 다양한 문제 중에서 실업과 산업재해는 상당히 중요한 위치를 차지한다고 할 수 있다. 삶의 각종 사건들이 초래하는 스트레스의 순위를 조사한 연구에서, 총 43개의 삶의 사건 중 부상·질병이 6위, 해고가 8위를 차지했다(Holmes·Rahe, 1967). 물론 실업자가 되는 이유에 해고만 있는 것은 아니며 병에 걸리는 원인도 산업재해 때문만은 아니다. 그러나 이 순위들은 실업과 산재가 사람들에게 얼마나 심각한 영향을 주는지를 시사하고 있다. 그렇기 때문에 고용보험 및 산재보험이라는 공적보험에 의해 피재자의 구제가 이루어지고 있는 것이다.

실업과 산재는 운이 나빠 생기는 것이 아니다. 2006년의 월평균 실업자 수는 275만 명이었는데, 이는 오사카大阪 시 인구인 약 260만 명에 필적하는 수치다. 또한 2005년 일본에서 산재에 의한 사상자 수는 연간 약 55만

명이고, 일을 4일 이상 쉬어야 하는 사상자만 연간 12만 명에 달한다. 이는 실업과 산재리스크가 누구에게나 닥칠 수 있는 일이라는 것을 의미한다. 실업과 산재리스크의 심각성이나 광범위함을 생각할 때 이 두 가지 리스크를 제어하는 것이 사람들의 복지 수준을 높이는 데 상당히 중요하다는 것을 알 수 있다.

다음에서 실업 및 산재 문제를 고찰해나가기에 앞서 노동시장의 특징에 대해 정리해볼 필요가 있다. 노동시장은 노동서비스를 공급하는 노동자와 노동서비스를 수요하는 기업이 거래하는 장이며, 그런 의미에서 물자나 서비스를 거래하는 것과 유사하다. 다만 실제 시장의 움직임은 일반적인 물자나 서비스를 거래하는 경우와는 상당히 다르다. 가장 큰 이유는 노동자 본인의 행동에 따라 노동서비스의 질과 양이 크게 달라지는 데 있다.

그러한 성격은 실업 문제에서 가장 크게 나타나는 것으로 보인다. 실업에 대한 한 가지 사고방식은, 현재의 임금 수준에서 노동서비스의 공급이 수요보다 많으며 그 넘치는 부분이 실업을 형성한다는 것이다. 보통의 재화나 서비스에서는 이 경우 가격이 하락해 수요와 공급의 균형이 회복된다. 그렇다면 노동시장에서도 이렇게 임금이 하락해 수요와 공급의 균형이 회복될 것이라 말할 수 있다. 하지만 노동시장의 경우에는 반드시 그렇게 자연스러운 조정이 이루어진다고 단정할 수 없다. 예를 들면, 현재 취업 중인 사람들은 임금이 낮아지는 것을 바라지 않기 때문에 단결해서 기업을 상대로 임금을 내리지 않도록 교섭할 가능성이 있다. 그 경우 실업이 존재하더라도 임금 저하가 일어나지 않을 수 있다(임금교섭가설).

또는 기업이 임금을 낮추면 현재 일하고 있는 사람들이 노동의욕을 상실하기 때문에 기업이 임금 삭감을 주저할 수도 있다. 사회심리학에서는 노동자들이 기업으로부터 높은 임금을 지급받을 경우, 그것을 기업의 '증여'로 파악하는 경향이 있어 그에 대한 '답례'로 기존보다 더 큰 노력을 쏟아 기업에 보답한다고 설명한다. 이 경우 임금 삭감은 노동서비스의 질적 저하로 직결된다. 또는 임금이 저하되어 실업급부와 큰 차이가 없어진다면 노동자들은 성실하게 일하기보다 회사 몰래 태만하게 일할지도 모른다. 왜냐하면 근무태만이 발각되어 해고된다 해도 임금이 낮기 때문에 '잃을 것'이 적기 때문이다(효율임금가설).

게다가 임금 조정과 무관하게 실업이 좀처럼 해소되지 않는 경우도 있다. 예를 들어 노동자들의 기존 기술이 진부해져버려 실업자가 보유한 기술과 기업이 요구하는 기술이 일치하지 않는 경우에는 기업이 실업자의 채용을 주저할지 모른다. 이런 경우에는 재화나 서비스 자체가 시장에서 도태되는 것이 일반적이지만 노동자들의 경우에는 그런 일이 상대적으로 적다. 오히려 인간은 시장에서 살아남기 위해 어떻게든 새로운 상황에 적응하려고 애쓴다. 또 다른 예는, 실업자가 되더라도 실업수당을 지급받을 수 있다고 생각해 비교적 안이하게 실업상태에 빠져버리거나 실업상태에서 벗어나기 위한 적극적인 구직 노력을 하지 않게 될 가능성이다. 산업재해와 관련해서도 사정은 크게 다르지 않다. 산재 발생은 과학적으로 상당한 정도로 억제하는 것이 가능하다. 또한 여러 가지 안전 규제들이 유효하게 기능하는 경우도 많다. 그렇지만 기업이나 노동자가 그러한 규제에 모두 따르는 것은 아니다. 각자가 재해 발생 가능성에 충분히 유의하고 억제하기 위해 애를 써야 발생률이 낮아지는 측면이 있다.

이런 것들을 생각하면 실업이나 산재가 노동자에게 큰 리스크인 것은 사실이지만 각 주체의 행동에 따라 리스크의 정도가 다를 수 있으며, 또 그런 리스크들을 제어하려 하는 정부도, 기업과 노동자의 행동이 정책의 수행에 따라 어느 정도 변화하는지에 대해 충분히 고려할 필요가 있다는 것을 알 수 있다.

이 장에서는 이러한 내용을 전제로 실업과 산재리스크에 관한 기본적인 사항들을 논한다. 2절에서는 실업과 산재리스크의 현재 상태와 동향을 설명한다. 3절에서는 두 가지 리스크를 억제하기 위한 정책적인 대응 및 실업(고용)·산재보험의 기능을 기술한다. 4절에서 이것들을 정리할 것이다.

2. 실업과 산재리스크

1) 리스크의 지표로 무엇을 사용하는가

먼저, 실업과 산재리스크가 어떤 성격을 가졌는지에 대해 알아보자. 이를 위해서는 두 가지를 측정하는 지표가 필요하다. 그래서 이 장에서는 실업리스크를 대표하는 지표로서 완전실업률에 주목한다. 실업률(완전실업률)이란 노동력 인구(취업자 수 + 완전실업자 수)에서 완전실업자 수가 차지하는 비율을 말하는데, '완전실업자'란 ① 일이 없어 조사기간 중에 조금도 일을 하지 않았으며, ② 일자리가 있다면 곧바로 취업이 가능하고, ③ 조사기간 중에 구직 활동이나 사업 시작 준비를 하고 있는(과거 구직 활동의 결과를 기다리고 있는 경우를 포함) 총 세 가지 조건을 충족하는 사람을 말한다.

엄밀성을 존중하는 사람은 실업률을 실업리스크의 정도로 파악하는 것에 다음과 같은 저항감을 느낄지도 모른다. 첫 번째로 현재 취업해 있는 사람이 일자리를 잃을 가능성이 얼마나 높은지는 실업률로 측정될 수 없다고 생각할 수 있다. '실업리스크'의 일반적인 이미지는 취업해 있는 사람이 얼마만큼 실직 리스크를 경험하는지의 정도라고 볼 수 있다. 이 경우 '사람들이 취업상태에서 실업상태로 유입되는 빈도'를 활용하는 쪽이 적절한 지표가 될 것이다. 물론 그 지표는 존재한다. 그러나 그러한 지표를 사용한다면 '사람들이 얼마의 기간을 실업상태에 머물러 있어야 했는가'의 측면을 간과하게 된다. 다시 말해, 실업상태로 유입되는 빈도를 파악하는 것은 가능하지만, 실업상태에서 유출되는(벗어나는) 빈도까지 파악할 수는 없는 것이다. 그 때문에 실업률은 유입 빈도와 유출 빈도 두 가지를 포함하는 지표인 것이다. 예를 들어 실업상태로의 유입 빈도를 일정하게 두고, 유출 빈도를 절반으로 놓게 되면 실업기간은 2배가 되어 실업률은 2배가 된다. 반대로 실업상태로부터의 유출 빈도를 일정하게 두고 실업상태로의 유입 빈도를 2배로 놓으면 실업률 역시 2배가 된다. 결과적으로 실업률이란 유입 빈도/유출 빈도의 비율로 정해진다고 할 수 있다. 이런 측면에서 실업률은 실업의 빈도(양)와 실업의 심각성(질)의 양쪽을 함께 고려한 것이라 해석할 수도 있다.

두 번째는 실업률이 높아질 경우, 그 안에는 해고 등과 같이 노동자가 의도하지 않은 고용관계의 문제들이 포함되기는 하지만, 그 밖에도 신규 졸업자를 구할 수 없어 발생하는 실업이나 더 나은 직장을 구하기 위해 생기는 구직기간 같은 실업도 포함된다는 점이다. 그래서 실업률에 이처럼 잡다한 것들이 포함되기 때문에 이것을 사용하는 것이 적절치 않다는 견해가 있을 수 있다. 확실히 그런 문제점이 있기는 하지만 다음과 같은 점을 어느 정도 유보하기로 한다면 그리 심각한 문제는 아니다.

우선, 신규 졸업자 등이 포함된다고 해도 실업률을 '사회 전체의 실업리스크'를 대표하는 지표로 취급하면, 그다지 큰 문제가 생기지 않는다. 또한 해고나 기업도산에 의해 실직자가 생기는 확률은 실업률과 상관관계가 비교적 강하기 때문에, 실업률을 '의도하지 않은' 고용관계의 문제를 대표하는 지표로 보는 것에도 큰 무리가 없다. 따라서 이 장에서는 실업률을 중심으로 실업리스크 상황을 관찰하기로 한다.

산재리스크와 관련해서는 주로 산재의 강도율强度率에 주목할 것이다. 산재 강도율은 연속 노동손실일수를 연속 실노동시간 수로 나눈 후 1000

을 곱한 값으로 정의된다. 간단히 말하면 총 노동시간 중 산재로 생긴 손실의 크기를 측정하는 것이다. 연속 노동손실일수의 계산에서 '사망'이나 '영구적 노동불능permanent total disability'의 경우는 7500일, '영구일부 노동불능permanent partial disability', '일시 노동불능temporary disability'의 경우는 각 장애 정도에 따라 일수를 더해 계산하도록 되어 있다. 이것도 실업률과 마찬가지로 빈도와 심각성의 두 가지를 고려한 지표라 할 수 있다. 덧붙여 빈도에 특화한 지표로서 산재도수율度數率이 있다.

2) 누구에게 리스크가 더 높은가?

실업과 산재리스크와 관련해 가장 먼저 생각할 점은, 모든 사람에게 같은 정도의 리스크가 발생하는 것은 아니라는 것이다. 사물에 대해 주의 깊은 정도 같은 개인의 특성에 따라서 리스크의 정도가 달라질 뿐만 아니라, 연령 혹은 근무처의 업종이나 규모에 따라서도 발생하는 리스크에 차이가 난다. 그러므로 이러한 다양한 속성별 리스크를 살펴보기로 한다.

우선 연령과 관련해서, 〈그림 2-1〉에 40대 실업률 및 산재 발생률(빈도)을 100으로 했을 때의 각 연령계급 값이 나타나 있다. 흥미롭게도 이 두 값은 40대에 그 리스크가 가장 낮다는 공통된 특징이 있다. 즉, 실업률이나 산재율은 젊은 층이나 고령층에서 높게 나타나며, 특히 젊은 층에서 가장 높다. 실업과 관련해서 청년기는 사람들이 자신에게 적합한 일을 발견하는 시기이므로 구직 과정에서 시행착오를 경험한다. 청년들의 산재리스크가 높은 이유는 그들이 일에 익숙지 않고, 젊기 때문에 신중함이 결여되어 있을 가능성 때문이라고 생각된다. 한편 고령층에 실업리스크가 높은 것은 정년 연령에 도달하면서 새롭게 구직 활동을 하는 것이 주요인이고, 연령에 따른 체력이나 판단력 저하가 산재 발생률을 증가시키고 있다.

〈그림 2-1〉 연령계급별 실업률·산재 발생률(40대=100)

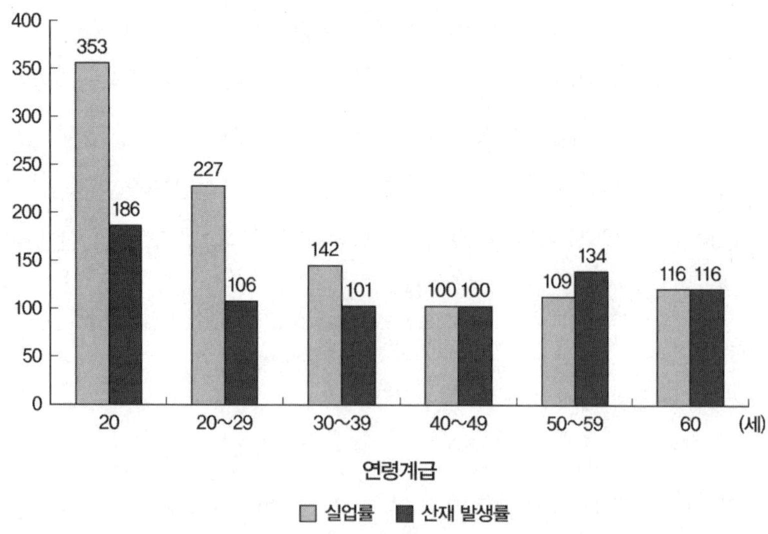

자료: 일본 총무성(2004), 「노동력조사」, 일본 후생노동성(2004), 「노동자사상병보고」 참조해 작성.

〈그림 2-2〉 기업규모별 실업률·산재 강도율(強度率)

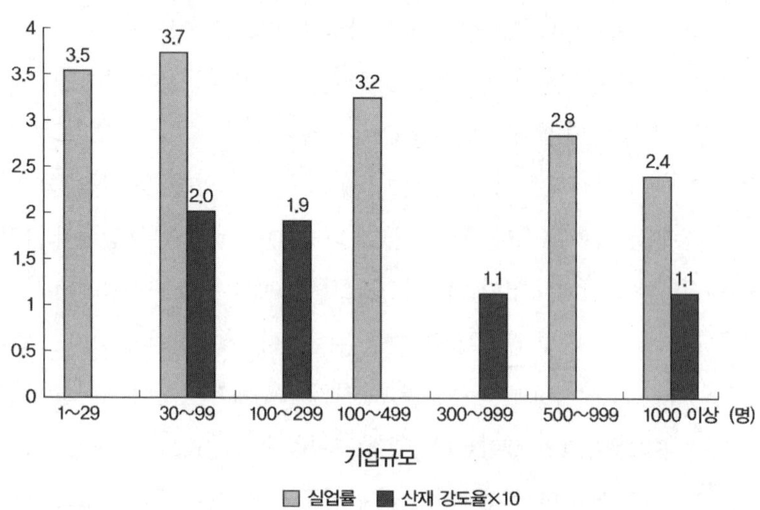

자료: 일본 총무성(2004), 「노동력조사」, 일본 후생노동성(2004), 「노동재해동향조사」 참조해 작성.

다음으로 근무처의 규모에 따른 실업과 산재의 리스크를 살펴보자. 먼저 실업리스크의 지표로서 실업률을 살펴보려고 하는데, 유감스럽게도 엄밀한 의미의 '기업규모별 실업률'이라는 지표는 존재하지 않는다. 왜냐하면 취업자는 '대기업 취업자', '중소기업 취업자'라는 구분이 있지만 실업자에는 '대기업 실업자', '중소기업 실업자'라는 구분이 있을 수 없기 때문이다. 다만 '실업자 중에 이전에 대기업에 근무했던 사람', '실업자 중에 이전에 중소기업에 근무했던 사람'을 분류하는 것은 가능하다. 그러므로 다음에서는 그러한 분류를 이용해 기업규모별 실업률을 나타내기로 한다. 한편, 산재와 관련해서는 기업규모별 강도율에 대한 데이터가 존재한다.

〈그림 2-2〉에는 기업규모별 실업률 및 산재 강도율이 나타나 있다. 이 그림에서 분명히 알 수 있는 것은 실업과 산재 모두 기업규모가 커짐에 따라 리스크 정도는 낮아진다는 사실이다. 직원 수 30~99명의 소기업과 비교할 때, 1000명 이상의 대기업에서는 실업과 산재의 리스크가 각각 60% 전후까지 내려간다.

이것은 근로조건 면에서의 규모 간 격차 때문이다. 규모가 큰 기업에 근무하는 노동자는 연령, 근속연수, 학력 등의 속성이 비슷하더라도 소규모 기업에 근무하는 노동자보다 높은 임금을 받는 경우가 많다. 〈그림 2-2〉는 이 두 경우에서 임금 측면의 격차뿐만 아니라 일의 안정성 및 안전성 면에서도 격차가 발생한다는 것을 보여준다.

이 같은 규모에 따른 차이는 '생산성 격차 가설'에 의해 설명할 수 있다(Idson·Oi, 1999). 간단하게 설명하면 다음과 같다. 예를 들어 제조업의 경우, 대기업은 기계설비 등 물적 자본에서 중소기업을 능가하는 경우가 많다. 그런데 고도의 기계설비를 효율적으로 활용하려면 기술 수준이 높은 노동자가 필요하다. 그래서 대기업은 기술 수준이 높은 노동자에게 높은 임금을 제시해 그들을 채용하고 기업에 정착시킨다. 따라서 이러한 자본량과 기술 수준의 차이가 대기업과 중소기업의 임금격차의 원인이 된다.

게다가 높은 수준의 기술을 보유하고 있는 대기업들은 도산 확률이 중소기업보다 낮다. 그런 상황에서 대기업들은 직장 내 교육훈련OJT: On the Job Training을 중심으로 노동자들에게 기술 습득의 기회를 제공함으로써 장기적으로 그들을 육성하는 것으로 이익을 얻을 수 있다. 그리고 이러한 경향이 대기업들에게 더 큰 생산성 향상을 가져온다. 대기업에서는 일시적인 생산 변동에 의해 고용 리스크를 자체 흡수할 수 있기 때문에 실업리스크가 작다. 또한 안전한 설비를 도입하는 것으로 고도의 기술을 체화한 노동자 고용을 유지하는 것이 큰 이점을 만들어낸다. 이러한 이유로 산업재해리스크가 저하된다.

산업에 따라서도 실업과 산재리스크가 달라진다. 산업별 실업률 산출에 규모별 실업률 도출 방법을 사용해 각각을 비교해보면 건설업, 음식·숙박업, 서비스업 등에서 실업률이 비교적 높게 나온다. 반면 금융·보험업, 교육·학습지원업 등에서는 실업률이 낮은 경향이 있다. 산재와 관련해서는 건설업, 운수업 등에서 강도율이 높다. 학력별로는 대졸이 고졸의 경우보다 실업리스크가 낮다. 현장업무 방면에서 산재가 더 많이 발생한다는 점을 고려해볼 때 산재 역시 학력 간 격차가 존재한다고 볼 수 있다.

이처럼 인간이 직면하는 실업과 산재리스크는 인간의 속성에 따라서도 크게 달라진다. 청년층과 고령층, 중소·영세기업에 근무하는 사람들 및 학력이 낮은 사람들 등이 노동의 양대 리스크에 더 많이 노출되어 있다. 즉, 임금이 낮은 그룹의 사람들이 저임금에 더해, 실업과 산재리스크에 더 많이 노출되어 있는 것이 현실이다. 이 양대 리스크를 제어해나가는 것은 격차의 축소라는 관점에서도 상당히 중요한 정책적 의의가 있다.

3) 시간의 흐름에 따른 동향

<그림 2-3>은 1970년부터 2006년까지의 완전실업률 및 산재 강도율의 동향을 나타낸 것이다. 이 그림에서 두 가지 변수는 현저하게 다른 움직임을 나타내고 있다. 먼저 실업률은 장기적으로 뚜렷한 상승 경향을 보이고 있다. 1970년 1.1%에 지나지 않았던 실업률은 경기에 따라 변동하면서도 서서히 상승해 특히 1990년대 후반에 그 속도가 빨라졌고, 2002년에는 5.4%에 달했다. 그 후 최근에는 경기가 좋아져 하락 경향을 보이고 있으나 여전히 4% 대의 높은 수준이다.

반대로 산재 강도율은 변동폭은 있으나 장기적으로는 하락하는 경향이다. 1970년대 초반에 강도율이 큰 폭으로 하락해, 1970년에 0.88%였던 강도율은 겨우 6년 후인 1976년에 0.36으로 낮아졌다. 이후 값은 서서히 하

<그림 2-3> 완전실업률 및 산재 강도율 추이(사업장 규모 100명 이상)

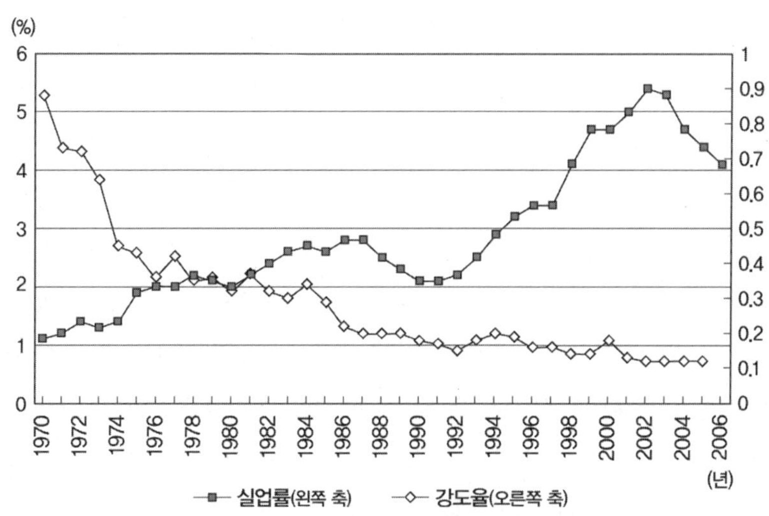

주: 1992년 이후의 강도율과 그 이전의 강도율은 그 조사 대상 산업들이 약간 다름.
자료: 일본 총무성 「노동력조사」, 일본 후생노동성 「노동재해동향조사」.

락해 최근에는 0.12라는 낮은 수준에 이르렀다. 이런 움직임은 실업률과는 대조를 이루고 있어 일본의 노동시장이 산재리스크 제어에 성공하고 있다는 것을 보여준다고 할 수 있지만, 실업리스크의 제어에는 실패했다고도 할 수 있을 것이다. 업무 환경이 마음과 몸에 미치는 악영향을 개선했지만 취업 자체에 어려움을 느끼는 사람이 늘어났다는 것은 아이러니하다.

산재가 억제되었던 가장 큰 이유는 산업구조의 변화 때문에 광업 등 리스크가 높은 산업들의 비중이 낮아졌고, 서비스업을 대표로 하는 산재리스크가 낮은 새로운 산업들의 비중이 높아진 데 있다. 그에 더해 안전성이 높은 설비의 등장과 산재 박멸을 향한 국민 전체의 노력이 주효한 것도 큰 역할을 했다. 또한 최근 산재를 당하기 쉬운 고령 취업자 비율이 높아졌는데, 이것이 없었다면 최근의 산재 발생률은 더욱 낮아졌을 것이라는 분석도 있다(太田聰一, 2001b).

한편, 1990년대 이후 비교적 최근에 이르기까지 실업률이 계속 높아진 것에 대해서는 여러 가지 견해가 제시되었다. 실업률이 높아진 것은 실업상태로의 유입 증가 또는 실업상태로부터의 유출(취업) 감소, 둘 중에 적어도 어느 하나가 발생했기 때문이다. 따라서 다음에서는 실업상태로의 유입 증가 요인과 실업상태로부터의 유출 감소 요인 두 가지로 나누어 정리해본다(太田聰一, 2005 참조).

가장 먼저 실업상태로의 유입 증가를 가져온 요인에 대해 서술한다. 첫 번째, 장기불황에 따라 신규 졸업자에 대한 노동 수요가 크게 줄어들었고 그 결과 청년실업률이 높아졌다. 청년실업률의 상승은 당연히 전체 실업률의 상승을 가져온다. 불황이 일시적 현상이었다면 기업들은 미래에 전력을 유지하기 위해 청년 정규직을 계속 채용했을 공산이 크다. 그러나 불황이 장기적이었기 때문에 장기 육성을 필요로 하는 청년 정규직들에 대한 수요는 크게 감소했다.

두 번째, 다른 한편에서 비정규직이 급증했고 특히 청년층 프리터들이 사회문제가 되었다. 프리터 등 비정규직들은 직장을 그만둘 확률이 높고 또 실업상태에 빠지기 쉽다. 그 때문에 비정규직의 증가는 실업률 상승의 요인이 된다. 또한 비정규직은 고용기간이 정해져 있기 때문에, 고용기간이 정해져 있지 않은 정규직에 비해 인력 감축의 대상이 되기 쉽다. 따라서 고용을 장기적으로 유지할 자신은 없으나 당장 직원을 필요로 하는 기업에게는 그들이 적합한 노동 공급원이 된다. 또한 그들은 정규직에 비해 임금수준이 낮아 인건비를 낮추는 데도 도움이 된다. 이와 같은 비정규직화가 실업률을 높였을 가능성이 크다. 그 밖에 정규직이라 해도 직장을 그만둘 확률이 상대적으로 높은 3차산업의 비중이 커진 것이나, 청년 정규직이 직장을 그만두는 성향이 높아진 것 등도 실업상태로의 유입을 촉진하는 요인이 되었다.

세 번째, 기업도산이나 해고로 실업상태로의 유입이 증가했다. 특히 지금까지 고용보장을 중시했던 일본 기업들이 대규모 구조조정을 실시한 것도 큰 영향을 미쳤다. 기존의 일본 기업들은 이러한 강도 높은 고용조정 대신 자회사로 파견근무를 하는 식으로, 그룹 내에서 인재확보를 적극적으로 실시해왔다. 그러나 인력을 받아줄 중소기업들의 업적 악화나 계열 관계가 약해진 것 등의 이유로, 1990년대부터 이러한 방식은 한계를 보이기 시작했고 그 결과 구조조정이 증대하기 시작했다.

실업상태에서의 유출 감소로 의론을 옮겨보기로 하자. 이것에 가장 큰 영향을 준 것은 기업들이 중도 채용을 전반적으로 억제해 실업자들이 일자리를 찾기 어려워진 사실이다. 기존에 일종의 '고용의 받침접시' 역할을 해온 건설업이나 중소기업들에서 인력 채용이 여의치 않게 된 것이 실업자들의 취직을 현저히 어렵게 만들었다. 그렇게 된 배경은 재정난으로 인한 공공사업의 삭감이나 금융기관의 신용경색credit crunch 같은 새로운 사태의 영향 때문이다. 그 밖에 실업자들의 행동 그 자체에도 변화가 있었다. 예를 들어 이전에는 기혼여성 실업자의 경우, 구직활동을 단념하고 전업주부 등으로 비노동력화하는 경우가 많았다. 그러나 최근 결혼의 구직의욕 상실효과는 퇴조하고 여성들은 노동시장에 정착하게 되었다. 이것이 실업률의 상승 요인이 된 면도 부정할 수는 없다.

상술한 것 이외에 노동력의 연령구성 변화, 기술혁신, 사람들이 실업에 대해 느끼는 방식의 변화, 기타 각종 제도적 요인들도 실업리스크를 높인 것으로 생각된다.

3. 리스크에 대처하기

실업과 산재리스크에 대처하는 사고방식은 크게 두 가지로 나누어볼 수 있다. 첫 번째는 리스크 그 자체의 발생 및 영향을 최소화하는 것이고, 두 번째는 사태가 발생했을 때 초래될 생활에서의 피해를 완화하기 위해 보험에 가입하는 것이다. 다음에서 정책적으로 실업과 산재리스크에 어떻게 대응해왔는지를 간단히 정리해보기로 한다. 물론 모든 정책을 망라할 수는 없고 또 그렇게 하는 것은 이 장의 취지를 벗어나는 것이므로, 여기에서는 중요한 몇 가지 정책만 언급할 것이다.

1) 실업리스크의 억제

실업 그 자체의 발생을 억제하기 위한 방법에는 여러 가지가 있을 수 있다. 다만 많은 정책에는 고유의 부작용이 있기 때문에 정책 적용에서는 충분한 주의가 필요하다.

첫 번째 정책적 대응은, 재정·금융정책에 의한 경기부양이다. 금융정책에 의한 설비투자의 증가 또는 재정정책에 의한 정부 지출의 증대는 국민경제의 유효수요 수준을 끌어올림으로써 경기를 자극하고 고용 확대를 촉진한다. 이러한 적극적인 재정정책의 유의점은 금리 상승으로 민간투자가 위축될 수 있다는 점, 환율 인상이 초래된다는 점, 정부의 재정상황을 악화시킨다는 점이다. 또한 확장적인 금융정책의 유의점은 인플레이션으로 연결되기 쉽다는 점, 또 '유동성의 덫' 상황에서는 효과가 적은 점 등이 있다. 더욱이 실업 증대의 요인이 경기후퇴에 의한 수요 하락에 있는 것이 아니라 노동시장의 구조적인 변화에서 초래되는 경우에는 이러한 거시경제정책들이 적절하다고 할 수 없다.

두 번째 정책적 대응은 기업에 의해 고용 유지 노력을 촉진시키는 것이다. 불황기에 기업은 생산을 억제하고 그에 따라 노동자 수를 감소시키려 한다. 그 때문에 해고나 고용 중단이 빈발하고, 그것은 곧 실업과 직결된다. 그래서 불황 업종에 속하는 기업이 대량 해고를 하지 않고 버티다가 휴업이나 자회사로의 파견근무를 시행할 수밖에 없는 경우, 정부는 기업에 조성금助成金을 지급하는 정책을 실시해왔다(고용조정 조성금). 다만 그와 같은 지출이 결과적으로 노동자들이 새로운 업종으로 이동하는 것을 방해하는 측면이 있다는 점에 유의할 필요가 있다.

세 번째 정책적 대응은 기업의 고용을 활성화하기 위해, 노동자를 많이 채용한 기업에게 조성금을 지급하는 것이다. 특히 고용기회가 적은 지역에서 인력을 채용한 기업, 또는 고령자나 장애인 등 취업에 불리한 조건을 지닌 사람들을 채용하는 기업에 대해 임금의 일부분을 공적으로 부담해주는 형태가 주가 된다. 이러한 조성금 지급은 기업의 고용을 자극하는 효과가 있지만 한편으로 조성금이 없더라도 채용할 의사가 있던 기업주가 '조성금을 준다고 하니' 조성금을 신청하는 모럴 해저드가 생기기 쉽다. 또한 특정

유형의 사람들을 채용하는 것에 조성금을 지급할 경우, 그것은 곧 다른 유형의 사람들의 채용을 억제할 수도 있다는 문제에 유의할 필요가 있다.

네 번째 정책적 대응은 노동자들의 능력을 향상시킴으로써 채용을 용이하게 돕는 것이다. 직업훈련으로 노동자들이 우수한 능력을 갖추게 되면 기업으로서는 자체 훈련비용을 절약할 수 있다. 사실 일본에서 실업자에 대한 직업훈련은 '헬로워크'[1] 등을 통해 상당히 많이 실시되고 있다. 다만 훈련이 효과를 거두기 위해서는 교육 내용이나 훈련기간이 재취업하는 데 충분한지, 교육체제가 각각의 실업자의 요구에 합당하게 구축되어 있는지 등의 측면들에 충분히 유의해야 한다.

다섯 번째 정책적 대응은 워크셰어링work sharing이다. 워크셰어링에는 여러 가지 형태가 있는데, 가장 대표적인 것은 법정노동시간을 단축하는 대신 고용인 수를 늘리는 것으로, 프랑스나 독일에서는 실제로 이 방법을 사용하고 있다. 근무시간이 하루 8시간이고, 70명의 인력을 고용하는 사업장에서 근무시간을 하루 7시간으로 단축할 경우, 인력이 80명이 되지 않는다면 연 노동시간(1일 560시간)은 확보될 수 없다. 따라서 1일 8시간에서 7시간으로 시간을 단축하기 위해서는 10명을 더 고용해야 한다. 다만 몇 가지 유의할 점이 있다. 먼저 노동시간이 아니라 인원수에 소요되는 비용(훈련비용, 유니폼 비, 통근수당 등)의 비중이 높을 경우에는 기업이 인원수를 늘리는 데 주저할 수 있다. 또한 노동시간이 줄어드는 만큼 지급되는 임금이 줄어들지 않는다면 기업으로서는 비용이 높아져 채용을 억제하게 될 것이다. 실제로 독일에서는 노동시간이 줄어든 노동자들이 사용자 측에 기존에 받았던 임금을 요구해 워크셰어링이 실패로 끝나기도 했다(Hunt, 1999). 워크셰어링은 실업 극복을 위한 비장의 카드로 많은 기대를 받고 있지만 이

1 일본에서 '공공직업 안정소'를 일반적으로 부르는 말.

같은 측면도 있다는 것에 충분히 유의해야 한다.

2) 산재리스크의 억제

산재리스크 억제의 경우는 실업리스크만큼 여러 가지 부작용에 신경을 쓸 필요가 없다. 왜냐하면 산재의 경우에는 실업과 달리 적절한 안전위생 규제를 함으로써 상당한 정도로 재해 발생을 막을 수 있기 때문이다.

이것은 실업리스크와 산재리스크의 본질적 차이에 따른 것인데 그에 대해 잠시 살펴보기로 하자. 이것은 한마디로 '왜 실업리스크는 산재리스크와 달리 철저한 규제로 대응할 수 없는가?'의 문제라 할 수 있다. 물론 실업과 결부된 행위, 예를 들면 '해고'에 대해 일본 「노동기준법」에서는 '객관적으로 합리적인 이유가 없고, 사회통념상 합당하다고 인정할 수 없는 경우의 해고는 권리를 남용한 것으로 보고 무효로 한다'고 명시되어 있는 등 실업에 대한 규제가 없는 것은 아니다. 그런데도 규제의 비중이 산재에 비해 압도적으로 작은 것은 틀림없다. 그 이유는 무엇일까?

사견으로, 산재리스크는 각각의 일이 지닌 성질과 관련되어 있고, 실업리스크는 일 그 자체의 존립과 관련되어 있다는 사실이 정책적 대응의 입장을 다르게 만들었다고 생각한다. 각각의 일 자체는 변화하기 쉽고 시대에 따라 생겨났다가 사라지거나 한다. 오히려 이렇게 일이 부침하는 것 자체가 경제의 역동성을 떠받치고 있는 측면이 있다. 다만 사람이 어떤 일을 맡든지 간에 그 일에 관해 최소한의 안전은 반드시 확보되어야 한다. 이러한 사고방식이 산재리스크에 대한 규제의 근원을 형성할 것이다.

일본에서 산재리스크에 관한 규제는 기본적으로 「노동안전위생법」에 반영되어왔지만, 그 세세한 부분은 「노동안전위생법 시행령」으로 규정되고 있다. 더 나아가 실제 규제 등은 「노동안전위생 규칙」으로 정해진다. 기업은 「노동안전위생법」에 의해 적절한 안전위생 관리체제를 실현해 산재를 억제하고 쾌적한 직장환경을 조성할 의무를 부담한다.

실제 일본에서는 기업이 적절한 안전위생 대책을 실시하고 있는지의 여부를 '노동기준 감독관서'에 의한 '임검 감독(임검)' 등에 의해 확인하고 있다. '임검臨檢'이란 노동기준감독관이 실제 기업에 들어가 「노동기준법」 또는 「노동안전위생법」에 대한 위반이 없는지를 조사하는 것을 말하는데, 정기적으로 실시하는 것, 재해 발생 시 실시하는 것, 노동자의 고발에 따라 실시하는 것 등 여러 가지가 있다. 법령 위반에 대해서는 시정 권고가 내려지며 두세 번의 지도로도 시정되지 않을 경우에는, 검찰 송치의 처분이 이루어진다.

일본정부는 이처럼 법에 기반을 두고 리스크를 억제하는 활동을 할 뿐만 아니라 노동자의 건강 대책을 위해 산업보건추진센터에서 산업보건 관계자들의 상담이나 연수를 실시하고 있으며, 또 직장에서의 자주적 안전대책을 위한 계몽활동을 전개하는 것 등을 통해 한층 더 나은 산재리스크의 억제를 도모하고 있다.

3) 고용보험

고용보험제도는 기업 및 고용되어 있는 노동자가 고용보험료를 나누어 내서 그 보험료를 실업자에게 급부하는 것으로, 실업에 수반하는 소득 하락을 완화하기 위한 보험제도이다. 현행 제도를 간단히 설명한다면 다음과 같다.

고용보험을 지급받을 자격이 있는 사람은 기본적으로 6개월 이상 고용보험에 가입해 있는 노동자다. 가입자는 일반 직원뿐만 아니라 1주일에 노동시간이 20시간 이상이고, 1년 이상 고용될 것으로 예상되는 파트타이머나 아르바이터도 포함된다.

일본에서 고용보험료는 피보험자의 임금 총액의 일정 비율로 정해져 있는데, 현행 보험료율은 기업 측이 9/1000, 노동자가 6/1000이며 이 둘을 합한 보험료율은 15/1000(1.5%)이다. 다만 '농림수산·청주 제조 사업' 및 '건설업'의 경우에는 보험료율이 약간 더 높다.

실업자가 되었을 때의 급부는 원칙적으로 회사를 그만두기 직전 6개월 동안 매달 정기적으로 지급된 임금(잔업 대금은 포함, 상여금은 제외)의 합계를 180으로 나누어 산출된 금액에서 약 50~80%로 정해져 있다(60세 미만). 급부 기간은 일을 그만두는 이유, 연령, 고용보험 가입기간에 따라 달라진다. 기본적으로는 해당자의 형편이나 정년보다 해고나 도산 같은 예기치 못한 이유에 의한 실업일 경우, 그리고 생계비가 많이 드는 연령일수록, 또한 보험 가입기간이 길수록 급부 기간이 길어진다. 가장 길게는 회사 사정(도산·인원 정리·구조조정) 등에 따라 불가피하게 일을 그만두어야 했던 45세 이상 60세 미만의 노동자 중, 고용보험 가입기간이 20년 이상인 노동자에게 330일 동안 급부가 주어진다.

실업급부가 노동자의 소득저하 리스크를 완화하는 데 중요한 역할을 하고 있는 것은 틀림없다. 다만 이 제도의 설계에 대해서는 여러 가지 논점이 있다. 그중 지금까지 가장 많이 논의된 것이 실업급부가 있기 때문에 실업자가 취직하려는 노력을 게을리한다고 하는 모럴 해저드 문제였다. 따라서 소득저하 리스크의 회피라는 실업급부의 긍정적인 측면과 구직의욕 억제라는 부정적인 측면을 어떻게 균형을 맞출지에 대해 지금까지 이론적·실증적인 의론이 적지 않게 이루어져왔다(Shavell·Weiss, 1979).

현실적으로 모럴 해저드 문제를 무시할 수 없다면 실업급부를 구직기간과 더불어 감소시켜가는 것이 그 해결책의 하나가 될 것이다. 일본에서도 실업급부 기간에 제한을 두고 있는데, 급부 기간을 무제한으로 할 경우 실업자가 구직의욕을 상실할 수 있기 때문이다. 또 일을 그만둔 이유에 따라 급부 기간을 달리 설정하는 현행 제도 역시 실업급부가 있기 때문에 쉽게 실업을 선택하는 식의 모럴 해저드에 대처하기 위한 것이다.

모럴 해저드에 대한 또 하나의 논점은 대기기간을 어떻게 생각할 것인지의 문제다. 현행 제도에서는 정년퇴직이나 회사의 도산 등 '정당한 사유'로 실업한 경우에는 절차상 7일간의 대기기간을 거쳐 실업급부를 지급하도록 되어 있다. 그리고 개인의 사정 또는 자기책임 아래의 중대한 이유로 해고된 경우, 대기기간에 이어지는 3개월간의 급부제한 이후 지급이 가능하다. 이러한 제도 역시 안이하게 실업급부에 의존하는 것을 억제하기 위한 것이라고 생각할 수 있다. 또한 실업자가 어느 정도의 예금을 보유하고 있는 경우에는, 단기적으로 그것을 사용할 수 있기 때문에 대기기간이 생활상의 곤란을 초래하지 않는다고 생각할 수 있다. 이와 같이 고용보험 제도는 소득저하의 리스크 회피와 모럴 해저드 억제의 균형 위에서 성립되고 있는 것이다. 고용보험의 존재 자체가 실업을 증대시키는 메커니즘을 가지고 있는 만큼, 실업 대책의 관점에서는 고용보험을 깔끔하게 정비하는 것과 동시에 실업리스크 그 자체를 낮추려는 노력이 필요하다는 의미인 것이다. 이러한 정책수단의 조합은 다음에 서술할 산재보험에도 해당된다.

덧붙인다면, 고용보험의 역할은 소득저하 리스크의 대응에만 국한되는 것은 아닐지도 모른다. 가령, 고용보험이 존재하지 않는 경우를 생각해보자. 노동자가 소득저하 리스크를 회피하려는 마음이 강하다면 실업리스크도 낮고, 임금도 상당히 낮은 구인의사를 가진 기업들만 노동시장에 참가하게 될 것이다. 노동자 입장에서 실업리스크가 낮다는 것은 기업 입장에서 볼 때 채용 리스크가 높다는 것을 의미하기 때문에, 그러한 기업은 리스크를 억제하기 위해 일의 질을 향상시키는 데 돈을 쓰지 않을지도 모른다. 반대로 실업급부가 도입되어 실업자가 일을 찾을 수 없는 상황에서 급부가 제공된다고 하자. 이 경우에 실업자는 고용보험이 없을 때와 비교할 때, (고용보험이 있으므로) 실업리스크가 다소 높더라도 임금이 높은 일을 얻으려고 할 것이다. 그러므로 기업의 채용 리스크는 낮아지고 업무의 질을 향상시키기 위한 기업의 투자가 활발해지며, 경제 전체의 생산 효율이 높아질 가능성이 있다. 이러한 경우에는 고용보험이 좀 더 적극적인 역할을 수행하고 있다고 할 수 있다(Acemoglu·Shimer, 1999).

4) 산재보험

산재를 당했다고 인정받은 노동자는 산재보험 급부를 받을 수 있다. 예를 들어 노동자가 요양차 일을 쉬는 경우 '요양보상급부'로서 요양비 전액이 지급되고 또한 '휴양보상급부'로서 휴업 1일당 급부기초일액給付基礎日額의 60%가 지급된다. 나아가 장애가 완전히 사라지지 않은 경우에는 장애보상연금·일시금이, 개호가 필요한 경우에는 개호보상급부, 사망한 경우에는 장례비에 더해 유족보상금이라는 연금이 지급된다.

산재보험제도는 일반인에게 반드시 친숙한 것은 아니기 때문에 그 연혁에 대해 조금 이야기해보겠다. 「산재보험법」은 사용자를 가입자로 하고 정부를 보험자로 하는 강제보험제도로서 재해보상의 신속하고 공정한 실시를 위해 1947년에 「노동기준법」과 동시에 제정되었다. 그 이전에는 업무상 재해에 관한 보험제도는 건강보험, 후생연금보험, 노동자재해부조 책임보험 등으로 분속되어 있었고, 또 적용 범위나 부조 수준의 면에서도 만족스럽지 못했다. 그리고 1947년에 「산재보험법」의 등장으로 비로소 업무상 재해에 대한 통일적인 보험제도가 확립되었다.

「노동기준법」은 각각의 사용자가 업무상 재해에 대해 보상하도록 정하고 있으나 두 가지 면에서 한계가 있다. 첫 번째, 가령 업무상 재해로 인정되었다 하더라도 사용자에게 보상능력이 없을 경우에는 피해자에게 보상이 확보가 불가능하게 된다는 것, 두 번째, 보상 내용은 노동조건의 최저기준이기 때문에 개별 사용자의 보상능력을 감안해서 반드시 높은 수준으로 결정되지는 않는다는 점이다. 이렇듯 「산재보험법」은 「노동기준법」의 재해보상의 한계를 보완하는 역할이 기대되었기 때문에, 「노동기준법」과 동일하게 재해보상 시 무과실책임을 전제로 보험료 전액을 사용자가 부담하도록 한 것이다. 따라서 산재보험의 급부가 행해질 경우 사용자는 「노동기준법」상의 재해보상책임을 면할 수 있다.

이와 같이 산재보험은 당초 사용자의 재해보상책임의 책임보험으로서의 역할이 기대되었기 때문에, 그 보상은 「노동기준법」상의 재해보상과 동일한 내용과 수준이었다. 그러나 1960년대 이후로 수차례에 걸친 개정이 이루어지며 산재보험법은 「노동기준법」으로부터 점차 괴리되어갔고 이른바, '산재보험의 독자 행보'라고 언급될 정도로 그 독자성이 강화되었다. 즉, 적용 범위의 대폭적인 확대와 더불어 급부 면에서도 연금제도의 도입, 물가연동제 채택, 연령·계층별 최저한도액과 최고한도액의 도입(급부기초일액 대비), 개호보상급부·개호급부의 도입 등 내용과 수준에서 다른 선진국들과 어깨를 나란히 할 정도의 수준에 도달했다. 따라서 현재 일본에서는 산재보험이 산재 보상의 중심적 역할을 하게 되었다.

앞서 서술했듯이 산재보험의 보험료는 전액 사용자(기업) 부담이다. 그 점에서 노사가 절반씩 부담하는 고용보험 또는 연금이나 의료 같은 사회보험과는 확실한 선을 긋고 있다. 보험료율은 산업마다 상세하게 정해져 있다. 현시점에서 '수력발전시설, 터널 신설 사업'의 보험료율이 118/1000로 가장 높고, '그 밖의 각종 사업' 등에 적용되는 4.5/1000이 가장 낮은 보험료율이다. 이와 같은 보험료율의 차이는 산재 발생률의 차이를 반영하고 있다. 즉, 보험의 원칙에 따라 리스크에 대응하는 보험료를 징수하고 있는 것이다. 덧붙여, 산재보험 특유의 제도로서 이른바 '성과제merit system'가 있다. 이것은 같은 업종에 속하더라도 사용하는 기계나 산재 방지 노력 등이 기업마다 서로 다르다는 것을 고려해, 좀 더 많은 산재를 발생시킨 기업에게 좀 더 높은 보험료를 징수하는 것이다. 이 제도는 기업의 방재 노력을 촉진하는 데 목표가 있다.

산재보험은 전액 기업 부담이기 때문에, 노동자들은 기업으로부터 '은혜'를 받을 뿐 산재 비용을 전혀 부담하지 않는다는 인상을 받기 쉽지만, 이것은 경제학적으로는 성립할 수 없는 사고방식이다. 왜냐하면 기업은 산재보험의 보험료율 분을 기업의 제품가격에 전가시키거나 노동자들에게 지급하는 임금에 반영해 그만큼을 억제하는 것이 가능하기 때문이다. 결국, 노동자는 산재보험료 분만큼 더 높은 가격으로 제품을 구입하거나, 그만큼 임금을 적게 받거나 하기 때문에 실질적으로 보험료의 일부를 부담한다. 그런 의미에서 산재보험도 노동자 상호 간의 보험의 성격이 있다는 것을 유념해야 한다.

산재보험의 급부와 관련해서는 그 관대함이 종종 화제가 된다. 한창 일할 나이의 회사원이 가족을 남기고 사망한 경우, 그것이 산재로 인정된 경우와 산재로 인정되지 않아 건강보험이 적용된 경우를 비교할 때 급부에서 두 배 정도 차이가 난다(太田聰一, 2001). 이와 같은 두터운 산재 보장은 산재보험의 명분에 '위험한 일에 노동자를 종사시키는 기업에 의한 보상'이라는 측면이 있다는 것을 생각하면 이해하기 쉬울 것이다. 그러나 산재보험료율은 실질적으로 노동자가 부담하는 부분이 큰 상황이고, 같은 재해라도 산재인지 아닌지의 여부에 따라 급부가 크게 달라지기 때문에, 경우에 따라서는 이것이 피재자가 불공평하다고 느끼는 원인이 되기도 한다.

또한 산재보험의 경제학적인 위치를 본다면, 산재리스크를 공유하기 위한 구조는 경제에 두 가지 바람직한 영향을 끼친다. 첫 번째, 리스크를 분산시킴으로써 노동자들의 경제 후생 수준을 개선시킨다. 노동자가 산재를 당할 경우 그는 많은 피해를 입는데 보험이 없는 상태에서는 그 리스크에 대한 대처가 불가능하다. 비교적 소액의 보험료로도 그러한 리스크에 보상이 가능하다면, 보험의 존재는 사회에 바람직한 영향을 미칠 것이다. 이처럼 사회적으로 바람직한 효과를 가져오는 것은 고용보험의 경우도 마찬가지다.

두 번째, 사회적으로 유용한 생산활동임에도 기술상의 이유로 업무 수행에 리스크가 따르는 종류의 사업에 대해, 노동자들의 참가를 촉진하는 면이 있다. 이것은 산재보험 특유의 성격인데, 여기에는 약간의 설명이 필요하다.

사업에는 여러 가지 종류가 있고 그것들이 생산하는 제품이나 서비스도 천차만별이지만, 노동자 측에서 본다면 임금 수준 및 그 외의 일의 속성이 중요하다. 여기서 일의 속성이란 노동시간, 일에 대한 사회적 평가, 공조시설 유무 등의 근무 환경, 일의 위험도, 직장 내 인간관계 등 일에 대한 만족도에 차이를 만들어내는 모든 것을 가리킨다. 여기서는 의론을 단순화하기 위해 일의 속성 중 재해를 당할 확률만을 다루기로 한다. 즉, 노동자 측에서 보면 일마다 임금과 재해 조우 확률(앞으로는 위험도라고 부른다)의 조합이 서로 다른 상황임을 가정하자. 여기에서 임금은 같은데 위험도가 서로 다른 두 가지 일이 있고, 양쪽 모두 새로운 노동자를 구하고 있다고 가정해 보자. 이 경우 노동자는 좀 더 위험도가 낮은 일을 선호하기 때문에, 장기적으로 위험도가 높은 일은 시장에서 도태될 것이다. 도태되지 않고 남은 일이 있다면 그것은 위험도는 동일하게 높지만, 동시에 높은 임금 수준을 제시하는 일일 것이다. 즉, 시장에는 임금이 낮고 위험도가 낮은 사업과 임금은 높지만 위험도도 높은 사업이 공존하게 된다.

한편, 노동자마다 재해를 당한 경우의 손해에 대한 평가는 각각 다를 수 있다. 앞서 서술했듯이 시장에 제시되는 임금과 리스크에는 양의 상관관계가 있기 때문에 노동자가 높은 임금을 받으려 하면, 높은 리스크를 감수할 필요가 생긴다. 결국 위험도가 높은 일은 안전보다도 임금을 중시하는 노동자들이 지원할 것이고, 위험도가 낮은 일에는 반대로 임금보다 안전을 중시하는 노동자들이 지원할 것이다. 또 노동자가 노동시장에서 평가받는 능력이 어떤지에 따라서도 위험에 대한 선호가 달라질 것이다. 이 경우 높은 능력을 지닌 노동자는 리스크가 높은 직장은 경원시할 것이고, 낮은 능력을 지닌 노동자는 다른 선택지가 없기 때문에 리스크가 높은 일을 받아들이고 고임금을 받으려 할 것이다. 이처럼 위험에 대한 노동자들의 태도가 제각각이기 때문에, 위험도가 서로 다른 각 사업이 그에 상응하는 노동자들을 구할 수 있는 것이다. 이런 의론을 '보상임금 격차이론'이라고 한다.

이러한 시장에 새로 산재보험이 도입되었다고 하자. 즉, 노동자가 업무상 재해를 당했을 때 소득을 보상받게 된 것이다. 이 경우, 산재를 당했을 때의 손해가 경감되기 때문에 노동자들은 리스크가 높은 고임금의 일에 산재보험이 도입되기 전보다 더 적극적으로 지원하게 될 것이다. 그 결과 노동자가 획득하는 총소득은 보험 도입 이전보다 늘어나게 된다. 따라서 산재보험은 노동자의 직업 선택을 통해 경제 후생 수준을 상승시키는 효과를 지닌다.

물론 이 경우에 생기는 '비용'은 보험이 있기 때문에 재해의 발생률 자체가 상승할 가능성이 높다는 것이다. 따라서 보험의 도입뿐만 아니라 재해 그 자체를 억제하기 위한 정책적 노력을 기울일 필요가 있다. 이 점 역시 고용보험과 마찬가지의 특성이다.

4. 앞으로의 과제

실업리스크에 대한 대처에서는 아직도 과제로 남겨진 것이 많다. 우선, 현재의 장기적인 실업 증가가 어떤 이유로 일어난 것인지 더 연구할 필요가 있다. 2절에서 서술한 대로 가능성이 있는 요인은 다양하게 존재하지만, 현시점에서 리스크 대책으로 충분한 역할을 할 정도의 특정화가 이루어졌다고 할 수는 없다. 연구자나 정책담당자들의 상호 협력 아래 실업의 실태 파악을 위해 좀 더 노력해야 한다.

앞으로의 정책 방향은 실업으로의 유입을 억제하기보다 실업으로부터의 유출을 촉진하는 것이 중요하다고 생각된다. 일반적으로 정책적 접근을 통해 실업률을 낮추기 위해서는 취업자의 실업 인력으로의 유입을 억제하거나 실업 인력으로부터 유출을 촉진하는 것, 또는 양쪽 모두가 필요하다. 지금까지의 정책은 전자가 중심이었다. 이전에는 고용조정 조성금 등을 사용해 일시적으로 실업자로의 유입을 억제시키면 가까운 장래의 경기회복을 기대할 수 있었다. 그러나 현대는 급격하게 기술이 변화하고 국제 경쟁이 치열해지면서 이에 대응해 구조의 변화가 진행되고 있다. 이런 시대에 일시적인 실업으로의 유입 억제책은 효과가 적다. 오히려 노동시장의 투명성을 높이고 고용보험에서의 취업 인센티브를 강화하고, 이에 더해 노동자들의 재훈련에 충실을 기하면서 실업상태에 빠지더라도 금방 빠져나올 수 있는 그런 구조를 형성하는 것이 바람직할 것이다.

나아가, 최근 청년층 취업 문제가 사회적으로 관심을 받으면서, 그 대책 마련의 필요성이 높아지고 있다. 프리터나 니트NEET족[2] 문제는 이전에도

2 NEET(not in education, employment or training)족: 교육, 취업, 직업훈련의 어느 쪽에도 참여하고 있지 않은 상태를 가리키는 신조어.

존재했다. 그러나 등장 당시에는 '본인이 자유로운 생활 방식을 선택한 것'으로 보아 이것이 정책과제로 부상하지는 않았다. 그런데 일본이 장기불황을 겪으면서, 본의 아니게 프리터나 니트족이 된 사람이 많이 생겨났고, 이들이 장기적인 곤란에 빠지기 쉽다는 것을 사회가 이해하기 시작하면서 그들은 단번에 지원 대상이 되었다. 그러나 일본에서 청년실업 문제를 진지하게 생각하기 시작한 것은 극히 최근의 일이고, 아직 이에 대한 연구의 축적은 부족한 형편이다. 앞으로는 이 문제에 대해 계속해서 몰두해야 할 것이다.

한편, 일본에서의 산업재해 발생률은 장기적으로 하락 추세이므로 사회적으로도 실업리스크만큼 문제의식이 큰 것은 아니다. 하지만 한번에 3명 이상의 노동자가 사상하거나 질병에 걸리는 중대 재해는 1985년의 141건 이래 증가 경향으로 반전했고, 2005년에는 265건에 달했다. 대규모 재해의 이 같은 증가 경향은 일본 기업들의 안전관리태세가 불충분함을 드러내고 있다.

앞으로 이러한 산재리스크를 더욱 억제하는 데 성공하기 위해서는 각 기업이 '안전자본'을 높이는 노력을 기울여야 한다고 필자는 생각한다. '안전자본'이란 필자가 만든 용어인데, 기업의 안전관리태세의 수준을 의미한다. 기업의 안전자본 수준이 높다면 사고 리스크가 낮아지기 때문에 그것은 기업에게 가치 있는 자본이 된다. 그런데 이 자본은 기계설비 등 물적 자본과 마찬가지로 방치할 경우 상태가 나빠진다. 따라서 그 수준을 유지·향상시키기 위한 끊임없는 투자가 필요하다.

예를 들어 매너리즘에 빠져 안전관리체제가 내실은 없고 형식만 존재한다거나, 담당자가 일을 그만두어 노하우가 단절되는 것을 피하기 위해 시간을 들여 안전교육을 실시하고 순찰을 실시하는 등, 리스크 요인을 제거하기 위해 노력해야 한다. 이는 물론 기업의 비용 상승 요인이 된다. 그러나 그러한 비용을 기업이 부담해 안전자본에 투자함으로써 재해 발생이 억제될 수 있다.

그런데 1990년대의 일본 기업들은 장래의 기업경영을 약세로 예측해 모든 형태의 투자를 유보해버렸다. 그 결과 기계설비에 대한 투자가 감소해 제조업에서의 설비는 노후화되었으며, 설비 문제로 인한 사고가 증가했다. 안전자본에 대한 투자도 예외가 아니었다. 일본 기업들은 비용을 철저히 억제하기 위해 최소한의 인원으로 생산활동을 했고, '효율화'를 앞세워 안전 측면은 배려하지 않았다. 게다가 제반 설비의 위험성에 정통한 베테랑들이 정리해고 되는 바람에 안전에 관한 노하우의 전승이 정체되었다. 최근에는 지휘명령계통이 서로 다른 노동자들이 동일 사업소에서 일하는 경향이 강화되고, 또 노동자들의 사업장 내 유동성이 커지고 있어, 이 또한 안전 활동에 장애를 초래할 가능성이 있다. 그 결과 안전자본의 축적이 지체되어버려 사고의 리스크가 증대하고 있다고 필자는 생각한다.

나아가, 안전자본에는 물적 자본과는 다른 다루기 어려운 특성이 존재한다. 우선 안전자본의 수준은 직접적으로는 눈에 보이지 않는다. 그 때문에 위기관리태세가 나빠지더라도 그것을 알아차리기 어렵고 대응이 지체되기 쉽다. 경제적 효과가 눈에 잘 보이지 않는 점도 안전자본의 특징이다. 장기간의 무사고가 우연의 산물인지 안전자본에 의한 사고 저감 효과에 의한 것인지를 판단하기 어려운 경우가 많다. 그런 이유로 투자에 걸맞은 성과를 얻고 있는지 알기 어렵고 따라서 기업주는 투자를 낮추는 방향으로 움직이기 쉽다.

그런데도 최근에 '안전위생 관리시스템' 같은 우수한 수법이 보급되고 있다. 이 시스템은 기업이 전 직원의 협력 아래 안전위생 활동의 '기획-실시-평가-개선'이라는 일련의 주기를 계속해서 실시하는 것인데, 그 효과가 해외에서 널리 인정받고 있다. 일본에서는 '중앙노동 재해방지협회'가 주체가 되어 도입 사업장의 적격 인정을 실시하고 있다.

여기서 유념해야 할 것은 안전에 대한 투자는 최고경영자의 의식이 대단히 큰 영향을 준다는 사실이다. 현장의 직원이 어떤 설비에 관한 리스크를 강하게 감지했다고 해도 그것이 관리자에게 원만하게 전달되지 않을 경우에는 유효한 대책이 강구될 수 없고, 전달되었다고 해도 안전을 중시하는 기업 풍토가 아니라면 문제의식이 지속되지 못할 것이다. 현실은 기업 상층부가 현장 정보에 어두운 경우가 많고 리스크 정보를 정확히 반영하는 데 실패하는 상황도 여기저기에서 발견된다. 장기적으로 볼 때 안전자본에 대한 투자가 기업의 이익과 연결된다는 것을 인식해 전 직원에게 적절한 안전교육을 실시하고, 리스크 관리가 이루어지는 기업 풍토를 양성하는 것은 경영진의 중요한 책임사항이다.

참고문헌

太田聰一. 2001a.「勞災保險の課題: 經濟學の視點から」. 猪木武德·大竹文雄 編.『雇傭政策の經濟分析』, pp. 303~338, 東京大學出版會(西村健一郞·岩村正彥·菊池馨實 編. 2005.「第4編 勞動保險」.『社會保障法: Cases and Materials』. 有斐閣へ 転載).

______. 2001b.「勞動災害·安全衛生·內部勞動市場」. ≪日本勞働硏究雜誌≫, 492号, pp. 43~56.

______. 2005.「フローから失業を考える」. 大竹文雄 編著.『應用經濟學への誘い』, pp. 55~89, 日本評論社.

Acemoglu, Daron and Robert Shimer. 1999. "Efficient Unemployment Insurance." *Journal of Political Economy*, Vol. 107, No. 5, pp. 893~928.

Holmes, Thomas H. and Richard H. Rahe. 1967. "The Social Readjustment Rating Scale." *Journal of Psychosomatic Research*, Vol. 11, No. 2, pp. 213~218.

Hunt, Jennifer. 1999. "Has Work-Sharing Worked in Germany?" *The Quarterly Journal of Economics*, vol. 114, No. 1, pp. 117~148

Idson, Todd L. and Walter Y. Oi. 1999. "Workers are More Productive in Large Firms." *American Economic Review*, Vol. 89, No. 2, pp. 104~108.

Shavell, Steven and Laurence Weiss. 1979. "The Optimal Payment of Unemployment Insurance Benefits over Time." *Journal of Political Economy*, Vol. 87, No. 6, pp. 1347~1362.

제 3 장

빈곤 리스크

아베 아야阿部彩

최근 '빈곤'이나 '워킹푸어(working poor)' 같은 말이 매스컴에 많이 오르내리고 있다. 이제까지 사람들은 일본이 평등사회라고 믿었고, 고도의 경제성장을 달성한 현대 일본에 빈곤은 존재하지 않는다고 생각해왔다. 그러나 최근 '격차논쟁'을 비롯해 사람들은 일본 사회에 '있어서는 안 되는 생활수준'의 사람들이 존재한다는 것을 인식하기 시작했다. 이 장에서는 먼저 현대 사회에서의 '빈곤'의 의미를 정리해보고, 일본에서 빈곤을 겪는 이들은 어떤 사람들이며 빈곤은 어떤 추세를 보이고 있는지, 또 그 상승 요인은 무엇인지 등 일본 내 빈곤의 여러 모습들을 국제적인 비교를 교차해 분석할 것이다. 그리고 일본의 사회보장제도가 빈곤에 대해 어떤 효과를 나타내고 있는지 고령자, 근로세대, 미성년자 세 연령층으로 나누어 논하고, 마지막에서 구체적인 정책 제언들을 할 것이다.

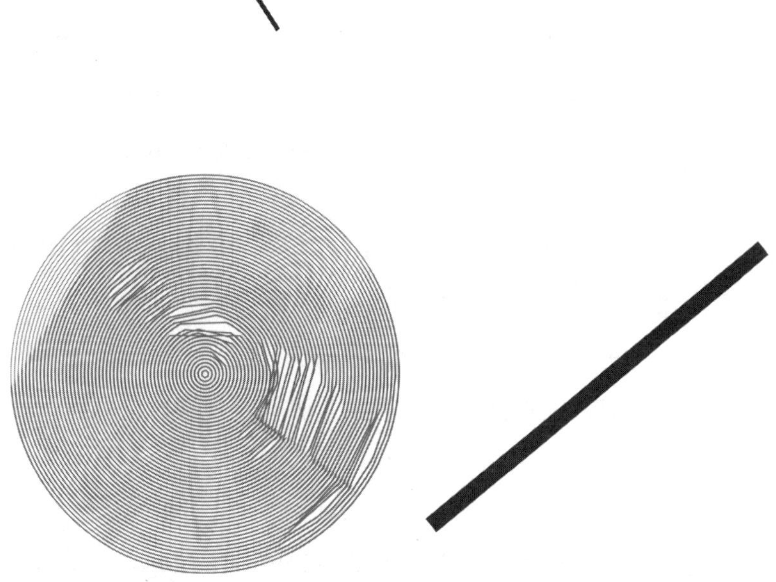

1. 빈곤 리스크의 이해

이 장에서는 낮은 생활수준이나 경제적 곤궁 같은 빈곤 리스크와 관련해, 그것이 현대 일본 사회에 어느 정도로 존재하고 있으며, 어떤 사람들이 그러한 리스크에 직면하는지, 또 사회보장제도를 비롯한 공적제도가 빈곤에 직면한 사람들에게 어느 정도로 도움이 되고 있는지 등에 대해 일본정부의 대규모 조사 및 필자를 포함한 연구팀의 사회조사 결과들을 참조해 논할 것이다. 빈곤의 각론에 들어가기에 앞서 빈곤 리스크란 무엇인가를 확인하기로 하자.

원래 빈곤은 리스크에 해당되는 것일까? 이 시리즈 제1권의 공동토론 I에서 논의되었듯이, 리스크란 일반적으로 '우발성'을 수반한 사건이라고 정의되는데, 빈곤의 경우는 반드시 리스크라고 말하기 어려운 부분이 있다. 이 책 각장에서 논의되는 실업·산재·의료·기업도산 같은 경제학에서의 각종 리스크들은 인간이 사회생활을 하면서 '일어날지 모르는(우발적인)' 리스크라는 것을 누구나 납득할 수 있다. 그러나 최근의 빈곤 연구들에서는 그와 같은 우발적인 요인에 의해 발생하는 것만은 아닌 빈곤의 측면을 조명하고 있다. 이 연구들은 빈곤이 고정화해(樋口美雄 外, 2003; 太田清·坂本和靖, 2004; 浜田浩兒, 2007), 어린 시절의 양육환경이 성인이 된 후의 낮은 생활수준에 큰 영향을 미치며(阿部彩, 2007), 심지어 그것이 세대 간에 전승되고 있다는 점(青木紀, 1997; 佐藤俊樹, 2002; 苅谷剛彦, 2001)을 밝혀내고 있다. 즉, 어떤 사람이 빈곤 상황에 있다는 것은 그 사람이 살아가면서 우연히 위험을 만났기 때문이 아니라, 이미 태어났을 때부터 존재하고 있는 주어진 조건인 경우가 많다는 것이다.

한편 빈곤은 현대 사회에 일어나는 다양한 리스크의 결과로서 논해지는 경우도 많다. 실업이나 기업도산 같은 경제학상의 리스크들은 그 자체가 문제가 아니라 그로 인해 야기되는 저조한 생활수준이나 생활고가 문제이기 때문에, 그렇게 형성된 모든 문제들을 빈곤이라고 부르는 것이다. 여기서 사용된 빈곤의 맥락은 그 요인이 우발적인 것이든 주어진 불리함이든 어디까지나 '결과'에 해당된다. 그런 의미에서 빈곤은 이 책의 다른 장들과도 밀접한 관련이 있다.

더 나아가, 빈곤이 리스크에 대처하기 위한 자원의 결여라고 보는 관점도 있다. 빈곤은 질병이나 장애, 각종 재해, 환경문제, 실업이나 나이 듦 같은 그 밖의 리스크들에 대한 대처능력을 저하시킨다. 예를 들어 정규직 A 씨가 감기에 걸리면 수일간의 병가를 내어 처리할 수 있으나, 하루 벌어 하루 사는 노동자 B 씨가 감기에 걸리면 병가휴가가 있을 리 없고, 결근은 곧 소득의 감소를 의미하며, 저축한 돈도 없기 때문에 생활이 곤란해져 결국 아사로 이어질 수도 있는 것이다. 이 경우 감기가 A 씨에게는 리스크가 아니지만 B 씨에게는 큰 리스크이다. 극단적인 예이긴 하지만 빈곤이 이와 같이 리스크 연쇄를 초래할 수도 있다. 왜냐하면 빈곤이란 저소득·저자산 등 경제적 지표로 측정할 수 있는 낮은 생활수준에만 그치는 것이 아니라, 인적 자본이나 가족관계, 대인관계가 얕아지고, 건강이 나빠지며 기력이 약해지는 등 인간이 리스크를 마주했을 때 안전망safety net의 역할을 하는 많은 자원의 결여를 수반하기 때문이다. 이와 같은 위험성의 소용돌이The spiral of precariousness를 사회적 배제라고 부른다(阿部彩, 2007).

2. 빈곤의 정의: 빈곤이란 무엇인가

빈곤에 대한 논의를 시작하기 전에 빈곤의 개념과 그 정의에 대해 합의할 필요가 있다. 우선 강조해야 할 것은 빈곤의 개념은 소득이나 자산 격차 같은 격차의 개념과는 다르다는 점이다. 격차는 단지 소득이나 소비 등 생활수준의 분배 상황을 설명하는 것이고, 사회에서 어느 정도의 격차가 적정한지 가치판단을 포함하고 있는 말은 아니다. 격차를 장려해야 한다는 의론조차 존재한다. 사람의 노력이나 능력이 서로 다르기 때문에 격차가 생기는 것이고, 사람들이 더 많은 노력을 기울이는 이유는 격차가 존재하기 때문이라는 격차시정론格差是正論이 그것이다. 한편, 빈곤이란 그 정의상 '사회에서 허용될 수 없는 상황'을 가리키는 개념이며(岩田正美, 2005), 거기에는 무엇이 허용되어서는 안 되는지의 가치판단이 존재한다. 바꿔 말하면 빈곤이 무엇인가를 알고자 하는 것은, 곧 이상적으로 생각하는 사회의 존재 방식은 무엇인가를 묻는 것이고, 그렇기 때문에 사람들의 사상이나 사회규범에 크게 좌우된다. 그래서 빈곤을 어떻게 정의해야 하는가는 일찍이 20세기 초부터 사회정책학자 사이에 진행되어온 논쟁이었다[예를 들면, 저명한 라운트리(Rowntree, 1901) 등]. 그러나 그로부터 한 세기 이상이 지난 오늘날에도 논쟁은 끝나지 않고 있다. 일본에서 공식적인 빈곤 기준은 존재하지 않는다. 일본의 공식적인 빈곤 기준에 가장 가까운 것은 「생활보호법」에서의 최저생활비(보호기준)인데, 이것조차 지나치게 높다는 비판을 받고 있어 일본에서는 '허용되어서는 안 되는' 상황이란 무엇인가 대해 사회적 합의가 이루어지지 않았다고 할 수 있다.

인간의 빈곤감貧困感에 대한 조사에 의하면, 일반 시민의 대다수는 빈곤이란 말을 현재의 일본 사회에 적용시키는 데 위화감이 있고(青木紀·杉村宏, 2006), 빈곤이라는 단어에서 연상되는 것은 개발도상국이나 피재국被災國 혹은 패전 직후 의식주조차 충족되지 못했던 일본의 상황 같은 것들이었다. 실제 경제학자 중 현재 일본에 빈곤은 존재하지 않는다고 생각하는 사람도 적지 않다. 그러나 많은 유럽 국가에서는 빈곤을 해당 사회의 틀 안에서 파악하고 있고, 인간이 그 사회의 구성원으로 기능하기 위해서는 사회가 규범으로 하는 기준에서 일정한 범위 안의 생활수준이 필요하다는 개념이 주류를 형성하고 있다. 이는 절대적 빈곤과 상대적 빈곤의 개념 차이라고도 할 수 있다. 절대적 빈곤이란, 인간이 생활하기 위해 필요하다고 생각되는 생활의 기준을 시간과 공간을 넘어 절대적으로 (고정해) 설정하고, 그것이 결여된 상태를 가리키는 말이다. 절대적 빈곤의 개념을 적용한 유명한 연구도 많지만[예를 들면, 라운트리(Rowntree, 1901)의 연구 등]인데, 여기서는 '건강과 노동능력을 유지하기 위해 소비하는 최저 식료'(藤本武, 1985)를 빈곤선으로 설정하고 있다. 또 유엔 등에서 사용하고 있는 '1인당 하루 1달러' 같은 기준도 절대적 빈곤의 기준이 되는 예라고 할 수 있다. 절대적 빈곤의 기준이 반드시 낮은 생활수준으로 설정될 필요는 없지만 보통은 의식주, 즉 BHN Basic Human Needs 이라고 할 수 있는 최저한의 생활수준으로 설정되는 경우가 많고, 개발도상국을 포함하는 국제비교에서 흔히 사용되고 있다. 일본의 일반 시민들이 '빈곤'에서 떠올리는 것도 그러한 절대적 빈곤 개념에 가깝다. 한편 상대적 빈곤은 인간이 사회 속의 한 구성원으로 기능하기 위해서는 사회의 규범적 생활수준에서 일정한 범위 내의 생활수준을 확보해야 한다는 사고방식에 기초한다. 예를 들어 인간이 일본의 현대 사회에서 직장을 얻고 타인들과 교류하며 가족을 형성해 살기 위해서는 단순히 의식주가 충족되는 것으로는 부족하고, 직장생활 등 사회생활에 적합한 몸가짐을 하고 전화 등 커뮤니케이션 수단들을 사용하며 친척이나 친구의 관혼상제에 출석해 축의금을 내는 등의 사회적 활동이 가능한 생활수준이 필요하다는 것이다. 절대적 빈곤과 상대적 빈곤의 개념은 어느 한쪽이 우위에 있는 것이 아니라 서로를 보완하는 개념이며 빈곤을 말할 때는 이 두 가지 모두를 고려할 필요가 있다. 그러나 많은 선진국에서는 절대적 빈곤(특히 낮은 수준에서의)이 채워지지 않고 있다는 인식에서 상대적 빈곤 개념을 사용하는 경우가 많다. 일본 「생활보호법」상의 최저생활비(보호기준)도

1984년부터 수준균형 방식을 취해 일반 국민의 소비 수준의 일정 비율이 되도록 설정되고 있기 때문에 상대적 빈곤 기준이라고 할 수 있다. 이 장에서는 이러한 국제적 흐름에 맞춰 상대적 빈곤 개념을 사용해 의론을 전개할 것이다.

3. 일본의 빈곤율 추이

최근 일본에서의 상대적 빈곤율의 추계와 관련한 몇몇 연구가 이루어지고 있다[(山田篤裕, 2000; 駒村康平, 2005; Förster·Mira d'Ercole, 2005; 橘木俊詔·浦川邦夫, 2006; 阿部彩, 2006a), 빈곤율 추계에 관한 기존 연구들은 나카가와(中川淸, 2002)가 상세히 설명하고 있다].

2006년 7월에 OECD가 발표한 「대일對日 경제심사보고서」는 일본의 빈곤세대율(전체 세대에서 빈곤세대가 차지하는 비율)이 OECD 국가 안에서 미국에 이어 2위라고 보고했고, 이것은 매스컴에도 크게 보도되었다. 그러나 국제비교보다 중요한 것은 일관된 정의와 데이터를 통해 일본의 빈곤선을 관찰하고, 그것이 어떠한 추세를 형성하고 있으며 어떤 사람들이 빈곤 상황에 놓여 있는지를 묻는 것이다. 이런 관점에서 먼저 빈곤의 추세를 보면 이 연구들은 공통된 결론을 내놓고 있다. 즉, 일본의 빈곤율이 과거 20년 동안 상승 경향에 있다는 것이다(〈그림 3-1〉). 빈곤율은 1980년대부터 서서히 상승하기 시작해, 1990년대 후반에 정점을 찍은 것으로 보인다(2000년 이후는 데이터가 적어 확인할 수 없음). 비교적 긴 기간 빈곤율을 추적해 추계한 연구에 의하면(阿部彩, 2006a), 1984년부터 2002년의 18년 동안 일본사회 전체의 빈곤율은 10.05%에서 14.80%까지 상승했다. 이 연구에서 사용된 빈곤선의 정의는 다음과 같다. 세대 구성원 모두의 소득 합계를 세대

〈그림 3-1〉 빈곤율 추계

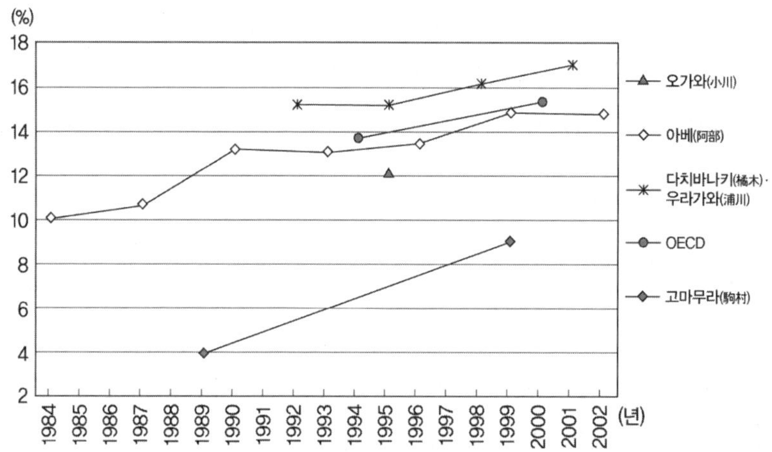

자료: 橘木俊詔·浦川邦夫(2006), 阿部彩(2006a), OECD(2005), 小川浩(2000), 駒村康平(2005).

구성원의 수로 나누어 조정한 뒤, 그 중앙값(평균값이 아님)의 50%를 '빈곤선'으로 설정한다. 그리고 그렇게 조정된 세대소득이 빈곤선 아래에 위치한다면 그 세대에 속하는 세대원은 모두(미성년자를 포함해) 빈곤한 사람이 된다. 덧붙인다면, 이 연구에서 사용한 2002년의 빈곤선은 1인세대에서는 141만 엔, 4인세대에서는 282만 엔(연간소득)이었다. 이 수치들은 상대적 빈곤 개념 측면에서 계산된 것으로, 사람이 일반적인 생활을 보내는 데 필요한 최저한의 소득이라고 생각하면 될 것이다. 이 장에서도 별도의 설명이 없다면 이 방식으로 계산된 빈곤율을 사용하기로 한다.

4. 빈곤율 상승의 요인

불황기에 빈곤율이 상승하는 것은 곧장 납득이 되지만, 최근 일본에서는 호경기 상황에서도 빈곤율의 상승이 계속되고 있다. 그렇다면 일본의 빈곤율을 상승시키고 있는 요인은 무엇일까? 첫 번째 요인은 고령화의 영향이다. 다음 절에서 상술하겠지만 일본 고령자들의 빈곤율은 다른 연령층의 빈곤율에 비해 단연 높다. 그 때문에 전체 인구에서 차지하는 고령자의 비중이 커질수록 사회 전체의 빈곤율이 상승하게 된다. 일찍이 소득 격차에 관해 부분적으로는 고령화가 격차 확대의 원인이라고 설명하는 의론이 있었는데(大竹文雄, 2005), 이를 동일하게 빈곤에 대해서도 적용할 수 있다. 두 번째 요인은 세대구조의 변화의 영향이다. 일본에서 1인세대나 모자세대母子世帶 등 빈곤율이 높은 세대의 비율이 증가해 사회 전체의 빈곤율이 상승한다. 1인세대의 구성 비율은 1980년 18.1%에서 2003년에는 23.3%로 높아졌다(일본 후생노동성, 2004). 또한 많은 나라에서 아동 빈곤율이 상승하는 큰 요인으로서 모자세대의 증가가 지적되고 있는데, 일본에서도 유자녀세대 가운데 모자세대가 차지하는 비율이 1989년 4.8%에서 2001년에는 6.5%로 상승했다는 보고가 있었다(阿部彩·大石亞希子, 2005). 이러한 세대구조의 변화가 빈곤율 악화에 적지 않은 영향을 끼치고 있는 것이 틀림없다.

세 번째 요인은 사람들이 시장에서 얻는 소득(시장소득)의 변화다. OECD의 「대일 경제심사보고서」는 일본의 비정규직 비율이 10년 동안 19%에서 30% 이상으로 증가했고, 파트타임 노동자들의 시간당 임금은 평균적으로 풀타임 노동자들의 40%밖에 되지 않은 것을 배경으로, 이렇게 저임금으로 일하는 노동자나 무직자의 증가가 빈곤율을 끌어올리는 요인으로 작용했다고 지적하고 있다(OECD, 2006a). 빈곤율은 가처분소득(시장소득에서 세금이나 사회보험료를 제외하고, 연금이나 아동수당 등 사회보장제도에 의해 받는 현금을 더한 것. 시장소득을 재분배 전 소득, 가처분소득을 재분배 후 소득이라고도 부른다)을 사용해 계산하는데, 이것은 원래의 시장소득으로 계산된 빈곤율에 사회보장과 세제稅制에 의한 빈곤 삭감(또는 증가) 효과를 더한 것이다. 네 번째 요인은 사회보장과 세제에 의한 빈곤 삭감 효과의 감소이다. 일반적으로는 이러한 제도가 빈곤 삭감의 기능이 있기 때문에 가처분소득으로 계산한 빈곤율은 시장소득으로 계산한 것보다 낮아진다. 세제도 누진성이 높을 경우에는 빈곤 방지 기능이 있기는 하지만, 특히 효과가 큰 것은 사회보장제도다. 일본의 사회보장제도에는 은퇴 후나 장애를 입었을 때 또는 생계를 떠맡은 사람을 상실했을 때 생활을 보조해주는 공적연금제도, 직장을 잃었을 때 소득을 보전해주는 고용보험제도, 최저생활을 보장해주는 생활보호제도 등이 있는데, 이 제도들이 복합적으로 담당하는 빈곤방지 기능이 저하할 경우 빈곤율이 상승하게 된다.

이러한 네 가지 요인이 빈곤율 상승에 각각 어느 정도로 기여하고 있는지에 대해서 명쾌한 답은 제시되어 있지 않다. 하지만 부분적인 분석을 여기에 소개해보겠다. 1980년대 후반부터 2000년 초까지의 빈곤율 상승을 고령자(60세 이상), 장년자(20~59세), 미성년자(20세 미만)로 분해한 결과, 고령화가 원인인 빈곤율 상승은 한정적이라는 결과의 보고가 있었다(阿部彩, 2006a). 오히려 이 기간의 빈곤율 상승에 가장 크게 기여한 것은 시장소득의 변화(악화)였다. 1990년부터 2002년 사이 고령자의 시장소득 빈곤율은 38.95%에서 50.79%로, 근로세대는 10.43%에서 13.02%로, 미성년층은 10.74%에서 14.67%로 상승했다. 분석 결과 사회보장제도의 빈곤 방지 기능(특히 고령자에 대한)이 약간 높아지면서 상승 정도가 완화되기는 했지만, 시장소득의 악화가 현저했기 때문에 가처분소득에 의한 빈곤율이 상승하고 있다는 것을 알 수 있었다. 세대구조 요인과 관련해서는 1인세대에 속하는 고령자, 무배우자, 모자세대에 속하는 미성년자처럼 빈곤율이 다른 사람들보다 높은 그룹의 비율이 증가하는 것을 발견할 수 있으나, 그러한 세대구조의 변화가 각 연령층의 빈곤율에 미치는 영향은 제한적이었다. 각 연령층에서도 역시 시장소득의 악화에 의한 영향이 가장 컸다. 예를 들어 미성년자의 빈곤율 상승과 모자세대의 증가 간의 관계에 대해 말하면, 확실히 일본의 모자세대의 빈곤율 상승이 단연 높고(2002년의 경우 모자세대에서의 미성년자 빈곤율은 62.3%), 모자세대에 속하는 미성년자의 비율도 높아졌다고 말할 수 있지만, 다른 선진국들에 비하면 아직은 낮은 수준이고(4.3%), 또 모자세대의 빈곤율이 높은 것이 미성년자 전체의 빈곤율을 끌어올리는 수준까지 이른 것은 아니다. 최근 들어 미성년층의 빈곤율이 상승한 것은 오히려 모자세대 이외의 미성년자가 구성원으로 포함된 세대의 빈곤율 상승(1987년 9.21%에서 2002년에는 12.91%로)에 기인한다.

5. 국제비교로 본 일본 빈곤의 특징

앞 절에서 보았듯이, 일본의 빈곤율이 상승 경향인 것은 분명하다. 그런데 이 빈곤율은 다른 선진국들에 비해 높은 수준일까? '일억총중류'라는 말이 보여주듯 고도성장기 이래 일본은 빈곤이 적은 나라로 알려져왔다(橘木俊詔·浦川邦夫, 2006: 24). 그렇다면 현재 일본의 빈곤율 상승에 대해 원래 낮은 빈곤율이었던 것이 다른 선진국 수준으로 올라갔다고 말할 수 있을까? 또한 일본에서는 특히 어떤 사람들이 빈곤의 위기에 봉착해 있을까?

여기서는 유럽공동체EC가 개발한 '빈곤과 사회적 배제 지표Poverty and Social Exclusion Index'를 이용해 일본과 유럽 여러 나라의 빈곤을 비교해보기로 하자. '빈곤과 사회적 배제 지표'는 유럽공동체가 2001년부터 전문 위원회를 설치해 개발하고 개량한 것으로, 여기에 소개하는 것은 「2006년 사회적 보호와 사회적 포섭에 관한 보고서Joint Report on Social Protection and Social Inclusion 2006」에 사용된 것이다. 이 지표는 제1차 지표 12개와 제2차 지표 9

〈표 3-1〉 빈곤과 사회적 배제 지표(Poverty and Social Exclusion Index)

〈지표 3-1〉 연령별·성별 빈곤 리스크율(재분배 후 등가 가처분소득)

구분		일본	EU 평균	영국	프랑스	독일	스웨덴
전체 인구		20	16	18	14	16	11
0~15세 어린이		21	20	22	14	20	11
16세 이상	합계	20	16	17	13	15	11
	남성	18	14	15	12	12	10
	여성	22	17	18	14	17	12
16~24세	합계	21	21	18	20	24	26
	남성	20	19	16	18	20	26
	여성	22	22	19	21	27	26
25~49세	합계	16	14	13	11	13	8
	남성	15	13	12	10	11	8
	여성	17	15	15	12	16	9
50~64세	합계	18	13	16	12	12	5
	남성	16	13	16	12	11	6
	여성	20	13	16	12	13	4
65세 이상	합계	27	18	24	16	15	14
	남성	24	15	21	14	10	9
	여성	29	20	27	17	18	18

〈지표 3-2〉 세대유형별 빈곤 리스크율(재분배 후 등가 가처분소득)

구분		일본	EU 평균	영국	프랑스	독일	스웨덴
부양아동이 없는 세대	합계	21	15	16	13	14	13
1인세대	계	36	24	27	19	23	23
	남성	20	22	24	18	20	21
	여성	46	26	30	20	26	25
	65세 미만	25	22	24	20	23	22
	65세 이상	50	26	32	19	23	24
2인(성인)세대	고령자(65세 이상)가 없는 세대	15	10	11	9	8	6
	고령자(65세 이상)가 있는 세대	27	15	21	13	11	6
기타 세대		15	9	8	9	11	1
부양아동이 있는 세대	합계	20	18	20	14	17	10
1인 부모세대	자식이 1인 이상	59	34	40	30	38	19
2인 부모세대	자식이 1인	14	12	13	10	14	8
	자식이 2인	14	15	14	9	10	5
	자식이 3인 이상	18	27	24	17	24	14
기타 세대 (성인이 3인 이상)	자식이 1인 이상	20	18	14	17	18	9

〈지표 3-3〉 세대취로상황(WI)별 빈곤 리스크율(재분배 후 등가 가처분소득)

구분		일본	EU 평균	영국	프랑스	독일	스웨덴
부양아동이 없는 세대	WI = 0	37	-	-	26	37	18
	0〈 WI〈 1	14	-	-	10	13	14
	WI = 1	17	-	-	3	6	5
부양아동이 있는 세대	WI = 0	71	-	-	71	78	42
	0〈 WI〈 0.5	20	-	-	40	45	26
	0.5 ≦ WI〈 1	18	-	-	13	13	10
	WI = 1	18	-	-	5	8	6

〈지표 3-4〉 최빈활동(最頻活動)별 빈곤 리스크율(16세 이상의 개인만·재분배후 등가 가처분소득)

구분		일본	EU 평균	영국	프랑스	독일	스웨덴
전 인구	합계	20	16	17	13	15	11
	남성	18	14	15	12	12	10
	여성	22	17	18	14	17	12
근로자	합계	16	9	7	5	9	6
	남성	15	9	7	6	6	6
	여성	18	8	7	5	9	6
그중 피용자	합계	13	-	6	-	-	-
	남성	11	-	5	-	-	-
	여성	16	-	6	-	-	-
그중 자영업자	합계	28	-	17	-	-	-
	남성	29	-	18	-	-	-
	여성	27	-	17	-	-	-
비(非)근로자	합계	25	23	31	21	21	18
	남성	26	23	31	21	20	16
	여성	24	24	30	21	22	19
그중 실업자	합계	38	42	54	34	46	26
	남성	38	46	56	41	50	31
	여성	37	37	50	26	41	18
그중 퇴직자	합계	26	16	25	13	14	14
	남성	24	15	22	14	11	11
	여성	29	17	27	13	17	16
그중 기타 비근로자	합계	22	26	34	27	24	24
	남성	23	26	37	26	25	23
	여성	22	26	33	28	24	25

〈지표 3-5〉 빈곤 리스크·격차(재분배후 등가 가처분소득)

구분		일본	EU 평균	영국	프랑스	독일	스웨덴
전 인구		20	23	20	19	25	17
0~15세		19	24	17	19	31	13
16세 이상	합계	20	23	21	19	24	19
	남성	20	23	22	19	22	21
	여성	21	22	20	19	24	17
16~64세	합계	20	25	23	22	25	26
	남성	20	25	25	22	23	26
	여성	20	25	21	22	27	23

64세 이상	합계	21	16	18	11	19	13
	남성	20	15	15	10	17	10
	여성	22	16	19	12	19	13

〈지표 3-6〉 재분배 전 빈곤 리스크율: 연금 전, 연금 후

① 연금(노령연금, 유족연금)을 포함한 모든 사회보장 급부 지급 전(시장소득에서 세금이나 사회보험료를 뺀 후)

구분		일본	EU 평균	영국	프랑스	독일	스웨덴
전 인구		34	42	43	44	36	43
0~15세		27	35	44	36	26	37
16세 이상	합계	36	43	43	46	38	45
	남성	33	40	39	43	33	42
	여성	38	46	46	49	43	48
16~64세	합계	26	32	31	33	25	32
	남성	23	30	28	31	21	31
	여성	28	35	34	35	29	33
64세 이상	합계	66	88	92	95	86	94
	남성	67	88	91	95	84	91
	여성	65	88	93	95	88	97

② 연금(노령연금, 유족연금) 후 그 밖의 사회보장 급부 지급 전(시장소득에서 세금이나 사회보험료를 뺀 후)

구분		일본	EU 평균	영국	프랑스	독일	스웨덴
전 인구		21	26	29	26	24	30
0~15세		22	33	43	35	30	36
16세 이상	합계	20	24	26	24	22	29
	남성	19	22	24	23	19	26
	여성	22	26	28	25	25	31
16~64세	합계	18	24	25	25	22	29
	남성	17	23	24	24	19	29
	여성	19	25	27	26	24	30
64세 이상	합계	27	24	28	21	24	26
	남성	24	20	23	19	19	15
	여성	30	26	31	23	28	34

〈지표 3-7〉 근로자가 한 명도 없는 세대에 속하는 비율

구분		일본	EU 평균	영국	프랑스	독일	스웨덴
미성년(0~17세)		2	10	17	10	11	-
근로세대(18~59세)	합계	4	10	11	11	11	-
	남성	3	9	9	10	11	-
	여성	4	11	11	12	11	-

자료: 일본은 「소득재분배조사」(2002)를 참고해 필자가 계산. 다른 나라는 EC의 「Eurostat Labor Force Survey」(2006) 참고. 영국과 독일은 각각 독자적 데이터에, 나머지 나라는 「EU-SILC」를 참고해 계산.

개로 구성되어 있으며, 각각의 지표마다 연령별·성별 등 세부 집계가 나타나 있다. 이 지표의 1차 목표는 사회적 배제라는 사상을 계측하기 위한 것인데, 고용이나 건강 등의 항목들도 포함되어 있지만 대부분을 차지하는 것은 소득을 이용한 빈곤 지표의 여러 항목들[유럽연합(EU)는 이를 '빈곤 리스크 항목들'이라고 말한다]이다. 빈곤의 기준은 등가세대소득等價世帶所得으로 본 개인 베이스 중앙값의 60%로, 일반적으로 사용되는 50%보다 약간 높게 설정되어 있다. 이 지표로부터 추계가 가능한 7개 빈곤 리스크 항목들과 관련해 일본과 EU 주요 4개국(영국·독일·프랑스·스웨덴)을 비교한 것이 〈표 3-1〉이다. 일본은 일본 후생노동성 「소득재분배조사」(2002)를 사용해 계산했고, 다른 나라들의 수치들은 위 EU 보고서를 기초로 했다. 다만 유감스럽게도 OECD 모든 나라 중에서 유일하게 빈곤 상황이 일본보다도 나쁘다고 생각되는 미국은 EU의 데이터에 포함되어 있지 않다.

먼저 〈지표 3-1〉은 연령별·성별 빈곤 리스크율이다. 일본의 빈곤 리스크율은 모든 연령층에서 EU 평균보다 높은데, 특히 고령층으로 갈수록 그 차이가 커져 65세 이상의 고령층에서는 EU 평균과의 차이가 10% 포인트에 가까워진다. 우선, 고령층의 빈곤율이 높다는 것을 일본의 특징으로 지적할 수 있다. 전체 인구로 보면 일본의 빈곤 리스크율은 20%인데 EU 평균은 16%이다. 모든 나라에서 남녀 격차를 찾아볼 수 있고 65세 이상에서 격차가 특히 크다는 것도 공통된다.

〈지표 3-2〉는 세대유형별 빈곤 리스크율이다. 우선 세대유형은 부양아동의 유무에 따라 분류하고, 다음으로 성인의 수에 따라 다시 상세하게 분류한다. EU 평균과 비교해볼 때 일본은 부양아동이 없는 세대(무자녀세대)의 빈곤 리스크율이 높다. 특히 1인세대의 여성과 고령층에서 빈곤 리스크율이 두드러져 EU 평균보다 20% 포인트 이상 높다. 그다지 정책적인 주목을 받지 못하고 있는 기타 무자녀세대(예를 들어 성인이 2명이고 고령자가 없는 세대)에서도 EU 평균보다 높은 수치를 보이고 있다. 부양아동이 있는 세대(유자녀세대)에서는 1인 부모세대의 빈곤 리스크율이 두드러지게 높다. 부모가 둘 다 있고 자식이 2명 이상인 세대는 반대로 EU 평균보다 낮은 수치를 보인다.

〈지표 3-3〉은 세대취로상황世帶就勞狀況별 빈곤 리스크율이다. 세대취로상황work intensity=WI이란 세대원 중 근로세대에 해당되는 사람이 실제 취로하고 있는 비율을 말한다. WI=0이라면 세대원이 한 명도 일하고 있지 않은 상황을 나타내고, WI=1이라면 일할 수 있는 세대원이 모두 일하고 있는 상황을 나타낸다. 이 지표가 결여된 나라가 많아 EU 평균을 표시할 수는 없지만, 데이터가 있는 나라들과 비교할 때 일본의 상황도 다른 나라와 비슷하다. 부양아동이 있는 세대든, 없는 세대든 WI=0인 세대의 빈곤 리스크율이 높고, 특히 부양아동이 있는 세대에서는 그 비율이 70%를 넘는다. 그러나 일본은 WI=0 이상 0.5 미만인 세대, WI=0.5 이상 1 미만인 세대, WI=1인 세대로 일하고 있는 세대원의 비율이 높아지더라도 빈곤 리스크율이 그다지 감소하지 않는 것이 특징이다. EU 나라들에서는 WI=1인 세대와 그 이하의 세대 간에 빈곤 리스크율의 차가 아주 큰 데 비해 일본에서는 그 차가 3% 포인트와 0% 포인트이다. 다시 말해 세대 내 제1소득자의 소득이 전부이고 제2소득자 이하의 소득은 빈곤 리스크율의 감소에 큰 역할을 하지 못한다. 이는 세대 내 제2소득자의 다수를 점하는 여성들의 근로소득이 낮다는 것을 반영하는 것으로 보인다.

유럽공동체는 최빈활동最頻活動별 빈곤 리스크율에도 주목하고 있다(〈지표 3-4〉). 최빈활동이란 1년 중 가장 많이 관여하고 있는 활동을 말한다. 우선 근로자인지 비근로자인지를 분류하고, 근로자인 경우에는 피용자인가 자영업자인가, 비근로자인 경우에는 실업자, 퇴직자, 기타로 다시 분류한다. EU 모든 나라들과 마찬가지로 일본에서도 비근로자의 빈곤 리스크율이 근로자의 빈곤 리스크율보다 높다. 하지만 일본에서는 근로자의 빈곤 리스크율 또한 높은 것이 특징이다. 근로하고 있는 빈곤자란 최근 화두가 되고 있는 워킹푸어woking poor를 말한다. 근로자 전체의 빈곤 리스크율을 보면 영국과 독일은 각각 7%, 9%, 프랑스와 스웨덴은 각각 5%와 6%로 모두 한 자리 수인 데 비해 일본은 16%나 된다. 특히 자영업자의 빈곤 리스크율이 높아 28%에 달한다. 한편 비근로자층에서는 퇴직자의 빈곤 리스크율이 높다. 이는 고령층의 빈곤 리스크율이 높다는 〈지표 3-1〉을 뒷받침한다. 실업자와 기타 비근로자의 빈곤 리스크율은 EU 평균보다 낮은데, 그 이유는 그들의 다수가 학생이나 주부 등으로 처음부터 취업을 선택하지 않는 사람이 많기 때문인 것으로 보인다.

이와 같이 EU 많은 나라들에 비해 일본은 빈곤 리스크율이 높고 특히 고령층, 무자녀세대, 근로자의 경우에서 무시할 수 없을 정도의 큰 차이를 나타내고 있다. 그러나 유일하게 EU 평균보다 높은 결과를 나타내는 것이 빈곤 리스크·격차(〈지표 3-5〉)와 재분배 전 빈곤 리스크율(〈지표 3-6〉)이다. 빈곤 리스크·격차는 빈곤의 빈도뿐만 아니라 빈곤의 심도까지 나타내는 지표다. 빈곤선을 하회하는 사람의 비율이 높더라도 각각 하회하는 수준이 낮은 경우에는 빈곤율은 높아도 빈곤 격차는 낮을 수도 있다. 이 빈곤 리스크·격차를 보면 일본의 미성년자들과 16~64세 성인들의 빈곤 리스크·격차는 EU 평균을 밑돌고 있다. 즉, 빈곤선보다 '아래쪽'에 있는 비율(빈곤 리스크율)은 높지만, 비교적 빈곤선보다 '약간 아래쪽'에 있는 사람들이 많은 것이다. 이는 빈곤 삭감을 목적으로 한 정책들이 효과를 거둘 수 있다는 것을 시사한다. 왜냐하면 비교적 적은 급부로도 빈곤선 위로 올라가는 것이 가능하기 때문이다. 그렇기는 하지만 고령층에 한정해본다면 이들의 빈곤 리스크·격차는 EU 평균보다 높다.

재분배 전 빈곤 리스크율은 우리에게 흥미로운 사실을 보여준다(〈지표

3-6〉). ① 연금 후 모든 사회보장 급부 지급 전(시장소득에서 세금이나 사회보험료를 뺀 후)의 빈곤 리스크율을 보면 일본 고령층의 빈곤 리스크율은 66%로, EU 평균인 88%를 크게 밑돌고 있다. 다른 EU 주요국들의 수치를 보아도 영국이 92%, 프랑스가 95%로 일본의 고령층에 비해 20% 이상 높다. 일본 고령층의 취로율이 높은 것이 그 이유 중 하나일 것이다. 그러나 ② 연금 후 그 밖의 사회보장 급부 지급 전(시장소득에서 세금이나 사회보험료를 뺀 후)의 고령층 빈곤 리스크율은 EU 평균보다 높다. 이는 EU 모든 나라들에서 연금급부가 고령층의 빈곤 리스크 삭감에 큰 역할을 하고 있는데 비해 일본에서는 연금급부가 큰 역할을 하지 못하고 있다는 것을 보여준다. 기타 연령층들에서는 ①과 ② 모두 EU 평균보다 낮다. 그러나 〈지표 3-1〉이 보여주듯이 '재분배 후의 빈곤 리스크율'은 EU 평균을 상회하므로, 다른 연령층들에서도 사회보장 급부가 빈곤 삭감에 다른 나라만큼 효과를 거두고 있지 않다는 것을 알 수 있다.

마지막으로, '근로자가 한 명도 없는 세대에 속하는 비율'을 살펴보자(〈지표 3-7〉). 이 비율은 미성년자가 1.7%, 18~59세의 성인이 3.8%로, EU 평균(9.6%와 10.2%)에 비해 크게 낮은 비율이다. 그러므로 〈지표 3-3〉, 〈지표 3-4〉를 종합해 일본의 빈곤 리스크 분포를 보면, 일하고 있는 구성원이 없는 세대, 즉 실업 문제만이 아니라 일하고 있는 세대원(들)이 있다고 해도 빈곤 리스크가 높은 워킹푸어 문제가 존재한다는 것을 알 수 있다.

6. 사회보장제도의 방빈 기능

이상에서 우리는 EU 많은 나라와 비교할 때, 일본의 빈곤이 가진 특징으로 고령층과 무자녀세대의 빈곤율이 높고, 모자세대의 빈곤율이 특히 두

드러지며, 워킹푸어가 많고 세대 내 제2소득자의 소득이 낮다는 것 등을 살펴보았다. 여기에서는 그러한 빈곤의 특징들이 세제나 사회보장제도 등의 정책들과 어떻게 관련되어 있는지에 대해 논할 것이다. 그러한 정책들은 고령층, 근로세대, 미성년자 등으로 그 대상이 한정되어 있는 경우가 많기 때문에 연령을 셋으로 나누어 의론을 진행하기로 한다.

1) 고령층 빈곤 대책

(1) 연금이라는 안전망

일본의 고령층 빈곤율은 눈에 띄게 높다. 앞 절에서 살펴보았듯이 EU 많은 나라와 비교해보면, 일본 고령층의 시장소득(〈지표 3-6〉의 상단)은 결코 낮은 수준이 아니다. 그러나 연금급부 후(〈지표 3-6〉의 하단)의 빈곤율을 보면 OECD 평균보다 높게 나타난다. 다시 말해, 많은 나라에서 고령층의 빈곤을 삭감하는 데 큰 효과를 발휘하고 있는 공적연금급부가 일본의 고령층 빈곤을 삭감하는 데는 그다지 효과를 발휘하지 못하고 있는 것이다.

일본의 공적연금은 1961년에 모든 국민이가입하는 국민개연금國民皆年金을 달성했고 이제는 이미 성숙기를 맞고 있다고 할 수 있다. 예전에는 빈곤이 고령기의 문제라 해도 좋을 정도로 빈곤한 고령자가 많았다. 그러나 공적연금의 성숙에 따라 고령층에게 최저생활이 보장되면서 빈곤율이 저하되었다고 생각된다. 실제로 다른 나라에서는 1970년대부터 1990년대에 걸쳐 고령층의 빈곤율이 크게 저하되었다(〈그림 3-2〉). 1995년 이후 많은 나라에서 약간 상승 경향이 나타났지만, 2000년 전후의 빈곤율은 1970년대의 그것보다도 낮았다. 일본의 경우에는 1970년대까지 거슬러 올라가 비교가 가능한 데이터가 없기 때문에, 1970년대부터의 경향은 이 지표로 알 수 없다. 그러나 아베(阿部彩, 2006a)에 의하면 일본 고령층의 빈곤율은

〈그림 3-2〉 OECD 주요국에서의 고령층 빈곤율 추이

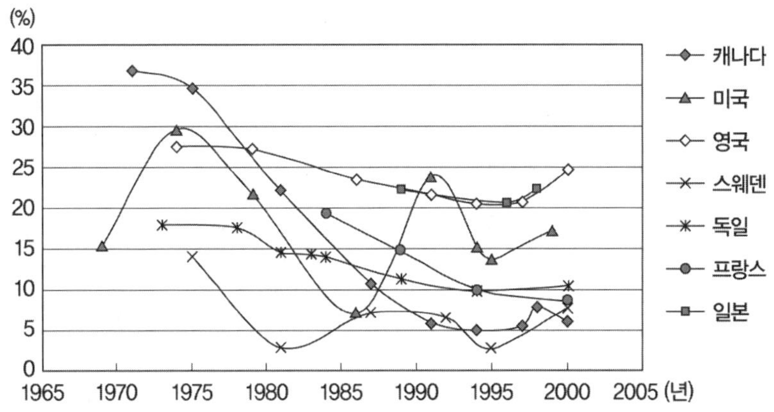

자료: 일본은 「소득재분배조사」 참고해 필자가 계산, 기타 나라는 「LIS HP」 참조.

1980년대부터 1990년대에 걸쳐 상승하다가 1990년대부터는 횡보하고 있다. 일본의 공적연금이 고령층의 빈곤을 삭감하는 데 다른 나라들에 비해 그다지 효과를 거두지 못하고 있는 이유는 무엇일까?

공적연금의 급부 수준을 나타내는 데 흔히 사용되는 지표가 소득대체율이다. 소득대체율은 종전 소득(퇴직 전 소득)에 대한 순 연금액(연금급부에서 세금 등을 뺀 것)의 비율이다. 일본 공적연금의 소득대체율 설계는 국제적으로도 결코 낮은 수치가 아니다(〈그림 3-3〉). 고령층의 빈곤을 논할 때는 종전 소득이 낮은 사람들에 대한 연금급부액의 크기가 중요하다. 연금 설계가 누진적이라면 종전 소득이 낮은 사람들에게 좀 더 높은 대체율이, 종전 소득이 높은 사람들에게는 좀 더 낮은 대체율이 설정되어, 〈그림 3-3〉처럼 오른쪽 아래로 향하는 선이 된다. 〈그림 3-3〉을 보면 스웨덴과 독일을 제외하고는 모두 하락하는 추세를 보이고 있고, 일본도 이 부류에 속한다. 종전 소득의 수준이 평균의 절반 이하인 사람들의 소득대체율은 일본이 80%로 프랑스, 스웨덴, 캐나다, 노르웨이에는 미치지 못하지만, 영국과는 거의

〈그림 3-3〉 OECD 주요국의 소득대체율: 소득수준별

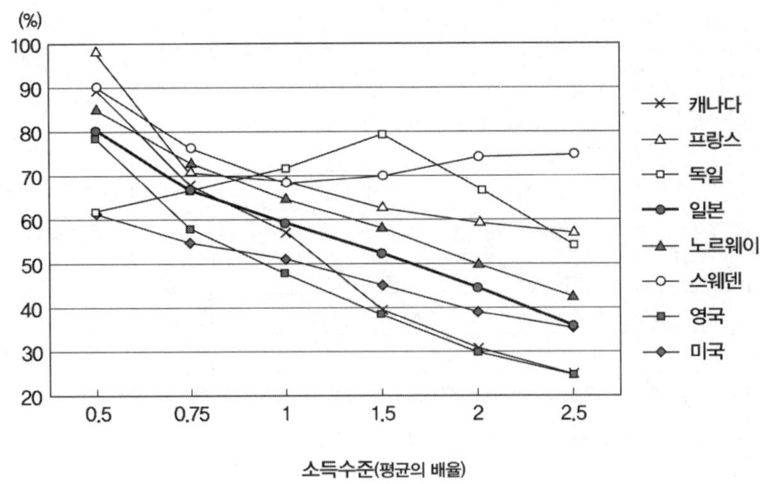

자료: OECD(2005).

같은 수준이고 독일과 미국보다는 높다. 그러나 고령층의 최저소득보장이라는 관점에서 본다면 소득대체율을 보는 것만으로는 충분하지 않다. 왜냐하면 소득대체율이란 연금소득이 종전 소득의 어느 수준인지를 나타내는 숫자이기 때문이다. 당연한 말이지만 종전 소득이 빈곤선보다 낮은 경우에는 소득대체율이 1 이상이 되지 않는 한, 그 생활수준이 빈곤선보다 위에 있을 수는 없다. 즉, 소득대체율이 최저생활을 보장하는 데 충분한지의 여부는 종전 소득이 어느 정도였는지를 모른다면 알 수 없다. 일본 고령층의 빈곤율이 높은 것은 퇴직 전에 저소득이었던 사람들에 대한 연금의 대체율이 충분하지 않다는 것을 의미한다.

(2) 동거 가족이라는 안전망

일본 고령층의 소득보장이 충분하지 않다는 것을 간접적으로 보여주는 데이터를 하나 더 제시하겠다. 〈표 3-2〉는 고령자의 개인소득으로 본 빈곤

〈표 3-2〉 고령층의 빈곤: 개인소득과 세대소득에 의한 빈곤율

구분	남성	여성
개인소득에 의한 빈곤율	40.7%	81%
세대소득에 의한 빈곤율	12.2%	17.7%

자료: 「소득재분배조사」(2002) 참조해 계산.

율과 세대소득(고령자 본인과 본인 이외 모든 세대원의 소득을 합산한 것)으로 본 빈곤율을 비교한 것이다. 고령자 개인의 소득만을 보면 남성의 41%가, 여성의 81%가 빈곤상태에 있다. 그러나 본인 이외 세대원들(배우자도 포함)의 소득을 합산한 세대소득으로 보면 빈곤율이 크게 감소한다. 즉, 일본 고령층의 다수는 1인가구일 때는 빈곤상태가 되지만 고령층이 가족들과 동거할 경우에는 빈곤상태에 빠지는 것을 면하고 있는 것이다. 실제로 65세 이상 고령자가 있는 세대의 48.8%가 미성년자 등과 동거하고 있고 29.2%는 배우자와 동거하고 있다(阿部彩, 2006a). 이는 고령층의 다수가 배우자가 사망하거나 미성년자와 따로 살게 되면, 곧 빈곤상태에 빠지게 된다는 것을 의미한다. 물론 동거의 선택지가 없어진 경우에는 고령자의 행동도 변화하고 그에 따라 소득도 변화한다. 그러나 연금급부액은 장기간의 고용내력에 따라 이미 결정되어 있기 때문에 그것을 증가시키는 것은 어려운 일이고, 또 취로에 의해 소득을 증가시키는 것은 고령층, 특히 여성 고령층에게는 경제적으로나 신체적으로나 힘든 선택에 해당된다.

(3) 생활보호라는 안전망

연금이나 가족이라는 안전망이 최저생활보장을 충족시켜주지 못할 경우, 최후의 수단으로서의 역할을 하는 것이 생활보호제도다. 일본 후생노동성(厚生勞働省, 2006)에 의하면 고령자세대(고령자만으로 구성된 세대)의 4.9%(2004년)가 생활보호를 받고 있다고 한다. 이는 공적연금제도가 정비

되어 있지 않던 때(1958년)의 23.7%에 비하면 크게 감소하긴 했지만, 사회 전체의 세대 보호율 2.2%에 비하면 2배 이상 높은 수치다. 즉, 오늘날에도 이전만큼은 아니라고 해도 비교적 많은 고령자가 생활보호의 혜택을 받고 있는 것이다. 그러나 생활보호의 포착률(소득이 최저생활비 이하인 사람들 중 생활보호를 받고 있는 사람들의 비율)은 낮다는 것이 많은 연구자에 의해 지적되고 있는데, 야마다(山田篤裕, 2005)의 추계에 의하면 비교적 포착률이 높은 고령층에서도 5%에서 27%를 나타낸다. 포착률이 이처럼 낮은 이유는 생활보호 수급자가 되기 위해서는 저축이나 가족의 부양능력 등 소득 요건 외에도 여러 요건을 충족시켜야 하기 때문이다. 예를 들어 성인의 자식이 있는 경우, 그와 동거하고 있느냐 별거하고 있느냐에 상관없이 그 사람은 수급자가 될 수 없는 것이다.

공적연금이 모든 고령자의 최저생활보장을 약속하지 않는 일본에서는, 고령자의 최저생활보호의 역할을 생활보장제도가 담당하고 있다. 실제로 생활보호 수급을 받고 있는 세대의 약 절반(46.7%, 2004년)이 고령자세대다. 그러나 다른 나라들에서는 공적부조의 대상을 취로 가능성이 높은 젊은 층과 가능성이 낮은 고령층으로 나누어, 고령자에게는 연금급부를 보완하는 형태로 최저생활을 보장해주는 사례가 늘고 있다(岩名札介, 2006). 예를 들어 최근의 사례로, 영국에서 2003년에 도입한 연금 크레딧 제도, 독일에서 같은 해에 도입한 노령·중증장애자 기초보장제도, 스웨덴에서 도입한 최저보장연금제도·고령자생계지원법 등이 있다. 또 캐나다에서는 일찍이 보충적 연금급부GIS: Guaranteed Income Supplement를, 미국에서는 보충적 보장소득SSI: Supplemental Security Income을 도입한 바 있다. 고령자의 최저소득보장을 공적부조의 문맥에서가 아니라 연금제도의 문맥에서 재구축하는 데는 몇 가지 의의가 있다(岩名札介, 2006). 첫 번째는 공적부조제도에서 취로 가능성이 낮은 고령자와 취로 가능성이 높은 젊은이를 분리해, 각각의 필요에 대응하는 방식으로 제도를 고쳐가는 것이 국제적인 조류에서 보더라도 타당하다는 것이다. 두 번째는, 고령화 속도가 빠르게 진전되고 있는 일본에서 빈곤층 중 고령층의 비율이 급증하고 있고(阿部彩, 2006a), 그들의 빈곤율이 여전히 높아 고령층 빈곤에 대한 근본적이고 신속한 대책이 필요하기 때문이다. 이런 이유로 항상 규모 축소의 압력을 받고 있는 생활보호제도로서가 아니라 연금제도의 일환으로서 고령층의 최저생활보장 방법을 모색할 필요가 있다. 세 번째는 기초연금은 국고부담이 이미 재원의 1/2을 차지하고 있어, 사회보험의 형식을 취하면서도 사실상 고령층의 소득 보장 기능을 수행하고 있기 때문이다.

2) 근로세대의 빈곤에 대한 대책

다음으로 근로세대의 빈곤에 대해 검토해보자. EU 많은 나라들과 비교해 일본 근로세대의 빈곤에는 두 가지 특징이 있다는 것을 알 수 있었다. 첫 번째 특징은 일을 하고 있으면서 빈곤상태에 있는 사람들, 즉 워킹푸어가 많다는 것이고, 두 번째 특징은 사회보장이나 세금 등의 공적 소득이전의 영향이 작다는 것이다. 두 번째에 특징에 대해 더 자세히 살펴보기로 하자. 〈그림 3-4〉는 OECD 국가의 근로세대의 재분배 전과 재분배 후 빈곤율이다. '재분배 전 빈곤율'은 세금·사회보험료 전의 근로소득이나 재산소득 등, 이른바 시장소득을 사용해 계산한 빈곤율이다. 재분배 후 빈곤율은 재분배 전 소득에서 세금이나 사회보험료를 빼고 연금, 아동수당 등 사회보장 급부들을 더한 후, 수취하는 소득으로 계산한 빈곤율이다. 이 두 가지를 비교해봄으로써 세제와 사회보장제도가 빈곤율에 어떤 영향을 미치는가를 알 수 있다. 〈그림 3-4〉에 의하면 OECD 거의 모든 국가에서 재분배 후 빈곤율이 재분배 전에 비해 크게 감소하는 것을 알 수 있다. 그런 이유

〈그림 3-4〉 재분배 전과 후 근로세대의 빈곤율(2000년)

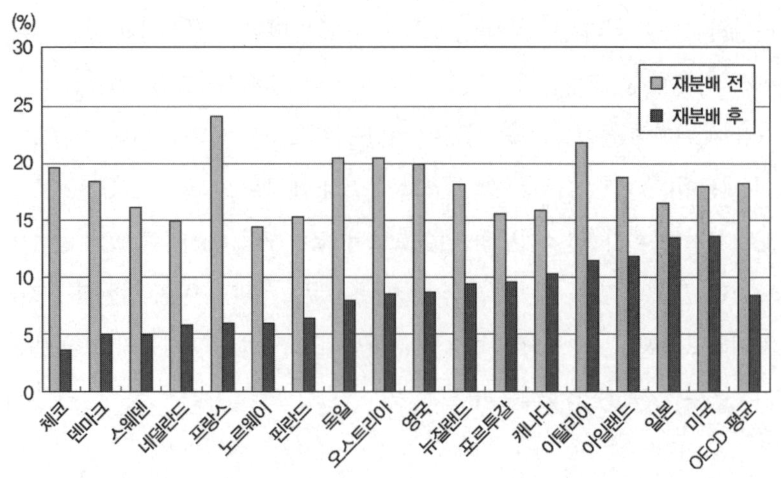

자료: OECD(2006: Table 4. 9).

때문에 예를 들어 재분배 전 빈곤율이 24%로 가장 높은 프랑스에서는 재분배 후 빈곤율이 6%까지 떨어진다. 그러나 일본에서는 재분배 전 빈곤율은 그다지 높지 않지만 삭감 부분이 OECD 나라 중 가장 작기 때문에 재분배 후 빈곤율이 미국에 이어 두 번째로 높게 나온다. 즉, 일본에서는 근로세대에게 세제와 사회보장제도로서 빈곤을 삭감하는 효과가 대단히 낮다.

(1) 급부와 부담의 균형

일본에서 세제와 사회보장제도를 통한 근로세대의 빈곤 삭감 효과가 작은 이유로 몇 가지를 생각할 수 있다. 첫 번째는 고용보험으로부터의 실업급부, 생활보호를 대표로 하는 공적부조제도로부터의 급부, 그리고 장애연금 등 연금제도로부터의 급부가 작다는 것이다. 근로세대 중에서 실업, 장애, 공적부조 등 공적 급부를 주된 소득원으로 하는 사람들의 비율을 보면, 일본은 그 비율이 1~2%로 OECD 나라들 중 최저 수준이다(OECD, 2005).

이러한 제도에 의존하는 사람이 적다는 것은 한편으로는 사회낙인이나 복지 의존 등의 문제를 발생시키지 않아 좋은 일이지만, 다른 한편으로는 필요한 사람들에게 급부가 이루어지지 않는 문제가 있다는 의미이기도 하다.

일본에서 근로세대에 대한 빈곤 삭감 효과가 적은 두 번째 이유는, 저소득층에게 세금과 사회보험료 부담이 무겁다는 점이다. 지금처럼 현역 세대에게 보험료를 갹출해 고령기에 급부하는 사회보험 구조를 취하고 있는 한, 현역 세대에 사회보험료 부담이 발생하는 것은 어쩔 수 없는 일이다. 그러나 빈곤상태에 있는 사람에게 큰 부담을 주는 것은 그것이 장래를 위한 것이라 하더라도 바람직하지 않다. 왜냐하면 현저하게 생활수준이 저하되면 건강, 인간관계, 사회적 연결망 등 인간이 가진 자산이 고갈되고, 리스크의 연쇄가 발생하기 때문이다. 그것은 인간이 사회보험 등의 제도에서 탈락하게 만들고, 최종적으로는 사회적 배제로 내몬다.

사회보험제도에서도 저소득자의 부담이 과도해지지 않도록 제도를 설계하는 것이 가능하다. 그러나 국민연금과 국민건강보험의 보험료는 정액이고, 후생연금과 건강보험도 표준보수한도액이 정해져 있어 보험료가 역진적이다. 최근 들어 일본정부는 국민연금의 부분면제 제도를 확충하는 등의 저소득자를 배려한 보험료 책정을 추진하고 있으나, 그 성과에 비해 국민연금, 국민건강보험의 보험료 미납자는 증가하고 있다. 또한 소득세제에서도 최근의 개혁에 따라 누진성이 약화되고 있다. 빈곤자의 다수가 과세가 가능한 최저 이하의 소득밖에 벌어들이지 못하기 때문에 세금 납부의 부담을 지지는 않는다 하더라도, 예를 들어 많은 선진국(미국, 영국, 네덜란드 등)이 도입하고 있는 '환급 가능한 세액공제' 등을 일본에 도입한다면 세제도 적극적인 빈곤 삭감을 위한 의미 있는 정책 수단이 될 가능성이 있다.

3) 미성년층의 빈곤

마지막으로 미성년자의 빈곤에 대해 생각해보자. 미성년자 빈곤 문제는 유럽과 미국에서도 최대의 정책과제가 되고 있다. 왜냐하면 성인이 되고 난 후의 빈곤은 본인의 능력이나 노력 부족이라는 관점 때문에 어느 정도 허용된다는 생각도 있지만, 미성년자는 '기회 균등'이라는 관점에서도 바람직하지 않기 때문이다. 미성년 시기의 빈곤은 그 시점에서 미성년자의 생활수준이나 학교 성적 및 성장뿐만 아니라 그들이 성인이 되고 나서의 직업이나 소득, 사회부조 수급 등에도 영향을 미친다. 따라서 사회 전체로 볼 때, 미성년자의 빈곤을 삭감하는 것은 장기적으로 비용 면에서도 효율적이다.

하지만 일본 미성년층의 빈곤율은 1980년대 이래 상승해왔다. 고령층의 빈곤율에는 미치지 않더라도 근로세대의 빈곤율을 초과할 만큼 높은 수

〈그림 3-5〉 미성년자가 있는 세대의 빈곤율(2000년)

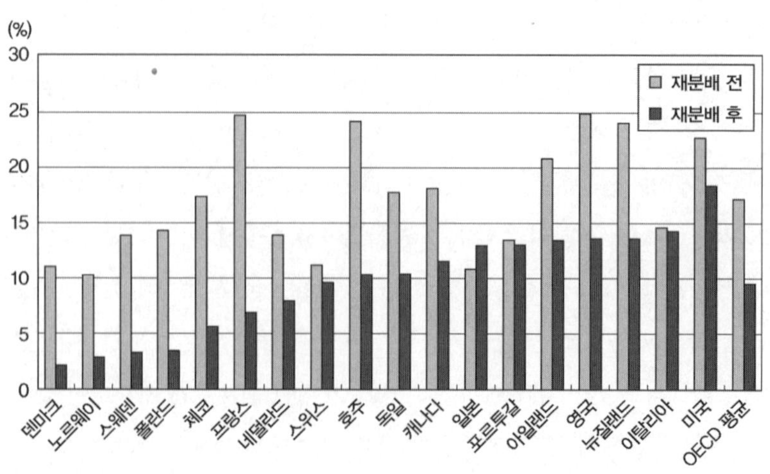

자료: OECD(2005).

준이다. 주목해야 할 점은 〈그림 3-5〉를 보면 알 수 있듯이, 미성년층의 빈곤 삭감에 일본의 세제·사회보장제도에 의한 미성년층의 빈곤 삭감 효과는 근로세대의 그것보다 훨씬 작다는 것이다. OECD 모든 나라가 재분배 전에 비해 재분배 후의 미성년자 빈곤율이 낮은 데 비해, 일본에서는 그 반대의 상황이 나타난다. 즉, 다른 OECD 나라들에서는 세제나 사회보장제도를 통한 사회적 급부가 미성년자들의 빈곤율을 낮추고 있지만, 일본에서는 역으로 빈곤율을 상승시키고 있다.

(1) 유자녀세대에서의 급부와 부담

미성년층의 빈곤율이 재분배 전보다 재분배 후에 더 높아진다는 것은 미성년자가 있는 저소득 세대에 대한 순純이전(사회보장 급부 – 세금 및 사회보험료)이 마이너스라는 점이다. 미성년자가 있는 세대에 대한 급부에는 생활보호나 장애·유족연금 같은 공적연금제도에 의한 급부 외에도 아동수당, 아동부양수당, 소득세의 부양공제 등 유자녀세대에 특유한 급부가 있다. 근로세대에 관한 의론에서 언급했듯이 일본의 생활보호는 보호율(전체 인구에서 생활보호를 받는 사람들의 비율)과 포착률(소득이 최저생활비 이하인 사람들 중에서 생활보호를 받는 사람들의 비율)이 모두 낮은데 이것은 미성년층에서도 마찬가지다. 0~5세, 6~19세의 미성년자에 대한 보호율은 1993년에 0.34%, 0.63%를 최저로 서서히 상승하고는 있지만, 그럼에도 인구의 0.68%, 1.11%일 뿐이다(國立社會保障·人口問題硏究所, 2006b).

미성년자가 있는 세대가 일반적으로 수급하고 있는 것은 생활보호보다는 아동수당, 아동부양수당일 것이다. 일본에서 아동수당은 최근에 대상아동연령과 소득제한이 모두 완화되어 대상연령아동의 약 90%에 적용되고 있다. 또한 2007년 6월부터는 3세 미만의 첫째 아이와 둘째 아이에 대한 수당 금액도 증가한다. 이러한 일련의 확충이 이루어지기 전까지는 아동수당의 대상범위가 좁았고 금액도 작았기 때문에 미성년층의 빈곤 삭감에 큰 효과가 없었다(阿部彩, 2005). 다만 근년의 확충이 미성년층의 빈곤 삭감에 어느 정도의 효과를 가져왔는지에 대한 정확한 분석은 추후 데이터를 기다려야 할 것이다.

한편, 근로세대와 마찬가지로 미성년층의 빈곤과 관련해서도 저소득 유자녀세대에게 사회보험금과 세금 부담이 과도해지지 않도록 배려할 필요가 있다.

7. 소득 이외의 항목들을 사용한 빈곤 지표

이 장의 마지막에서는 소득 이외 항목들을 사용한 빈곤 지표에 대해 설명할 것이다. 소득과 소비는 빈곤을 측정할 때 가장 흔히 사용되는 항목이다. 그러나 빈곤은 소득이나 소비 같은 금전적인 차원의 사상만이 아니라 건강이나 사회관계, 주거, 노동시장과의 연결 등 여러 차원에서 복합적으로 나타나는 사람들의 생활수준 저하까지 나타낸다. 많은 사람들이 지적하는 것처럼 사람들의 생활수준은 현시점의 소득뿐만 아니라 과거의 소득에 의한 저축, 재산(소유 주택 등), 노동자원(교육, 타고난 능력, 건강상태 등), 인간관계의 축적 등 여러 요인에 의해 좌우된다. 소득이 낮다는 것은 빈곤 요인 중 하나지만 빈곤이라는 사상 그 자체를 표현하는 것은 아니다. 빈곤이라는 사상은 소비, 주택, 대인관계 등 생활의 모든 측면에서 나타난다. 그 때문에 저소득, 특히 현시점에서의 저소득이 반드시 빈곤을 의미하는 것은 아니다. 예를 들어 은퇴 후의 고령자 대다수는 자가주택을 소유하고 있거나 저축이 있기 때문에 현시점에서 소득이 낮아져도 일정한 생활수준을 유지하는 것이 가능하다. 많은 연구자가 빈곤을 소득이라는 한 측면만으로 측정하는 한계를 이해하고 있으면서도 이 지표만을 사용하는 이유는 소득에 관한 데이터가 비교적 입수하기 쉽기 때문이다.

그러나 해외에서는 생활수준이나 생활의 질 자체를 측정하려는 시도가 활발하다. 박탈deprivation, 사회적 배제social exclusion, 사회의 품질social quality 등에 대한 연구가 이에 해당된다. 그 대표적이고 고전적인 것이 1970년대 영국의 피터 타운젠드Peter Townsend가 개발하고 이후 영국 내 일련의 빈곤 연구 안에서 개선되어온, '상대적 박탈 지표Relative Deprivation Index'이다. 타운젠드는 상대적 박탈 지표를 '인간이 사회에서 통상적으로 손에 넣을 수 있는 영양, 의복, 주택, 거주 설비, 취로, 환경 면이나 지리적인 조건 등에 관한 물질적 표준에 미달한 정도, 또는 일반적으로 경험하고 누리고 있는 고용, 직업, 교육, 레크리에이션, 가족 내 활동이나 사회활동 또는 사회관계에 참가할 수 없거나 접근할 수 없는 정도'라고 정의했다(Townsend, 1993). 이 정의는 이 장의 서두에서 서술된 빈곤 리스크를 다루는 방식 중 세 번째 방식, 즉 빈곤을 '리스크에 대처하기 위한 자원의 결여'로 이해하는 것과 유사하다. 소득을 기반으로 하는 빈곤 지표들이 소득이 일정 수준 이하일 경우 이러한 상태에 있을 것이라고 가정하고 있는 데 비해, '상대적 박탈 지표'는 해당 사회에서 기대 가능한 생산활동에 대한 구체적인 목록을 만든 후 (조사 대상자가) 그것들을 얼마나 누릴 수 있는지를 직접적으로 표시하고 있다는 것이 특징이다.

상대적 박탈 지표는 구체적으로 다음과 같이 측정된다. 먼저 일반 대상으로부터 무작위로 추출된 조사대상자에게 어느 항목이 이 사회에서 최저한의 생활을 보내기 위해 필요한지를 묻는 예비조사를 한다. 그리고 대다수가 '절대 필요하다'고 답한 항목의 목록을 만들어 '사회적 필수항목'으로 정한다. '사회적 필수항목'에는 냉장고·TV 같은 내구소비재에서 친구를 만나고 친척의 관혼상제에 참석하는 것 같은 사회관계 항목들까지 포함된다.

그다음으로 이 사회적 필수항목의 유무에 대한 본조사를 실시해 그것이 강제적으로 결여하고 있는 경우(본인의 기호나 선택에 따른 경우는 제외)를 1, 그 이외의 경우는 0으로 두는 2진법 수의 목록을 얻고, 이를 가산한 것이 상대적 박탈 지수다. 연구자에 따라서는 항목별 중요도에 맞춰 가산할 때 가중치를 주기도 하고 표준화하기도 한다(Whelan et al., 2002 등).

미국과 유럽에 비해 일본의 경우, 상대적 박탈의 실증연구가 대단히 적다. 최근의 주요 연구에는 히라오카(平岡公一, 2001), 아베(阿部彩, 2006b)가 있다. 그중 전국을 대상으로 독자적인 조사를 수행한 아베(阿部彩, 2006b)는 예비조사와 본조사의 각 단계를 면밀히 추적하고 있는 희소성 있는 연구를 실시했는데, 여기에 소개하고자 한다. 〈표 3-3〉은 예비조사 결과를 토대로 구축한 '사회적 필수항목'과 그 보급률 및 결여율을 나타낸 것이다. 물론 기호에 따른 결여(결여의 이유를 '원하지 않아서'로 답한 사람들)는 분모, 분자 모두에서 제외했다.

일반 시민의 과반수가 '절대로 필요하다'라고 답한 16항목 중 대다수는 100%에 가까운 보급률을 보인다. 그러나 몇 가지 항목에서는 만족스럽지 못한 상태에 있는 사람들이 존재한다는 것을 알 수 있다. 결여율이 낮은 항목은 내구재나 주택 관련 항목들인데(1% 전후), 그 비율은 OECD 평균과 비교해도 매우 적어 일본 사회가 물질적으로는 풍부하다는 것을 나타내고 있다. 의료 접근성의 결여율도 적어 국민개보험을 이념으로 내세우고 있는 일본의 공적의료제도가 효과를 거두고 있다는 것을 알 수 있다. 동일한 질문에 대한 OECD 모든 나라의 평균은 10%다(Boarini·Mira d'Ercole, 2006). 그러나 2%에 가까운 사람들이 필요할 때 의료를 받을 수 없는 상태에 있다는 것은 무시할 수 없는 문제다.

결여율이 높은 항목들은 '매일 조금씩이라도 저축할 수 있다(25%)', '사망·장애·질병 등에 대비해 보험에 가입(8.1%)', '1년에 한 번 이상 새로운 내

〈표 3-3〉 상대적 박탈 지표에 사용된 항목들과 그 보급률

사회적 필수 항목(16개 항목)		보급률*	결여율**
설비	전자레인지	98.4	1.6
	냉난방 기기(에어컨·난로·고타쓰 등)	99.1	0.9
	탕비 기구(전기온수기 등을 포함)	96	3.6
사회 생활	친척의 관혼상제에 참석(축의금·교통비 포함)	97.2	2.8
	전화기(팩스 겸용 포함)	97.9	2.1
	예복	97.2	2.8
	1년에 1회 이상 새로운 내의 구입	92.2	7.8
보장	병원을 찾는다	98.2	1.8
	치과병원을 찾는다	97.2	2.8
	사망·장애·질병 등에 대비해 보험(생명·장애보험 등)에 가입한다	91.9	8.1
	노후에 대비해 연금보험에 가입한다	93.9	6.1
	매일 조금씩이라도 저축할 수 있다	75	25.0
주거 환경	가족 전용의 화장실	98.8	1.2
	가족 전용의 부엌	98.9	1.1
	가족 전용의 욕실	97.8	2.2
	침실과 식탁이 별개로 된 방	95.0	5.0

주*: 보급률 = 원하지 않은 경우에는 분모에서 제외.
주**: 결여율 = 100% - 보급률.
자료: 阿部彩(2006b).

의를 산다(7.8%)', '노후에 대비해 연금보험에 가입(8.1%)', '침실과 식탁이 별개의 방(5.0%)' 등이다. 16개 항목 가운데 상위 두 개가 미래의 리스크에 대비하기 위한 저축과 보험이라는 것이 매우 흥미롭다. 다시 한 번 말하자면, 여기에 제시된 16개 항목은 모두 국민의 과반수가 최저한의 생활을 영위하기 위해 반드시 필요하다고 답한 항목이다. 즉, 이 시리즈의 주제이기도 한 현대 리스크사회에서는, 이미 리스크에 대비하기 위한 안전망이 식료나 의복, 주거 같은 것들과 함께 생활필수품이 되어 있다는 것을 알 수 있다. 하지만 동시에 사람들의 생활에 가장 결여되어 있는 항목이 이 안전망이기도 하다. 역으로 생각하면, 리스크가 그다지 없는 사회에서는 리스크에 대비하기 위한 저축이나 보험 같은 것들은 생활필수품에 포함되지 않

는다는 의미이기도 하다. 그러나 오늘날 리스크사회에서는 설사 일상생활이 일정 수준에 도달해 있다고 해도 리스크에 대한 대비가 없다면 최저생활 이하에 해당되는 것이다.

박탈의 빈도 외에 중요한 것은 심각성의 정도이다. 박탈의 심각 정도는 각 세대의 박탈 지표 값에 의해 나타낼 수 있다. 박탈 지표가 높을수록 그 세대의 박탈 정도가 높은 것이다. 그 분포를 보면 박탈이라는 사상이 일부 세대에게 집중되어 있다는 것을 알 수 있다. 결여하고 있는 항목 수(박탈 지수)를 보면, 답변자의 65%는 지수가 0이고, 사회적 필수항목 전체를 충족하고 있다. 그러나 답변자의 35%는 적어도 한 가지 이상, 14%는 두 가지 이상, 9%는 세 가지 이상의 필수 항목이 결여된 상태다. 즉, 사회 전체적으로 소수이기는 해도 상당한 비율(35%)의 사람들이 여러 박탈을 겪고 있다. 다만 박탈이 집중되어 있는 것은 비교적 소수(9%)이다. 이 박탈 리스크 그룹을 더 자세히 살펴보면, 중년기(30~50세)이면서 혼인관계가 없는 그룹, 세대 내에 질병을 가진 사람이 있는 사람들, 또는 모자세대 같은 표준적인 라이프사이클에서 이탈한 사람들에게 리스크가 높다는 것을 시사하고 있다. 저소득에 빠질 가능성이 높은 고령층이나 지출이 많아 가계家計가 어려운 미성연자가 있는 세대라고 해도 표준에서 일탈하지 않은 세대에서는 상대적 박탈이 특히 높은 것은 아니다. 또한 고령층과 젊은 층을 비교할 때 같은 소득이라고 해도 고령층에 비해 젊은 층의 상대적 박탈의 빈도나 심도 모두 더 커지고 있다. 이는 고령층에서는 과거의 소득 등의 축적이 상대적 박탈 리스크를 어느 정도 완화시킬 수 있기 때문이라고 생각된다.

상대적 박탈에 관한 이 연구에서 가장 유명한 것이 상대적 박탈 지표와 소득의 관계 분석이다. 이 연구에서는 어느 소득(역치) 이하에서는 박탈 지표가 급격히 상승하는 것을 발견했고, 이 역치와 당시 영국의 공적부조 기준을 비교해보았다. 이 역치는 그 후 유럽의 많은 나라에서 확인되었다.

〈그림 3-6〉 소득계급별 박탈 지표(평균)

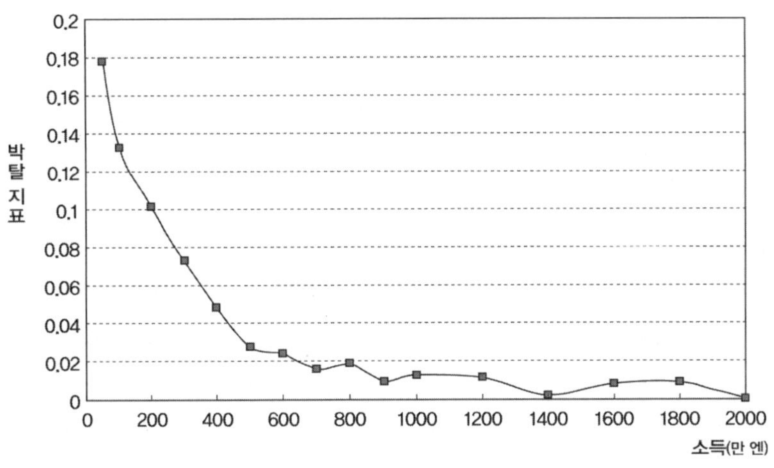

자료: 阿部彩(2006b).

다른 연구(阿部彩, 2006b)에서도 이 역치의 존재가 확인되는데, 세대 연수입이 대략 400만~500만 엔 이하로 가면서 박탈 지표 평균치가 급증하는 것을 알 수 있다(〈그림 3-6〉).

이 수치는 세대소득의 중앙값에 가깝고, 통상 사용되는 빈곤선이나 생활보호기준보다도 훨씬 높다. 이에 대한 한 가지 해석은, 상대적 박탈 현상은 일반적으로 생각하는 것보다도 더 높은 소득 단계에서 그 리스크가 높아진다는 것이다. 이것은 '세대소득 400만~500만 엔 미만' 이하인 세대에 해당하는 사람 모두가 박탈 상태에 있다는 것을 가리키는 것도 아니고, 그들이 모두 어떤 구제나 공적 개입을 필요로 한다는 말도 아니다. 박탈이란 직접적으로 생활수준이 낮다는 것을 가리키는 말이기 때문에, 이런 의미에서 소득만을 빈곤의 기준으로 사용하는 것은 최적의 방법이 아니다. 그러나 박탈과 소득 간에는 분명한 상관관계가 있고, 또 역치가 존재한다는 것은 소득이 빈곤 리스크의 경보가 될 수 있다는 것을 나타낸다. 구체적으로는 세대소득 400만~500만 엔 이하의 세대에 대해서도 빈곤 방지의 예방선을 적용할 필요가 있다.

8. 마치며

이 장에서는 국제비교와 교차하면서, 일본의 빈곤의 특징과 조세·사회보장제도의 빈곤 삭감 효과에 대해 논했다. 그 결과 일본의 빈곤율은 1980년대 이래 상승하고 있으며, 다른 나라들과 비교할 때 특히 고령자와 무자녀세대의 빈곤율이 높으며 모자세대에서 특히 높다는 것, 그리고 워킹푸어가 많고 세대 내 제2소득자의 소득이 낮다는 것 등이 특징이라는 것을 알 수 있었다. 필자는 이러한 문제들에 대한 대책으로서 현행 사회보장제도·조세제도가 불충분하다는 것을 전제로 다음 세 가지 관점을 제시하고자 한다. 첫 번째, 여전히 높은 고령층의 빈곤율을 감소시키기 위해서 공적연금에 최저생활보장의 관점을 도입할 필요가 있다. 다만 고령자의 최저생활보장의 기능을 모두 생활보호제도에서 구하는 것은 생활보호제도의 파산을 야기할 가능성이 있어 다른 나라들처럼 공적연금의 틀 안에서 최저생활을 보장하는 것이 바람직하다. 두 번째, 근로세대(그리고 그에 따르는 미성년층)에 대해 사회보장제도가 오히려 빈곤 증대 요인으로 작용하고 있는 것을 시정해야만 한다. '빈곤한' 근로세대에 대해 사회보장의 순純이전이 마이너스라는 것은 리스크의 연쇄를 일으키고 나아가 사회적 배제를 초래할 가능성도 있다. 특히 빈곤세대나 빈곤에 가까운 세대에 대해서 의식적으로 그들을 사회보장제도 안에 포섭해나가려는 자세가 앞으로의 사회보장제도의 운용에 요구된다고 하겠다. 세 번째, 미성년층의 빈곤을 삭감하는 것이 특히 중요한 정책과제라는 것을 인식해야 한다. 미성년층의 빈곤을 삭감하는

데 가장 근본적인 방법은 여성 근로소득과 처우의 개선이다. 이를 통해 세대 내 제2소득자 또는 모자세대 내 어머니의 근로소득이 상승하게 되므로 자녀를 키우는 데 안정된 생활이 가능할 수 있다. 또 미성년층의 빈곤 삭감을 위한 이차적인 방법은 아동수당, 조세제도 등에 미성년층의 빈곤을 삭감하려는 관점을 적극 도입하는 것이다. 특히 미성년층 빈곤율이 높은 모자세대나 다자녀세대 등에게 균일하고 보편적인 급부를 적용해야 할 뿐만 아니라 그들에게 맞추는 핀포인트 정책도 필요하다고 하겠다.

참고문헌

青木紀. 1997.「貧困の世代的再生産: 教育との關聯で考える」. 庄司洋子·杉村宏·藤村正之 編.『貧困·不平等と社會福祉』. 有斐閣.

青木紀·杉村宏 編著. 2006.『現代の貧困と不平等: 日本·アメリカの現實と反貧困戰略』. 明石書店.

阿部彩. 2005.「子供の貧困: 國際比較の視點から」. 國立社會保障·人口問題研究所 編.『子育て世帶の社會保障』. 東京大學出版會.

______. 2006a.「貧困の現狀とその要因: 1980-2000年代の貧困率上昇の要因分析」. 小塩隆士·田近榮治·府川哲夫 編著.『日本の所得分配: 格差擴大と政策の役割』. 東京大學出版會.

______. 2006b. 相對的剝奪の實態と分析: 日本のマイクロデータを用いた実証研究」. 社會政策學會 編. ≪社會政策學會誌: 社會政策における福祉と就勞≫, 第16号, 法律文化社, pp. 251~275.

______. 2007.「日本における社會的排除の實態とその要因」. ≪季刊社會保障研究≫, 第43卷, 第1号, pp. 27~40.

阿部彩·大石亞希子. 2005.「母子世帶の經濟狀況と社會保障」. 國立社會保障·人口問題研究所 編.『子育て世帶の社會保障』. 東京大學出版會.

岩田正美. 2005.「貧困·社會的排除と福祉社會」. 岩田正美·西澤晃彦 編著.『貧困と社會的排除: 福祉社會を蝕むもの』. ミネルヴァ書房.

岩名札介. 2006.「最低所得保障制度の給付基準に關する國際比較」. 栃本一三郎·連合總合生活開發研究所 編.『積極的な最低生活保障の確立: 國際比較と展望』. 第一法規.

太田清·坂本和靖. 2004.「所得隔差と階層の固定化」. 樋口美雄·太田清·家計經濟研究所 編.『女性たちの平成不況: デフレで働き方·暮らしはどう變わったか』. 日本經濟新聞社.

大竹文雄. 2005.『日本の不平等: 格差社會と幻想と未來』. 日本經濟新聞社.

小川浩. 2000.「貧困世帶の現狀: 日英比較」. ≪經濟研究≫, Vol.51, 53, Jul. 2000, pp. 220~231.

苅谷剛彦. 2001.『階層化日本と教育危機: 不平等再生産から意慾格差社會へ』. 有信堂高文社.

厚生勞働省. 2004.『平成15年國民生活基礎調査』. 中央法規出版.

______. 2006.『平成18年版 生活保護の動向』. 中央法規出版.

國立社會保障·人口問題研究所. 2006a.『平成16年度社會保障給付費』.

______. 2006b.『'生活保護'に關する公的統計データ一覽』, http://www.ipss.go.jp/ s-info/j/seiho/seiho.asp. last access 2007.4.23

駒村康平. 2005.「生活保護改革·障害者の所得保障」. 國立社會保障·人口問題研究所 編.『社

會保障制度改革: 日本と諸外國の選擇』. 東京大學出版會.

佐藤俊樹. 2002.『不平等社會日本: さよなら總中流』. 中央公論新社.

柴田謙治. 1997.「イギリスにおける貧困問題の動向: '貧困概念の擴大'と貧困の'基準'をめぐって」. ≪海外社會保障情報≫, No.118, pp. 4~17.

橘木俊詔·浦川邦夫. 2006.『日本の貧困硏究』. 東京大學出版會.

中川淸. 2002.「生活保護の對象と貧困問題の變化」. ≪社會福祉硏究≫, 83号.

浜田浩兒. 2007.「所得隔差の固定性の計測」. ≪季刊家計經濟硏究≫, No.73, pp. 86~94.

樋口美雄·法專充男·鈴木盛雄·飯島隆介·川出眞淸·坂本和靖. 2003.『パネルデータに見る所得階層の固定性と意識變化」. 樋口美雄·財務省財務總合政策硏究所 編著.『日本の所得格差と社會階層』. 日本平論社.

平岡公一 編. 2001.『高齢期と社會的不平等』. 東京大學出版會.

藤本武. 1985.『資本主義と勞動者階級: イギリスにおける貧乏小史』. 法律文化史.

山田篤裕. 2000.「社會保障制度の安全網と高齢者の經濟的地位」. 國立社會保障·人口問題硏究所 編.『家族·世帶の變容と生活保障機能』. 東京大學出版會.

______. 2005.「日本における高齢者の相對的貧困·低所得の分析: 公的年金制度とそれ以外の所得要素の影響」. ≪日本年金學會誌≫, 第25号, pp. 60~70.

Boarini, Romina and Marco Mira d'Ercole. 2006. "Measures of Material Deprivation in OECD Countries." *OECD Social, Employment and Migration Working Papers*, No. 37, DELSA/ELSA/WP 1 2006. 8.

European Commission. 2006. *Joint report on social protection and social inclusion 2006*.

Förster, Michael and Marco Mira d'Ecole. 2005. "Income Distribution and Poverty in OECD Countries in the Second-Half of the 1990s." *OECD Social, Employment and Migration Working Papers*, No.22, DELSA/ELSA/WD/SEM 2005 1.

OECD. 2005. *Extending Opportunities: How Active Social Policy Can Benefit Us All*.

______. 2006a.『對日經濟審査報告書』.

______. 2006b, "Economic Survey of Japan 2006." from http://www.oecd.org/

Rowntree, Joseph. 1901. *Poverty: A Study of Town Life*.

Townsend, Peter. 1993. *International Analysis of Poverty*. Harvester Wheatshief.

Whelan, Christipher, Richard Layte, Bertrand Maitre and Brian Nolan. 2002. "Income Deprivation Approaches to the Measurement of Poverty in the European Union," in Muffels, Tsakloglou and Mayes. *Social Exclution in European Welfare States, Edward Elgar*, pp.183~201.

제 4 장

환경 리스크의 삭감과 그 경제적 영향

오카 도시히로岡敏弘

환경 리스크를 줄이려고 하면 경제에 영향이 간다. 이 장에서는 이와 같은 경제적 희생이 있음에도 환경 리스크 삭감 정책을 실행해야 할지 여부를 결정하기 위한 방법론을 논한다. 주류 경제학은 비용편익분석(費用便益分析)에 기초해 그 문제에 대한 답을 찾을 수 있다는 입장이지만 그러한 방법에 대해서는 비판이 있고, 또 현실에서도 좀처럼 채택되지 않고 있다. 이 장에서는 그 이유를 명백하게 밝힌다. 우선, 비용편익분석이란 무엇인지를 서술하고 그에 대한 비판들을 소개한다. 또 여기에 새로운 문제점도 덧붙일 것이다. 그것은 '비용'과 '편익' 모두 경제이론의 전제를 충실히 지키고 있는 대단히 한정적인 개념들이며, 그런 면에서 이 개념들이 현실의 쟁점인 문제들에 대해 답을 찾게 해주는 힘은 없다는 것이다. 그리고 마지막에 비용편익분석을 대신할 접근을 제시할 것이다.

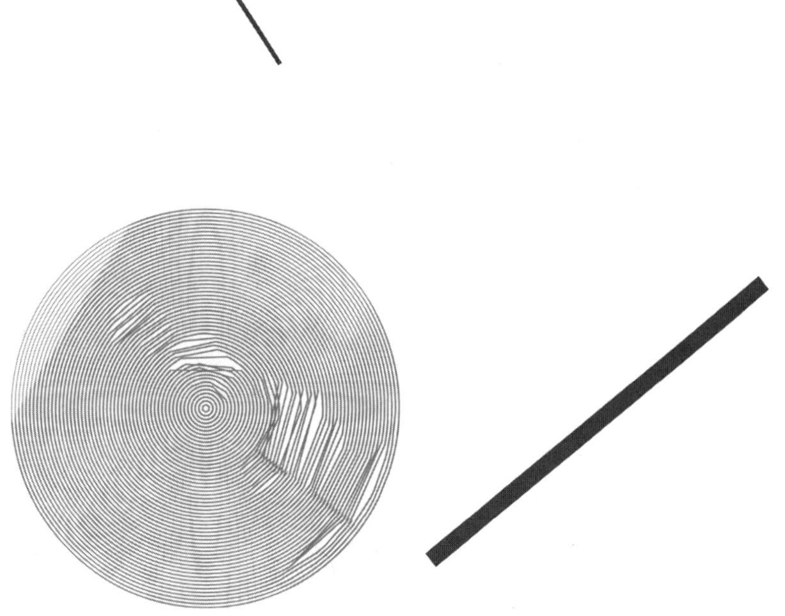

1. 들어가며

환경오염 또는 자연의 개변改變 등으로 인한 인간의 건강이나 생태계에 대한 리스크(이것을 '환경 리스크'라고 부르기로 한다)를 공적 규제 등의 정책 조치에 의해 감소시키려 할 경우, 어떠한 형태의 경제적 영향이 초래되는 것이 보통이다. 화학물질의 사용이 금지되거나 제한될 경우, 그 화학물질을 사용해온 산업은 그것을 다른 물질로 대체하거나 생산방법을 바꾸거나 또는 제품의 생산을 중단해야 한다. 환경에 배출되는 것을 규제할 경우, 그 물질을 취급해온 산업에서는 그 물질을 처리하거나 봉인하거나, 또는 다른 물질로 대체하거나 지금까지 생산해온 제품 그 자체를 변경해야 할 것이다. 나아가 그 산업의 제품들을 이용해온 다른 산업 또는 소비자들도 그 영향으로 활동을 제약당하게 될 것이다.

이때 그러한 경제적 희생에도 리스크 삭감과 연결되는 조치를 시행해야 하는지가 문제가 된다. 이 장은 이러한 문제를 해결하기 위한 의사결정 방법론에 대해 논한다.

그 문제에 대한 답을 얻을 수 있다는 것이 주류 경제학의 입장이다. 리스크 삭감에 수반되는 경제적 희생은 그 비용에 의해 측정할 수 있고, 이것을 리스크 삭감의 편익과 비교해서 편익이 비용보다 높다면 리스크 삭감을 실행해도 좋다는 것이다. 그런데 이러한 의사결정 방법은 현실의 정책결정 과정에는 별로 침투하고 있지 않다. 경제학자가 아닌 사람들은 그러한 방법을 비판한다. 마르크스학파나 제도학파 같은 비주류 경제학자들은 일찍부터 비용편익분석을 비판해왔다.

이 장에서는 비용편익분석에 의한 의사결정이라는 주류 경제학의 꿈이 현실이 되지 않는 이유를 규명한다. 먼저 비용편익분석이 입각하고 있는 논리를 서술하고, 비용편익분석을 리스크 삭감 정책에 적용하기 위해 경제학이 어떠한 개념을 생성해왔는지를 설명할 것이다. 이는 어느 정도 오래된 것이므로 진부할 수도 있지만, 비용편익분석의 본질을 해명하기 위해서는 반드시 필요하다. 그다음으로 비용편익분석에 대한 지금까지의 비판들을 정리할 것이다. 비판 중에는 오해도 있기 때문에 그런 것들은 배제하고 진짜 문제점들을 추출한 다음 새로운 문제점을 첨가할 것이다. 그 내용은 '비용'이나 '편익' 모두 경제이론의 전제를 충실히 지킨다면 대단히 한정적인 개념들이며, 그래서 이것이 현실에서 쟁점이 되고 있는 문제에 대해 답을 줄 힘은 없다는 것이다. 그리고 마지막에 비용편익분석을 대신할 접근법을 제시할 것이다.

2. 비용편익분석이란 무엇인가?

비용편익분석은 공공사업이나 공적 규제 등 공적인 의사결정에 의한 재화 공급의 편익과 비용을 계측해 그러한 의사결정의 효율성을 판정하는 도구다. 편익이 비용보다 높다면 효율적인 것이 된다. 이때의 효율성 개념은 1930년대 말에 확립된 보상원리補償原理라는 사고방식에 기반을 두고 있다.

어떤 경제적 변화가 모든 사람의 경제 상태를 개선시킬 때, 그것을 '파레토 개선'이라고 한다. 파레토 개선을 가져오는 변화를 효율적이라고 정의한다면, 누구라도 이를 받아들이기 쉬울 것이다. 그러나 현실의 경제적 변화가 모든 사람의 경제 상태를 개선시키는 데는 한계가 있다. 일부 사람들에게는 이익이 되지만 다른 사람들에게는 손실을 입히는 것이 일반적이다. 그리고 이 경우에 경제변화에서의 효율성을 판정하기 위해 고안된 것이 보상원리이다. 그것은 이익을 얻은 사람이 손실을 입은 사람에게 보상을 해주었는데도 여전히 이익을 얻은 사람에게 플러스의 이익이 남는다면 그것은 — 실제 보상이 이루어지느냐에 상관없이 — 효율적이라고 간주하는 사고방식이다. 만약 보상이 이루어진다면, 만인의 경제 상태를 개선하는 경제적 변화를 일컬어 '잠재적 파레토 개선'을 가져온다고 말한다. 경제적 변화를 효율적인 것으로 간주하기 위해서는, 그것이 '잠재적 파레토 개선'을 가져오는 것만으로 충분하다는 것이 보상원리의 사고방식이다.

그런데 이익과 손실을 어떻게 측정해야 할까? 이익, 손실과 관련된 모든 것을 공통으로 계측할 수 있는 척도는 화폐밖에 없다. 시장에서 거래되는 재화라면 화폐가격을 지니고 있으므로 그 수량을 곱해 쉽게 화폐액으로 환산할 수 있다. 하지만 비용편익분석의 대상이 되는 변화는 공공정책에 관한 것이기 때문에 시장가격을 지니고 있지 않은 재화를 평가해야 하는 경우가 많다. 리스크 삭감 또한 시장가격을 가지고 있지 않은 재화 중 하나다. 비용편익분석은 시장에서 거래되는 재화(시장재)의 거래로 화폐가격이 달성하는 동일한 역할을, 시장에서 거래되지 않는 재화(비시장재)의 거래의 경우에도 적용해 화폐가격을 정하고 있다.

재화를 구입하는 사람의 입장에서 보면, 구입하는 사람 모두 구입에 의해 효용이 증가하기 때문에 재화를 구입하는 것이다. 구입이란 재화를 입수하는 것과 바꾸어 그 대가를 넘겨주는 행위다. 누군가가 어떤 재화를 구입했다는 것은 재화의 입수에 대한 교환의 대가로 같은 값의 화폐를 넘겨주어도 여전히 그 효용이 증가하기 때문에 구입한 것이라고 볼 수 있다. 그 재화의 가격이 상승하면 넘겨주어야 할 화폐가 늘어난다. 그렇게 되면 효용이 낮아지게 되는데, 그럼에도 구입하지 않는 경우보다 효용이 크다면 좀 더 높은 대가를 지불해야 하더라도 구입할 것이다. 그러나 가격이 계속해서 상승한다면 결국 그 대가를 지불함에 따른 불이익을 재화의 입수가 상쇄할 수 없는 지점에 이르는 것이다. 그리고 재화의 입수가 대금 지불을 상쇄하는 곳에서 상쇄할 수 없는 곳으로 바뀌는 바로 그 경계의 가격을 지불의사액WTP: willingness to pay이라고 한다. WTP란 그것과 바꾸어 어떤 재화를 손에 넣었을 때 효용이 변화하지 않도록 하는 가격을 의미한다.

한편, 재화를 매각하는 사람의 입장에서 보면 매각하는 사람은 모두 매각에 의해 효용이 증가하기 때문에 매각을 하는 것이다. 구입의 경우와 대칭적으로 생각해보면 재화를 넘길 때 효용을 변하지 않게 남겨두는 취득금액이 있을 것이다. 그것을 수입보상액WTA: willing to accept이라고 한다. 판매를 위해 재화를 제조하는 기업의 경우 수입보상액은 바로 제조·판매에 소요되는 비용이 된다. 기업으로서 조달할 수 없는 가격으로 재화를 판매할 수는 없고, 비용보다 높은 가격을 얻을 수 있다면 판매하지 않을 이유가 없기 때문이다.

그런데 동일한 재화에 대한 WTP는 사람에 따라 달라진다. 그 재화에 대해 전혀 흥미가 없는 사람의 WTP는 제로일 것이다. 심지어 마이너스의 WTP를 가진 사람도 있을 것이다. 재화가 어떤 가격에서 어떤 수량만큼 시장에 공급되고 있고, 구입자 전원이 가격보다 높은 WTP를 가지고 있으며, 또한 그들 외에도 가격을 상회하는 WTP를 가진 사람들이 있다면 그때의 수요는 공급되고 있는 양으로는 충족될 수 없다. 이때 공급이 늘어날 여지가 없다면 가격 이상의 WTP를 가진 모든 사람의 수요가 공급량의 범위 안에 들어가기 위해 가격이 상승하게 된다. 공급이 늘어날 여지가 있는 경우에는, 그 가격 이상의 WTP를 가진 모든 사람이 구입할 수 있도록 공급이 늘어나게 될 것이다. 어느 경우든 어떤 가격에서 구입하고 싶은 모든 사람의 수요가 충족되었을 때, 그 마지막 단위의 WTP가 바로 그 재화의 가격과 같아지게 된다. 그리고 이 마지막 한 단위를 '한계 단위'라고 한다. 그 WTP를 '한계 WTP'라고 부르고, 가격은 한계 WTP와 같아지게 된다. 공급 측면에서도 동일하다고 하면, 시장 거래에서의 가격은 '한계 WTA'와 같다.

WTP·WTA라는 개념을 사용해 시장 거래의 성질을 정리해보면, 시장에서 현재 매매가 이루어지고 있을 때는 지불하는 대가 이상의 WTP를 가진 사람들만 구입하고 있고, 수취하는 대가 이하의 WTA를 가진 사람들만이 매각하고 있다는 것을 의미하며, 또 가격은 한계 WTP 및 한계 WTA와 같아지게 된다. 그 결과 어떤 거래에서든 WTP가 반드시 WTA를 상회한다. 효용을 변하지 않게 유지하는 대가라고 하는 WTP·WTA의 정의에서 WTP가 WTA보다 높다는 사실이, 파레토 개선을 만들어낸다는 데 대응한다는 것을 알 수 있다.

그리하여 비용편익분석에서는 편익을 WTP로, 비용을 WTA로 정의한다. 즉, 비용편익분석에서는 비시장재에도 WTP가 있다고 보고, 이를 그 재화를 입수하는 것에 의한 편익의 크기로 정의한다. 편익에 대한 이 같은 정의는 시장재나 비시장재 모두 해당되며, 당연한 일이지만 화폐 그 자체를 입수하는 것의 편익은 그 화폐액貨幣額이다. 또한 비용편익분석은 시장재 비시장재에 관계없이 WTA를 그 재화를 건네는 데 따른 비용의 크기로 정의한다. 화폐 그 자체를 건네는 것의 비용은 그 화폐액이다.

공공정책의 결과 어떤 비시장재가 공급될 때, 그 편익은 그것에 대한 사람들의 WTP의 합계치로 측정할 수 있다. 규제의 결과 환경의 질 개선이란 재화가 공급된다고 할 때 그 개선에 대해 사람들이 지불해도 좋다고 생각하는 금액의 합계치가 그로 인한 편익이 된다. 그로 인해 규제를 당한 산업에 대해 일정한 화폐액으로 표시되는 지출이 필요하다면, 그 지출이 곧 비용이다. 이와 같이 정의되는 편익이 비용보다 높다면 그 리스크 삭감은 효율적이라고 간주된다. 그러나 시장 거래의 경우와 다른 것은 편익이 비용을 상회하더라도 현실에서 파레토 개선이 반드시 일어난다고 단정할 수는 없다는 점이다. 시장 거래의 경우에는 각각 재화 거래 모두에서 WTP가 WTA보다 높기 때문에 모든 사람의 경제 상태가 실제로 개선되지만, 공공정책에 의해 공급되는 비시장재에서는 재화가 집합적으로 공급되어 많은 사람이 동시에 그것을 누리고, 또한 그 대가를 지불하지도 않는다. 예를 들어, '환경의 질 개선'이라는 비시장재는 많은 사람이 누리고 있지만 그들의 WTP는 균일하지 않기 때문에 이득의 크기는 사람에 따라 다르다. 또한 그 재화를 공급하는 데 소요되는 비용은 직접적으로는 규제를 당한 산업에서의 비용 상승이라는 형태로 산업에 의해 부담되지만, 그중 일부는 그 산업의 제품 가격 상승에 의해 간접적으로 소비자들에게 전가된다. 그 비용을 분담한 소비자가 동시에 리스크 삭감이라는 편익을 누리는 사람일 수는 있으나 얻는 이득이 그 소비자 자신이 얻는 편익의 크기, 즉 그가 리스크 삭감에 대해 가지는 WTP의 크기가 반드시 비용 분담액을 상회한다고 단정할 수는 없다.

편익이 비용을 상회한다는 것이 보증하는 점은 WTP의 총계가 WTA의 총계보다 크다는 것뿐이다. 여기서 힘을 발휘하는 것이 보상원리다. WTP의 총계가 WTA의 총계보다 크다면, 반드시 '잠재적 파레토 개선'을 가져오기 때문이다. 손실의 총액은 바로 WTA의 총계인데 이것은 WTP의 총계인 이득 안에서 확실히 보상받을 수 있다. 이것이 비용편익분석의 논리다.

3. 리스크 삭감에 비용편익분석을 적용하기

이와 같은 비용편익분석의 논리는 1930년대 말에 확립되어, 1950년대에는 공공사업 분야에도 적용되기 시작했다. 그러나 사람들은 이를 환경정책에 적용하는 데는 문제가 많다고 생각하고 있었다. 왜냐하면 인간의 건강이나 생태계에 대한 악영향을 감소시킬 때의 WTP를 일반 상품을 구매할 때의 WTP와 마찬가지로 특정한 값으로 생각하기 어려웠기 때문이다. 특히 건강이나 생태계에 대한 악영향을 발생시킨 데 따른 비용은 그 WTA

로 측정되어야 하지만 이것이 유한한 값으로 존재한다고는 도저히 생각할 수 없다. 이는 사망 또는 회복할 수 없는 장애를 남기는 건강 영향을 생각해보면 바로 알 수 있다. 인간의 생명에 가격을 매길 수 없다는 것은 상식이다.

이와 같은 난관을 타개한 것이 '리스크' 개념이다. 리스크란 악영향이 발생할 확률을 말한다. 사람은 누구든지 어느 정도의 리스크 속에 살아가며 매일매일 자신의 행동에 대한 선택에 따라 그 리스크를 크게 만들기도 작게 만들기도 한다. 주류 경제학은 사람들이 자신에게 효용이 최대한 커지도록 하는 선택을 한다고 생각한다. 예를 들면 사람들은 조금 비싸지만 안전성이 뛰어난 자동차를 구매하는 선택이라든지, 또는 조금 위험하긴 하지만 값이 싼 교통수단을 이용하는 선택을 매일 하고 있다. 그러한 선택행위 안에는 안전성 향상에 대한 WTP나 위험성 상승에 대한 WTA가 나타나 있다고 볼 수 있다.

한편, 사망이나 질병이라는 중대한 일은 일어날지의 여부가 불확실해야 비로소 유한한 값을 부여하는 것이 가능하다고 할 수 있다. 이러한 생각을 처음 제창한 토머스 셸링Thomas Schelling은 사망 확률이 상승하면서 상실되는 것을 확정적인 생명과 구별해 '확률적 생명statistical life'이라 불렀다. 그리고 '확률적 생명'(1단위)를 구하는 것에 대한 WTP, 혹은 그것을 상실하는 것에 대한 WTA를 확률적 생명의 가치, 즉 'VSLvalue of a statistical life'이라고 정의했다(Schelling, 1968). VSL은 사망 확률의 증감에 대한 WTP 및 WTA를 사망 확률의 변화분으로 나눈 것이다.

VSL의 개념이 확립되자 사람들은 그것을 계측하기 시작했다. 리스크와 돈 사이에서 사람들이 선택하고 있는 현장으로 우선 주목된 것이 노동시장이다. 산업재해나 직업병의 위험도 차이가 임금에 반영되고 있다면, 특정 위험도를 가진 일을 선택하는 노동자의 리스크 증감에 대한 WTP 및 WTA

를 관찰하는 것이 가능하다고 사람들은 생각했다. 1970년대에 미국에서는 이와 관련된 실증적 연구들이 있었다(Thaler·Rosen, 1975; Viscusi, 1978). 그리고 영국에서도 비슷한 계측들이 있었다.

노동시장을 이용한 VSL 계측을 '임금 리스크 연구'라고도 하는데, 이는 비교적 위험한 일자리에 취업하는 사람들의 VSL만을 계측할 수 있다는 결점이 있었다. 이 사람들의 VSL은 일반인들의 VSL에 비해 낮을 가능성이 있다. 또한 노동 리스크의 VSL을 공공 리스크에 적용해도 괜찮은지 문제도 있기 때문에 다른 계측방법이 요구되었다. 그러나 노동시장처럼 사실상 리스크가 매매되고 있다고 간주할 수 있는 적당한 시장은 별로 없기 때문에 현실 시장에 의지하지 않는 방법이 강구되었다. 그것은 WTP 및 WTA를 직접 질문들에 의해 파악하는 방법이다. 그래서 질문법에 의해 VSL를 계측한 연구성과 또한 있었다(Jones-Lee et al., 1985; Tsuge et al., 2005).

VSL의 값은 연구마다 다양하게 측정되었는데, 1967년의 물가로 13만 6000~26만 달러의 값이 측정되었고(Thaler·Rosen, 1975), 1969년 물가로 60만~176만 9500파운드의 값이 측정되기도 했다(Viscusi, 1978). 그리고 50만~170만 달러가 계측된 연구도 있다(Jones-Lee et al., 1985). 환경정책에 사용할 VSL 값을 결정하기 위해 다양한 추정방법으로 검토한 연구에서는, 1986년 물가로 160만~850만 달러가 타당한 값이라는 결론을 냈다(Fisher et al., 1989). 미국의 「대기정화법」에 의한 규제의 사후 평가에서는 VSL 값으로 480만 달러가 채택되었다(Environmental Protection Agency, 1997). 또 일본의 연구에서는 VSL이 3억 5000만 엔이라고 계측했다(Tsuge et al., 2005). 이러한 연구결과들을 살펴볼 때 미국, 영국, 일본의 VSL은 1억~10억 엔의 범위에 있다고 보아도 될 것이다.

'확률적 생명의 가치'라는 개념이 확립된 1970년대는 환경 리스크의 정량적 평가가 시작된 시기이기도 했다. 그것은 발암물질의 위험을 평가한다는 과제 수행 중에 탄생했다. 유해물질의 독성에는 일반적으로 역치, 즉 그 이하에 있다면 영향이 없어 안전하다고 하는 값이 있다고 여겨졌다. 이렇게 역치가 존재한다면 기본적으로 인간이 그 물질에 노출되거나 섭취하는 양이 그 역치를 넘지 않도록 규제하기만 하면 된다는 기본적인 사고방식이 있었다. 그러나 발암 성질을 가진 물질의 경우 – 암이 유전자의 손상으로 생긴다는 것이 알려진 이후로는 – 유전자를 손상시키는 작용에 역치를 설정할 수 없다고 한다면, 발암 성질에도 역치가 없을지도 모른다는 사고가 생겨났다. 역치가 없다면 안전 수준을 결정하는 것이 불가능하게 된다. 조금이라도 노출된다면 암을 발생시킬 가능성이 있다고 말할 수 있는 것이다. 그러나 그 가능성, 즉 확률이 노출되는 양에 따라 변한다는 사실이 주목받았다. 역치가 없다는 것은 안전 수준을 결정할 수 없게 만들지만, 다른 한편으로 정량적인 리스크 평가가 가능해진다고도 할 수 있기 때문이다.

이 리스크에 대한 정량적 평가가 확률 증감에 대한 WTA 및 WTP라는 화폐가치 평가와 결부되기 쉽다는 것은 쉽게 이해할 수 있을 것이다. 이러한 정량적 리스크 평가가 기초가 되어 환경 리스크 삭감 정책에 대한 비용편익분석이 가능하게 되었다.

4. 쉽게 알 수 있는 비용편익분석의 한계

비용편익분석이 앞서 서술한 기초를 토대로 한다는 점에서 바로 생기는 한계가 있다. 비용편익분석은 보상원리에 기초하고 있지만, 보상원리는 '만약 보상이 행해진다면'이라는 가정을 하고 있을 뿐 그 손실이 실제로 보상되는 것을 요구하지는 않기 때문에, 현실에서 경제상태가 악화된 사람들이 있다는 것을 배제하지 않는다는 점이다. 그래서 리스크가 특정한 사람이나 집단에 집중되어 1인당 상당히 큰 리스크가 있더라도 이를 감소시키기 위한 비용의 총액이 리스크 삭감의 편익보다 높다면, 삭감책은 비용편익분석에 의해 정당화되지 않는다. 따라서 특정 집단에 집중된 리스크는 방치된다.

또한 이것은 현실에서 '파레토 개선'이 일어난다고 해도 남는 문제이기도 한데, 빈부의 차가 있을 경우 빈자가 누리는 편익은 그 내용이 동일하다고 해도 부자가 누리는 편익보다 그 금액이 적고, 부담하는 비용 또한 적다. 편익은 WTP에, WTP는 지불능력에 의존한다. 그리고 지불능력은 소득이나 부에 의해 결정되기 때문에 부자의 WTP는 빈자의 WTP보다 커지는 것이다. WTA 역시 부나 소득에 따라 그 크기가 달라진다. 이렇게 빈자에게 비용을 부담시키고 부자에게 편익을 부여하는 식의 경제적 변화는, 편익이 비용보다 높을 가능성이 크고 효율성의 기준을 충족시키기 쉽다는 것을 의미한다. 결국, 그러한 기준에 의한 선택은 빈부의 차를 고정시키고 확대하는 경향이 있다.

이상의 두 가지는 모두 분배 문제라고 말할 수 있다. 첫 번째는 리스크를 받아들이는 사람과 리스크를 삭감하는 사람 간의 분배 문제다. 또 두 번째는 빈자와 부자 간의 분배 문제다. 첫 번째는 비용편익분석이 분배 문제를 다룰 수 없다는 것을 나타내고, 두 번째는 비용편익분석의 결과가 분배에 의존해 변화한다는 것을 나타낸다. 애초에 비용편익분석은 분배 문제를 배제하고 순수하게 효율성을 판정하기 위한 도구로 개발되었지만, 실제로는 분배 문제를 배제하지 못하고 분배에 의존하게 된 것이다.

분배 문제가 효율성의 문제와 함께 경제의 중요 문제라는 것에는 의심의 여지가 없다. 그러므로 분배를 고려하는 것이 불가능하다는 점에서 비용편익분석에 한계가 있다는 것은 명백하다. 따라서 일본의 산업공해 문제와 정책 판단에서 비용편익분석을 적용하는 데 대한 거부가 있었던 것은 당연한 일이다. 또한 소득수준이 1/30인 나라에서 그 VSL도 1/30 수준이라는 사실은, 소득차가 있는 나라 간에 시행하는 비용편익분석의 적용을 무의미하게 만들 것이다.

5. 제도학파·마르크스학파로부터의 비판

환경정책에 비용편익분석을 적용하는 것에 대해서는, 일찍부터 환경오염에 주목했던 제도학파 경제학이나 마르크스 경제학으로부터 비판이 있어왔다.

카를 윌리엄 카프Karl William Kapp는 사기업의 활동이 초래하는 사회적 해악에 주목해 그것을 '사회적 비용'이라고 명명했다. 그리고 이러한 사회적 비용이 얼마나 발생하고 있는지를 여러 번 계측해냈지만, 동시에 이러한 화폐가치를 이용한 계측의 한계도 강조했다. 카프에 의하면 화폐라는 척도로 계측이 가능한 것은 임금이나 산출량의 손실, 의료비, 농업의 피해, 보상비, 청소비, 정수비 등 피해의 복구나 방지를 위해 금전적 지출이 있는 경우뿐이고 미적 가치, 오락의 가치, 건강 그 자체의 가치 등은 시장가치 이외의 척도를 이용해 계측해야 한다고 말했다(Kapp, 1963: 264).

그러한 무형의 것들을 포함한 모든 사회적 비용을 정량화한다는 과제는 결국 사회적 평가의 문제로 귀착하는데, 사회적 평가는 과학으로서의 경제학으로는 풀기는 어렵고 오히려 정치의 영역에 속하는 과제라고 그는 간주했다(같은 책, pp 22~23). 카프는 경제학자가 주력해야 하는 것은 사적 경제활동과 사회적 손실의 인과관계를 밝히는 것, 그리고 인간에게 허용 가능한 환경의 질이 어느 정도까지인가를 밝히는 것이라고 생각했다. 경제학은 공허한 소비자 선택의 이론에서 벗어나 인간에게 없어서는 안 될 욕구와 그렇지 않은 욕구를 구별하는 객관적인 이론을 수립하는 쪽이 더 좋다는 것이 그의 입장이었다(같은 책, pp 846~847).

하나야마 겐華山謙도 카프와 마찬가지로 공해의 피해를 금전적으로 평가하는 것에 의문을 가졌으며, 더 나아가 보상원리를 비판하기도 했다. 그는 '공해의 피해자들이 당하는 고통은 성장에 의해 소득이 상승한 사람들로부터 보상을 받음으로써 치유된다는 가정은, 공해 피해자의 신체나 생명이 처한 현실을 볼 때 도저히 지지할 수 있는 가정이 아니다. 그런 의미에서 보상원리를 환경문제에 적용하는 것은 명백한 잘못이다'라고 서술하며 비판했다(華山謙, 1978: 188).

보상원리는 실제로 보상이 이루어지는 것을 요구하지는 않는다는 점에서 보상원리에 대한 그의 이해에는 오해가 있기는 하다. 하지만 보상이란 가정에 지나지 않는 것이고 보상이 현실적으로 이루어질 수는 없는 것이라 주장했기 때문에 보상원리가 강한 비판을 받아온 것이다.

마르크스 경제학자 미야모토 겐이치宮本憲一는, 공해 피해에는 인간의 건강 파괴, 자연과 문화의 황폐화 같은 화폐적으로 측정할 수 없는 것들이 있고, 그중에는 재생이 불가능한 절대적 손실로 나타나는 경우도 있다고 서술하면서, 화폐로 측정할 수 있는 것들만을 '사회적 비용'이라고 부르고 화폐로 측정할 수 없는 것들을 포함한 피해 전체는 '사회적 손실'이라고 불러야 한다고 주장했다(宮本憲一, 1976: 165). 마르크스 경제학에서는 본질적으로 그것을 생산하는 데 투입된 직·간접의 노동량에 의해 재화의 가격이 결정된다고 하는 노동가치설을 택하고 있기 때문에, 노동을 투입해 생산되지 않은 것은 무가치하다고 본다. 따라서 자연이나 건강 등은 노동생산물이 아니기 때문에 그것들이 화폐가치를 가지지 않는다는 것은 마르크스 경제학에서는 당연한 일이다.

6. 실용주의로부터의 비판

시드니 샤피로Sidney Shapiro와 로버트 글릭스먼Robert Glicksman은 미국에서 현행 리스크 규제를 비판하는 사람들이 의거하는 비용편익분석을 비판했다(Shapiro·Glicksman, 2003). 리스크 규제를 비판하는 사람들은 비용편익분석에 기초하여, 현행 리스크 규제는 하찮은 리스크들을 삭감하기 위해 막대한 비용을 쓰고 있어 비효율적이라고 주장했다.

샤피로와 글릭스먼은 그렇게 비판하는 사람들의 입장을 공리주의라고 간주했다. 인간의 효용 그 자체를 계측할 수 있는 것으로 보고 효용의 총합을 최대화하는 틀 안에서 사회적 선택의 문제를 해결하려는 입장을 공리주의라고 정의한다면, 현재의 비용편익분석은 효용 그 자체를 계측 가능한 것이라고 보지 않으면서, WTP·WTA에 의해 정의된 편익과 비용의 계측에만 입각하고 있기 때문에 공리주의에 기초하고 있다고 할 수 없다. 그러나 사회적 선택과 관련된 사안의 가치를 단일한 계측 수치들로 나타내고, 그것들을 토대로 의사결정을 하는 입장을 넓은 의미의 공리주의라고 정의한다면, 비용편익분석 역시 공리주의에 기반하고 있다고 말할 수 있을지도 모른다. 그렇다고는 해도 비용편익분석 또한 공리주의에 속한다는 성격규정은, 그 정확한 의미에 신경 쓰지 않을 경우 자칫 무용한 비판을 불러일으킬 수 있다.

샤피로와 글릭스먼이 비판하는 비용편익분석에 대한 핵심은 실용주의와 공리주의의 대립 속에서 찾을 수 있다. 앞서 서술한 넓은 의미의 공리주의의 특징은 단순한 의사결정원칙을 가지고 있다는 것이다. 실제로 그것이 의거하는 것은 순편익의 극대화라는 단순한 원칙이다. 그에 비해 미국에서 시행되고 있는 리스크 규제의 법체계는 상당히 복잡해 단순한 원칙으로는 이해하기가 어렵다. 원칙이 단순하지 않다는 것은 결점일 수도 있지만, 샤피로와 글릭스먼은 실용주의가 미국의 현행 법체계를 통일적으로 이해하는 데 필요한 개념이라고 말하고 있다(Shapiro·Glicksman, 2003: 46).

실용주의는 사람의 수명과 환경에 특별한 가치를 두며, 그것을 화폐가치와 비교할 수 있는 것으로 보지 않는다. 또한 인명과 환경을 어디까지 보호해야 할 것인지의 결정을 개인이 소유하는 부의 크기에 의존하지 않는다. 그럼에도 실용주의는 규제에 따른 비용을 고려하며 경제발전이라는 목적도 중시한다(같은 책, p. 49). 그리고 보호할 인명 및 환경에 비용을 투자할 가치가 있는지 고려한다. 다만 그 가치의 평가에 화폐라는 단일 척도만을 사용하는 것은 아니다. 이러한 사고에는 분배나 정의를 포함한 형평의 관점이 포함되어 있다고 볼 수 있다.

이상에서 서술한 실용주의 특징이 현실의 의사결정에 어떻게 모순 없이 구현될 수 있는지는 구체적 사례에 적용해 살펴보지 않으면 알 수가 없다. 이에 대해서는 이후 설명하겠지만, 그러한 관점에 기초해 실용주의는 비용편익분석을 다음과 같이 비판하고 있다. 첫 번째, 공리주의 아래서 개인은 총효용에 대한 하나의 기여로 환원되어버리고 개인은 존중되지 않는다(같은 책, p. 50). 두 번째, 비용편익분석은 인명이나 환경에 특별한 가치가 있다고 하는 상식과 배치된다. 세 번째, WTP·WTA는 소득이나 부에 의존한다(같은 책, pp. 55~57). 네 번째, 비용편익분석은 공공정책 선택 상황의 개인까지 소비자로 취급하면서 소비자로서의 개인과 시민으로서의 개인을 구별하지 않는다(같은 책, p. 59). 다섯 번째, 비용편익분석은 피해 보상과 피해 방치를 구별하지 않는다(같은 책, p. 64). 여섯 번째, '확률적 생명'은 허구이며 죽음의 고통이 반영되어 있지 않다. 확률적으로는 인간은 죽지 않는다(같은 책, p. 64). 일곱 번째, 비용편익분석은 인간이 완전히 합리적이라는 것을 전제로 하지만 현실에서의 인간은 제한된 합리성만을 가지고 있을 뿐이다(같은 책, pp. 65~66). 여덟 번째, 리스크 규제를 비판하는 사람들의 편익 추정치는 지나치게 작고, 비용 추정치는 지나치게 크다(같은 책, pp. 106~107).

7. 편익 개념의 문제

이처럼 주류 경제학 외부로부터의 비판 중에는 주류 경제학의 논리로 반론을 펼 수 있는 것들도 있다. 예를 들어 피해 보상과 피해 방지의 구별 문제에서, 비용편익분석은 사전 리스크만을 대상으로 하기 때문에 모든 방지에 대해서 평가하는 것이고, 보상은 별개의 문제라고 할 수 있는 것이다. 보상원리가 피해 보상에 대해 아무 말도 하지 않는 것은 아니다. 다만 보상원리는 피해가 일어나기 전의 리스크 증가에 대한 보상, 또는 리스크 삭감 대책 비용의 보상을 문제로 삼는다. 애초부터 '절대적 손실'을 대상으로 하지 않는 것이다. 확률적 생명이 허구라는 비판에 대해서는, 현재 그 확률을 감소시키기 위해 돈을 지불하거나 절약하는 대신 확률의 증가를 받아들이는 사람들이 있기 때문에 확률적 생명은 실재한다고 주류 경제학은 말할 것이다. 우리는 어떤 비판이 비용편익분석에 치명적인가를 가려내야 한다. 이를 위해 이상의 의론들에서는 문제 삼지 않고 있는 것들을 찾아보겠다.

앞에서 이야기한 대로 편익이란 곧 WTP이다. 주류 경제학의 소비자선택이론에서는 인간에게 효용을 가져오는 재화에는 당연히 WTP가 존재한다고 가정한다. 그러나 그것을 직접 볼 수는 없다. 인간이 물건을 실제로 구입했을 때 WTP가 그 대가보다 높은 것이 틀림없다고 추정할 수 있을 뿐이다. 그렇다고 해도 시장재의 경우에는 현실의 구입행위가 매일 이루어지는 것이 WTP가 실재한다는 강력한 증거가 되고 있다.

그에 비해 구입행위가 존재하지 않는 비시장재에 대해서는 WTP가 존재한다는 증거가 없다. 그저 WTP가 틀림없이 존재한다고 가정할 뿐이다.

인간은 병에 걸릴 리스크, 사고를 당할 리스크, 직업상의 리스크, 사건에 휘말려들 리스크, 자연재해를 만날 리스크 등 수많은 리스크에 둘러싸여 살아가고 있다. 그중에는 스스로 제어할 수 있는 리스크들도 있고, 스스로는 제어할 수 없고 자연이나 사회의 현상이 부여하는 리스크 수준을 받아들일 수밖에 없는 것들도 있다. 개인이 제어할 수 있는 리스크에 대해서는 인간이 그것을 최적으로 (즉, 자신에게 효용이 가장 크도록 행동을 선택해) 제어하고 있다고 주류 경제학은 가정한다. 그런 행동들 중에는 안전을 돈으로 사는(또는 파는) 것 같은 행동도 포함되므로 여기에는 WTP나 WTA가 드러나 있다고 간주하는 것이다.

스스로 제어할 수 있는 리스크라고 해도 리스크의 종류에 따라서 그 삭감에 대한 WTP 값은 서로 다를 수 있다. 그것은 그 사람이 어떤 종류의 리스크를 중시하는가에 달려 있다. 예를 들어 사고를 당하는 리스크보다 병에 걸리는 리스크를 중시해 후자를 피하는 데 많은 돈을 쓰는 사람의 경우에는, 병에 걸리는 리스크에 대한 WTP가 사고를 당하는 리스크에 대한 WTP보다 크다고 볼 수 있다. 비용편익분석은 개인의 WTP가 객관적으로 주어진 것이라고 간주하기 때문에, 개인이 각 리스크에 서로 다른 값을 부여한다면 당연히 서로 다른 값을 사용해야 한다고 생각한다(Mishan, 1988: 349~350). 이것은 비용편익분석의 기본 전제에서 보면 타당한 말이다.

그러나 서로 다른 리스크에 서로 다른 값을 부여해야 한다면 리스크의 종류마다 WTP를 계측해야 하는데, 개인의 현실적 선택에서 그것을 관찰할 수 있는 장면들은 흔하지 않기 때문에, 직접 질문을 통해 WTP를 도출해내는 '질문법'에 의존할 수밖에 없다. 그러나 질문법은 그것이 '가상'이라는 난점이 있다. 질문법에서는 리스크를 감소시키는 상품을 가상으로 설정하고 어떤 가격일 때 그것을 구입할 것인가의 여부를 인터뷰하거나 설문을

한 다음 거기에서 얻은 답으로부터 WTP를 추정하는데, 그 설정은 어디까지나 가상이기 때문에 얻은 수치들이 어느 정도로 현실에 가까운지를 확인할 방법이 없는 것이다.

그럼에도 평소 자주 구매하는 재화와 비슷한 재화를 구매한다고 설정하면 실제 구매 행동을 할 때의 WTP와 가까운 값을 얻을 수 있을지도 모른다. 그러나 자주 구매하는 재화와 비슷한 재화가 존재한다면 질문법으로 도출할 필요는 없다. 자주 구매하는 재화와 비슷한 재화가 없어서 질문법이 필요한 것이기 때문이다. 그리고 그들은 일정량의 리스크 삭감에 대한 WTP를 얻기 위해서(예를 들어 사망률이 10^{-4}만큼 줄어든 것에 대해 얼마를 지불해야 할 것인가와 같이) 어떤 확률 감소분에 대한 WTP를 질문해서 알아내려 한다. 그러나 인간은 일상적으로 확률의 증감을 의식하고 행위를 선택하는 경우가 드물기 때문에 이것 역시 대답하기 대단히 어려운 질문이다.

이 문제는 스스로 제어할 수 없는 리스크의 삭감에 대한 WTP를 얻는다는 비용편익분석의 근본적인 목적을 달성하려고 할 경우, 무시할 수 없는 중요성을 가진다. 비용편익분석은 공공정책을 대상으로 하는 것이고 그에 의해 삭감되는 리스크는 개인이 제어할 수 없는 리스크다. 개인이 스스로 제어할 수 없는 리스크는 틀림없이 구매해본 적이 없는 재화다. 그것에 대한 WTP는 물론 관찰이 가능하지 않기 때문에 질문법에 의존할 수밖에 없다. 그 경우 '개인으로서 제어할 수 없는' 재화의 성질을 유지하고자 한다면 질문 중에서 그것을 구입하는 시나리오를 그려넣는 것이 어려워진다. 그러므로 공공적으로 그것을 삭감한다는 시나리오를 제시해 WTP를 물을 수밖에 없는데, 스스로 구매한다는 설정이 불가능하기 때문에 얼마만큼 지불할 수 있는가를 알아낼 수 없다는 딜레마에 빠지게 된다(岡敏弘, 2006: 193).

WTP를 알아내려면 개인이 행위를 통해 그것을 제어할 수 있다고 설정해야 한다. 하지만 그렇게 하면 그것은 제어 불가능한 리스크가 아니게 되므로, 제어 가능한 리스크에 대한 WTP를 제어 불가능한 리스크 삭감의 편익으로서 유용流用한다고 하는 당초의 사용법으로 돌아갈 수밖에 없다. 결국 출발점으로 돌아오는 것이다.

여기서 나타나는 문제는, 공공적으로 제공되고 개인은 제어할 수 없는 리스크 삭감의 편익을 개인이 제어할 수 있는 리스크 삭감에 대한 WTP로 평가해도 좋은지의 문제다. 비용편익분석은 그렇게 해도 된다는 가정 위에 서 있는 것이나 다름없다. 그러나 사회의 상식은 그런 것을 수용하지 않는 것으로 보인다. 그리고 바로 그 때문에 공공정책으로 리스크를 삭감할 때 개인들이 지불하려는 것보다 훨씬 큰 비용이 소요되는 것이 아닐까?

8. 비용 개념의 문제

리스크를 삭감하기 위한 비용은 리스크 삭감의 편익보다 훨씬 강고한 객관적 기초를 지닌 것처럼 보인다. 이는 리스크 삭감의 편익은 아무래도 비시장재 공급의 편익일 수밖에 없는 데 비해, 삭감을 위한 비용은 대부분 시장재의 사용 비용으로 측정할 수 있기 때문이다. 리스크 삭감을 위해 오염물질을 처리하는 설비를 도입하고, 그것을 운반하는 데 드는 비용 등은 모두 시장에서 조달할 수 있는 재화들의 구입비용으로 측정할 수 있다. 리스크 삭감을 위해 지금까지 사용해온 물질을 훨씬 고가의 물질로 교체하는 경우 역시 그 비용은 시장재 조달 비용인 것이다.

그러나 그러한 비용도 객관적으로 안정되게 존재하는 것은 아니다. 리스크 삭감 대책이 생산공정에서 따로 떨어져 존재한다면 그 비용을 특정하기가 비교적 수월하다. 배수 처리나 배기가스 처리를 통해 특정 물질이 환경에 배출되는 것을 억제하려 할 경우, 그러한 처리 공정을 일반적인 생산공정에 부가한다면, 그 비용을 특정하는 것은 비교적 쉬울 것이다. 그러나 실제 리스크 삭감 대책은 좀 더 복잡하다.

예를 들어 석면의 리스크를 줄이기 위해 석면을 사용하지 않는 건자재를 새로 개발한다면, 보통 그 대체재로서 펄프섬유나 유리섬유가 사용된다. 그런데 후자를 사용한다면 석면을 사용할 경우보다 원료비가 많이 들거나 제품의 강도가 떨어지거나 수율收率이 저하될 수 있다. 다만 예를 들어 펄프섬유를 사용할 경우 양질의 파지가 원활히 조달되기만 한다면 비용을 낮은 수준으로 억제할 수 있다. 그뿐만 아니라 수율 저하의 문제도 기술 개선으로 억제하는 것이 가능하다. 그렇기는 해도 그러한 일들이 실제로 가능한지는 해봐야 알 수 있는 일이다. 게다가 그렇게 사후적인 기술 개선이나 재료 조달이 다른 부분들과 한데 합쳐져서 이루어졌다면 석면을 대체하기 위해 여분으로 들인 비용이 다른 비용 속에 매몰되어 그에 대한 정확한 규모를 알 수 없을지도 모른다. 사후에 분리해 표시하기는 어려운 경우가 많다.

실제 과정은 먼저 석면을 사용하지 말자는 지상명제가 있고, 그럼에도 그동안 소요된 비용을 제품가격에 전가할 수는 없기 때문에 가격이 동일하고 원래의 제품과 같은 정도의 품질인 제품을 개발하는 데 전력을 다할 것이다. 이 경우 석면을 포함하지 않는 제품을 만들었다는 이유로 그 기업의 이익이 감소하는 것으로 드러난다면, 그것을 비용으로 간주할 수는 있지만, 그렇게 이익이 감소하는 경우는 흔하지 않고 이유를 석면 폐지로 돌릴 수 있는 경우 역시 많지 않다. 제품 개발에 소요된 기술개발비를 비용으로 간주할 수도 있기는 하지만, 그 개발비를 다른 분야에 돌렸다면 더 큰 이익을 얻었을지는 알 수 없는 일이고, 또 개발 과정에서 생각하지 못한 부산물을 얻을 수도 있다는 것을 생각한다면 엄밀히 말해 그것을 비용으로 간주할 수 있는지도 불분명하다.

무엇보다 기술혁신이 얼마만큼 진전되었는지를 알 수 없기 때문에 사전적으로 리스크 삭감을 위한 비용은 결코 알 수 없다. 사전에 추정된 비용의 크기는 때때로 너무 크고, 사후 추정은 작아지는 경우가 많다.

이와 같이 비용을 파악하는 것 역시 어려운 일이다. 비용이 얼마인가를 가장 잘 아는 것은 그 비용을 들인 기업이므로 외부에서는 그런 정보를 입수하기 어렵다. 게다가 그런 기업 자신도 리스크 삭감 비용이 얼마만큼인지를 정확하게 모르고 있는 경우가 많다.

9. 비용과 경제적 영향

리스크 삭감 정책이 경제에 미치는 영향과 관련해 일반적으로 걱정하는 것은 기업 수익의 감소, 매출 저하, 해고, 실업 증가 등이다. 이것들은 실제 사회문제가 된다. 앞서 서술했듯이 리스크 삭감의 비용에 이러한 사회문제들이 꼭 나타나는 것은 아니다. 그리고 비용이 늘어난다고 반드시 실업이 증가하는 것도 아니다. 비용이 줄었는데도 실업은 증가할 수도 있다.

우선 같은 업계의 거의 모든 기업에게 동일한 비용 증가를 초래하는 규제라면 그 업계는 비용 증가를 제품가격에 전가하는 것으로 대처할 수 있을 것이다. 이 경우 비용의 최종 부담자는 소비자다. 소비자들이 얼마간의 가격 상승을 감수하는 것이 비용의 최종 귀결인 것이다. 이러한 영향에서라면 총비용은 큰 금액으로 산출될지 모르지만, 산업에 대한 영향은 크지 않아 큰 사회문제가 되지는 않는다.

비용 증가를 제품가격에 전가할 수 없는 경우는 산업 내 경쟁이 심할 때다. 그런 상황에서는 규제 도입을 계기로 폐업에 내몰리는 기업이 생길 수 있다. 그러나 한편으로는 규제 도입을 계기로 승자로 우뚝 서는 기업도 있을 것이다. 한 산업 전체가 무너져버리는 상황은, 만약 그것이 경제적으로 중요한 산업일 경우 생각하기 어렵다. 다만 한 산업이 국내에서 쇠퇴하고 그 자리를 외국으로부터의 수입이 대체하는 일은 있을 수 있는데 이는 한 나라 경제로서는 큰 사회문제에 해당된다. 그러나 그것을 비용으로 측정한다면 큰 수치가 되지는 않으며 오히려 비용이 마이너스가 될지도 모른다. 왜냐하면 한 나라에서 그 산업이 공급하는 재화를 더 이상 생산하지 않아도 된다는 것은 이를 생산하는 데 사용된 노동 및 기타의 자원들이 해방되어 타 산업들에게 돌아간다는 것을 의미하는데, 그것은 노동 기타의 자원 비용이 절약되는 것으로 산정되기 때문이다.

어떤 나라에서 앞장서서 규제를 도입한다는 것은, 역으로 그 규제에 대처 가능한 기업을 경쟁상 유리하게 만들 가능성이 있다. 기업이 모든 규제에 반대하는 것은 아니므로 규제에 대처하는 힘이 라이벌 기업보다 강하다면 그에 적극적으로 찬성하는 경향이 있다. 또한 그 기업이 입지한 지역에서 그러한 규제를 환영하기도 한다. BSE 규제가 엄격한 것은, 일부 축산농가들이 그것을 바라기 때문일 수 있다.

중요한 사회문제는 산업 대 산업, 기업 대 기업, 지역 대 지역의 경쟁 속에 존재한다. 이 경쟁에서 패배할 경우 패배한 집단은 경제적으로 큰 영향을 받는다. 그러한 승부가 리스크 삭감을 위한 규제의 영향을 받는 것은 확실한데, 그 결과로 일부 집단은 이익을 보기도 하기 때문에 일률적으로 나쁜 영향만 있다고 할 수는 없다. 많은 경우 규제가 어느 정도의 비용 증가를 초래하는 것은 분명하지만, 비용 증가가 경쟁에서 가장 중요한 문제는 아니다.

리스크 삭감 때문에 사회가 치르는 경제적 희생 중 제일 광범위하게 영향을 미치는 것은 GDP 또는 경제성장률 하락일 것이다. 비용개념이 이것까지 다룰 수는 없다. 우선, 배출 억제 이외의 목적을 위해 설비투자가 실시된다면 그것은 틀림없이 비용이지만, 최종 수요는 GDP를 상승시키기 때문에 GDP의 저하로 연결되지 않는다. 다음으로 리스크 삭감책을 위해 여분의 노동이 필요할 경우, 그것이 최종 수요를 구성하는 제품의 가격만 상승시킬 뿐 다른 영향을 가져오지 않는다면, 이는 실질 GDP의 저하를 의미한다. 그러나 명목 GDP에는 영향을 주지 않는다. 또한 필요 노동의 증가가 이윤의 감소에 의해 상쇄되어, 가격 상승을 초래하지 않는다면 이 경우 실질 GDP는 변하지 않는다. 리스크 삭감책이 최종 수요를 구성하는 제품의 원자재비용을 증가시키고, 그 결과 임금 및 이윤이 감소되거나 제품 가격의 상승을 초래한다면, 실질 GDP는 감소한다.

수출입에 영향이 있으면 비용과 GDP 간의 상관관계가 더 약화된다. 가령 리스크 삭감 정책에 의해 국내 산업의 큰 부분이 쇠퇴했다면 무역 흑자의 감소(또는 적자의 확대)로 GDP가 감소할 것이나, 앞에서 이야기한 대로, 그것이 비용으로 치부되지는 않는다. 반대로 규제에 의해 국내 산업의 경쟁력이 증대하는 경우가 있는데, 그 결과 무역 흑자가 확대된다면 GDP가 증가한다. 그러나 이때는 비용이 늘어날 것이다.

이렇게 본다면 리스크 삭감책이 GDP를 감소시키는 것은 원재료 비용 및 노동 비용의 상승이 제품가격의 상승을 가져오거나, 원재료 비용의 상승이 임금·이윤의 감소를 가져올 때뿐이다. 그러나 현실적으로 가능성이 높은 것은 서서히 그리고 착실히 생산성이 상승하는 가운데 원재료 비용과 노동 비용의 상승이 흡수됨으로써 감소 여부를 알 수 없게 되는 경우일 것이다. 실제로 GDP와 관련해서는 수요 변동의 영향이 압도적이고, 환경 규제에 의해 GDP가 감소하는 경우를 찾기 어렵다. 어쨌든 비용편익분석을 통해 측정할 수 있는 비용은 GDP에 대한 직접적인 영향으로 나타나지 않는다.

GDP라는 지표가 한 나라의 경제적 복지를 나타낸다고 말할 수 있는 것은 생산성 향상이 GDP 상승으로 나타나기 때문이다. 생산성 향상이 어떤 원인으로 일어나는지는 잘 알 수 없다. 환경 리스크의 규제가 생산성 향상에 어떤 영향을 미치는지에 대해서도 역시 뭐라고 말할 수는 없다. 규제가 있기 때문에 리스크를 감소시켜야 한다는 사실을 확실히 주지한다면 그로 인해 기술개발이 활성화된다고 말할 수 있을 것이다. 환경 대책을 위한 기술개발이 다른 분야의 기술개발에 장애가 될 수도 있다. 그러나 기술의 파급효과에 의해 다른 기술개발을 오히려 촉진했을지도 모른다. 이와 같은 질문에 답을 줄 만한 기술개발과정에 관한 충분한 실증은 없으나, 환경 대책이 장애가 되었다는 이야기는 들은 적이 없다.

어쨌든 사람들의 경제적 복지에 가장 큰 영향을 미치는 기술 진보에서는, 비용의 계측이 아무것도 가르쳐주지 않는다는 것은 분명하다.

이상으로부터 비용편익분석의 결함은 다음과 같다. ① 리스크 삭감의 편익은 비시장재에 대한 WTP가 있다는 것에 의존하며, WTP가 존재하지 않는다면 무의미한 개념이 된다, ② 리스크 삭감을 위해 들어가는 비용은 예측할 수 없고 사후적으로도 애매하다, ③ 비용이란 개념은 산업의 성쇠, 지역의 성쇠, 실업 같은 진짜 사회문제를 나타내지 못한다, ④ 비용이란 개념은 GDP 수준과의 관계가 약하다, ⑤ 비용이란 개념은 기술 진보의 정도와 무관하다.

이는 편익과 비용 개념의 정학적靜學的, 부분 분석적 성격으로부터 도출되는 필연적 귀결이다.

10. 실용주의에서 리스크 규제 사례들

비용과 편익의 계측에는 이러한 한계가 있다. 그럼에도 리스크 삭감 정책이 경제에 미치는 영향은 중요하기 때문에, 이해관계자들이 이를 중시해야 한다. 여기서 다시 샤피로와 글릭스먼이 제시한 실용주의의 분석틀로 돌아가보자. 여기에서는 비용이나 경제발전에 미치는 영향이 고려되고는 있지만, 반드시 단일한 화폐척도로 환원되는 단순한 원칙에 기반을 두는 것은 아니다. 그러면 경제에 대한 영향이 구체적으로 어떻게 고려되는지 실제 사례에 적용해 살펴보기로 한다.

샤피로와 글릭스만에 따르면 리스크 규제에 관한 미국의 법체계는 실용주의 사고방식을 채택하고 있다고 해석할 수 있다. 예를 들어 「유독물질규제법TSCA: Toxic Substance Control Act」은 어떤 화학물질이 건강이나 환경에 부당한 리스크unreasonable risk를 초래한다는 것을 연방환경보호청EPA: Environment Protection Agency이 발견할 경우, 그 화학물질은 가장 부담이 적은 방법으로 규제해야 한다고 밝히고 있는데, 이때 리스크가 부당하다는 것은 그 물질의 편익으로 정당화될 수 없을 만큼 리스크가 중대하다는 의미다. 그리고 그 물질의 편익이란 그 물질을 규제할 때 소요되는 비용과 동일하기 때문에 편익을 구하는 것은 곧 그 물질의 리스크와 그것을 규제하는 데 드는 비용을 비교해 측정한다는 의미이다. 그러나 이 경우의 비교는 비용편익분석틀의 비교와는 다르다.

실제로 EPA가 이 조항을 처음 적용한 사례인 1989년 석면 전면폐지 규제에서는, 1987년부터 2000년 사이에 규제 때문에 소요된 비용이 총 4억 5889만 달러에 달했던 것으로 추정되었다[석면 대체품의 가격 하락이 일어나지 않는다는 가정 아래서는 8억 651만 달러(EPA, 1989, p. 29484)]. 그러나 규제의 편익에 대해서는 '적어도 202건의 발암 회피(시간 할인을 한다면 148건의 발암 회피)'라고, 화폐액이 아닌 형태로 표시되었다(같은 글, p. 29485). 이 규제에 들어간 비용이 상당히 컸는데도 EPA는 이 규제가 정당화된다고 주장했다(같은 글, p. 29487).

그 이유는 다음과 같다. 첫 번째, 석면의 이용량이 1984년에서 1987년 사이에 24만 톤에서 8만 5000톤으로 떨어졌고 그 필요성이 저하되고 있다. 두 번째, 대부분의 비용(3억 7540만 달러)을 소비자가 부담하기는 했지만 이는 13년에 걸친 것이어서 1인당 부담액이 아주 작았고, 생산자가 부담한 부분에서도 대체품 개발이나 다른 산업으로의 이행이 진전되었기 때문에 부담이 크지는 않았다. 세 번째, 현재 일어나고 있는 대체품 개발과 이에 따른 가격 저하가 비용 평가에 충분히 반영되어 있지 않다. 네 번째, 발암 회피 건수 중에서 불명료한 부분은 제로로 간주되었기 때문에 확실히 편익 쪽이 과소평가되어 있다. 그리고 동 규제안은 대체품의 일부 사용에서 완전한 탈脫석면으로의 순차적 이행을 예측하면서, 기대되는 대체품 개발이 이루어지지 않은 경우 규제를 유예하기로 하는 등의 유연한 조치들을 내포하고 있었다.

그러나 연방제5순회항소법원은 전면폐지 외에는 어떤 대안으로도 공중의 건강을 지킬 수 없다는 것을 EPA가 논증하지 못했다고 하면서 위 규제를 위법이라고 선언했다. 샤피로와 글릭스먼은 이 판결이 EPA에게 지나치게 분석적 완전성을 요구하고 있고 합리성에 한계가 있다는 것을 무시한 판결이라고 비난했다(Shapiro·Glicksman, 2003: 137). 크리스틴 아우구스티니악Christine Augustyniak은 EPA의 석면 규제와 관련한 규제영향분석을 소개했는데, 환경규제의 입법에서는 일반적으로 규제의 큰 틀이 먼저 결정되고 경제분석은 그 규제의 영향을 살펴보기 위해서만 실시되는 것인데, 이것이 규제 결정에 큰 영향을 미치는 논쟁을 불러일으키리라고는 누구도 예상하지 못한 일이라고 말했다(Augustyniak, 1997: 198). 그는 더 나아가 규제영향분석을 행한 분석자 자신도 규제로 인한 편익을 많이 얻고 있기 때문에 그 분석 결과를 신뢰할 수 없다고까지 서술하고 있다(같은 글, p. 199).

이 석면 규제안은 샤피로와 글릭스먼이 말한 실용주의가 잘 나타나 있

〈그림 4-1〉 석면수입량 추이

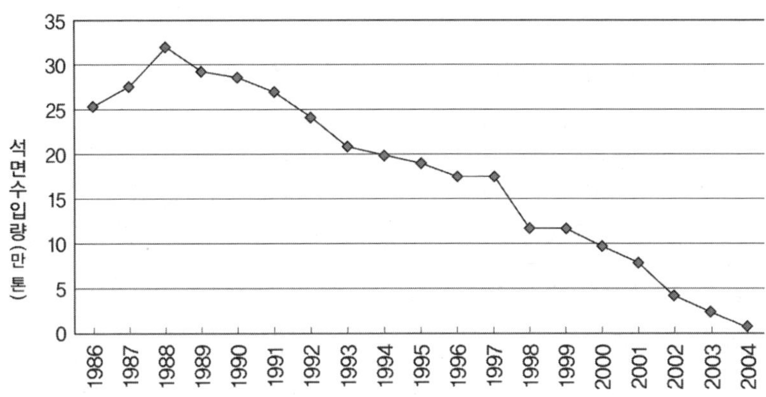

자료: 무역통계 참고해 작성.

〈그림 4-2〉 석면시멘트 제품 출하량 추이

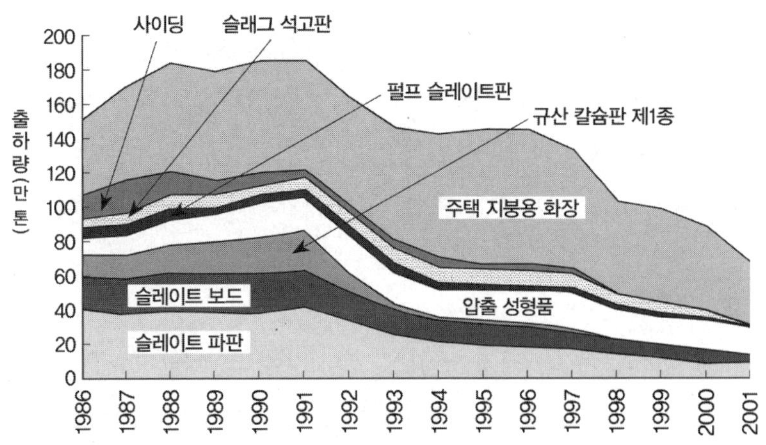

자료: 일본석유협회, 「석면 함유 건축재 폐기물 예측조사결과 보고서」(2003) 참고해 작성.

는 사례다. 여기에서는 리스크 삭감의 비용과 편익이 비교되었는데, 편익이 화폐액이 아닌 발암 건수의 감소로 평가되었다. 게다가 암 한 건을 구제하는 데 몇 달러가 소요되는지의 비용효과 지표도 제시되지 않았다. 그러나 경제적 영향을 고려해, 단계적 폐지와 유예를 통한 무리 없는 폐지 경로로 나아가고 있다.

석면 전면폐지는 미국에서 실패했으나 유럽과 일본은 그 후 전면폐지를 향해 나아갔다. 그 과정은 서서히 진행되었는데, 일본에서는 석면 소비량(수입량)이 1980년대 말을 정점으로 꾸준히 감소해왔고(〈그림 4-1〉), 1990년대 중반 무렵 주택 지붕에 석면을 사용하는 현상의 증가 추세(〈그림 4-2〉)가 일단락된 후인 2004년에는 드디어 주요 용도로의 사용이 금지되었으며, 2006년 들어서는 모든 용도에서 석면이 완전하게 금지되었다.

그렇지만 고온·고압·염산 등이 사용되는 화학공업이나 철강업에서 배관 이음목 등의 용도로는 예외적으로 여전히 인정되고 있다. 이와 같이 석면 규제는 대체품의 이용 가능성이나 안전성을 배려하면서 경제적 영향의 최소화를 도모하며 추진되어왔다.

또 다른 예로 외래생물에 대한 규제를 보자. 2005년부터 시행된 「외래생물법」은 인간의 생명과 신체, 그리고 농림수산업과 생태계에 피해를 주는 외래생물을 '특정 외래생물'로 지정하고 그에 대한 수입, 사양飼養, 보관, 양도를 원칙적으로 금지했다. 이 원칙에서 예외는 학술연구와 생업에 사용하는 경우인데, 이때는 반드시 그 생물이 야외로 도망가는 것을 막아야만 한다.

어떤 생물의 종류를 '특정 외래생물'로 지정할 것인지의 기준은 그것이 피해를 주거나, 또는 그러한 우려가 있는지의 여부다. 피해 대상으로는 앞서 서술한 인간의 신체나 건강, 농림수산업, 생태계의 세 가지를 들고 있으나 이 법률의 주된 목적은 생태계에 대한 피해를 막는 것이다. 지정 기준은 기본적으로 피해 또는 피해의 우려지만, 만약에 지정될 경우 엄격한 규제가 이루어지기 때문에 실질적인 지정에서는 그 사회경제적 영향도 고려하는 것을 기본 방침으로 하고 있다.

'특정 외래생물'의 지정에서 경제적 영향이 문제가 된 사례는 '서양큰호박벌'의 경우가 대표적이다. 이 벌은 토마토나 가지 등의 수분受粉을 위해 비닐하우스에서 사용하고 있는 외래종인데, 하우스를 벗어나 야외에 살면서 재래종 벌이나 특정 식물들의 생식생육환경에 좋지 않은 영향을 미친다는 것이 알려졌다. 특히 '서양큰호박벌'이 증가하고 있는 곳에서는 재래종 호박벌이 감소했고 재래종과 '서양큰호박벌' 간의 종간 교미가 일어나기도 했으며 '서양호박벌'이 찾은 식물의 과실이나 식물의 종자 형성에 악영향이 나타나기도 한다는 것이 알려져, 이 벌로 인한 피해 우려가 확인되었다.

그러나 이 벌들을 사용하는 시설농업에서 경제적 영향이 있다는 것은 분명했다. 그래서 이 벌들이 시설에서 도망치는 것을 막는 조치가 가능한지 검토되었다. 그 결과 당국은 '서양큰호박벌'을 '특정 외래생물'로 지정해 이 벌을 농업에 사용한다면 시설에 망을 쳐서 도망을 방지할 것과 사용한 벌은 확실하게 처분한다는 것을 사용의 조건으로 삼았다. 이때 당국은, 도망을 방지하는 조치에 비용이 들기는 하지만 그것은 이 벌을 사용하는 시설에서 출하액의 0.6~1% 정도이고 게다가 그 비용이 앞으로 저하될 것으로 추정되는 것을, 규제의 경제적 영향이 허용 범위에 들어간다는 근거의 하나로 간주했다. 이 사례에서 비용편익분석은 물론 리스크의 정량적 평가조차 행해지지 않았다. 하지만 규제에 관한 현실의 의사결정은 이처럼 정성적定性的 정보들을 조합해 행하는 것이 보통이다.

11. 의사결정 방법론이 지향할 곳은 어디인가?

앞에서 보았듯이 현실에서 의사결정은 정량적 정보가 있는 사항도 있지만, 정성적 정보밖에 없는 사항도 있고, 어떤 사항은 정보가 풍부하지만 다른 사항은 정보가 빈약하기도 하는 등 결정의 근거를 찾기가 아주 힘들다. 의사결정을 위한 정보에서 근거가 충분한 경우보다 불충분한 경우가 오히려 일반적이라 할 수 있다. 실제 현상은 이상과 거리가 멀지만, 이것을 개선하고자 할 때 어떤 방향으로 나아가야 할지가 중요하다.

비용편익분석을 목표로 나아갈 경우, 앞으로 도모해야 할 점은 리스크의 정량적 평가, 확률적 생명의 가치 추정, 사망 이외의 건강에 대한 악영향 회피에 대한 WTP의 추정, 리스크 삭감 비용의 정량적 평가 같은 것이다. 그러나 비용편익분석에 많은 것을 기대할 수 없다면 노력을 기울여야 하는 대상이 달라진다. 다음에서는 그것을 검토해보기로 한다.

샤피로와 글릭스먼은 인간의 합리성에 한계가 있다는 것을 강조하면서 그것을 공리주의적 최적화가 불가능한 근거로 삼았다. 소비자는 제한된 합리성밖에 가질 수 없기 때문에 원래부터 효용 최대화를 실천하고 있는 것이 아니다. 이때 소비자들이 어떻게 행동하고 있는지에 대해 그들은 말하고 있지 않지만, 현실 소비자는 효용극대원리가 아니라, '만족滿足 원리'에 의한 한정합리성 개념을 제창하고 있다고 지적된다(Simon, 1956).

만족원리란 '품질은 이것 이상, 성능은 저것 이상, 예산은 이 범주'라는 식으로 최저조건을 정한 다음 그 이상은 그것의 요소 개선을 추구하지 않으므로 그 이상의 조건은 바라지 않고, 최초에 그 조건을 만족하는 것을 찾으면 그것을 선택하거나, 혹은 그 조건을 만족시키는 다른 요소를 고려해 하나를 선택한다는 방법이다. 공공정책의 의사결정 역시 한정합리성 아래 있다고 하면 만족원리가 유력한 사고방법일 것이다. 실제로 공공정책 가운데는 만족원리를 기초로 했다고 해석할 수 있는 경우가 많다.

예를 들어 '생애 발암 리스크'에서 10^{-5} 확률의 리스크에 대응하는 농도나 폭로 등의 수준이 현실에서 환경기준을 만족시키고 있다면 그 이상의 개선을 정책적으로는 요구하지 않을 경우, 이것은 만족원리를 따르고 있다고 말할 수 있다. 그 상황에서 경제적 영향은 고려되지 않는다.

이렇게 해석할 경우, 과학적으로 리스크에는 역치가 없다고 해도 의사결정상 10^{-5} 이하의 리스크를 실제로 안전하다고 간주하는 것과 마찬가지다. 그렇다고 10^{-5}을 초과하면 갑자기 위험해지는 것이 아니라, 서서히 위험이 증가한다는 데 유의해야 한다. 그리고 10^{-5}을 넘어서는 영역에서 '부당한 리스크'가 있는지의 여부도 결정해야 하기 때문에, 그 상황의 경제적 영향을 고려해야 한다.

경제적 영향에는 비용, 산업 전체에 대한 영향, 고용에 대한 영향 등이 있는데, 이것들의 전체를 파악하기 위해서는 기술적 대응의 가능성이나 기술개발의 동향, 또는 관련 산업의 경쟁 상태나 고용 상태 등을 정밀하게 조사할 필요가 있다. 이것의 대부분은 정성적 평가에 그칠 것이다. 또한 리스크 수준을 10^{-5} 이하로 낮추는 것을 목표로 하고, 그것을 위한 정책적 조치들을 취하기는 하지만, 그중에서 가장 비용이 많이 소요되는 대책은 유예한다거나, 단계적으로 도입하는 방법도 필요할 것이다.

비용의 정량적 평가는 산업에 대한 영향을 아는 한에서 유효하며, 추구되어야 한다. 리스크에 대한 정량적 평가 역시 유효하며, 추구되어야 한다. 그러나 리스크 삭감 1단위당 비용이나, 인명 1건을 구하는 데 들어가는 비용이라는 식으로 리스크와 비용을 직접적으로 대응시키는 지표를 추구하는 것은 '만족원리'로 볼 때 불필요한 일이다. 오히려, 앞서 서술한 서양호박벌에 대한 규제와 같이, 규제의 영향을 받는 산업에서 규제대응 비용이 매출에서 차지하는 비중을 살펴보는 편이 규제의 경제적 영향을 파악할 때 더 적절한 작업이 될 것이다. 예를 들어 1인당 100억 엔에 해당되는 규제일지라도 사용되는 금액 자체가 수천만 엔밖에 되지 않든지, 매출의 0.1%에 지나지 않는다면 규제의 경제적 영향이 작다고 보아야 한다.

리스크 삭감 1단위당 비용처럼 리스크와 비용을 대응시켜 지표값을 구하는 것은 비용효과분석에 속한다고 할 수 있다. 원래 비용효과분석이 유효한 것은 주어진 목적을 위해 비용을 최소화하는 것이 가능한 경우다. 그에 반해 리스크 배출자를 상대로 어떤 대책을 취할 수 있는지를 구체적으로 특정하기 어렵거나, 그것을 사전에 알 수 없거나, 기술개발의 정도를 몰라 사후에 드는 비용이 얼마인지를 판별해낼 수 없는 상황에서는 그러한 지표를 적용해 비용최소화가 실현된다는 보증이 없다. 그러한 수법이 유효한 것은 비용 추정에 필요한 정보를 쉽게 얻을 수 있고, 한 조직 내에서 활동의 효율화를 추구하는 경우다. 기업의 내부 경영 개선을 위해서 그것은 유효할 것이다. 반면 많은 기업이 대상이 되는 규제의 장면에서는 유효하지 않을 것이다.

공공정책에서 그러한 비용효과분석의 수법이 유효한 분야는, 공공사업일 것이다. 여기에서는 정부라는 조직 내부의 사업 효율화가 문제가 되기 때문이다. 쓰레기소각시설의 다이옥신 대책이나 폴리염화바이페닐PCB 처리 사업처럼 리스크 삭감이 공공사업으로 행해질 경우에는, 어떤 리스크 수준을 최소비용으로 달성하려는 목적을 위해, 리스크 삭감 한 단위당 비용이라는 지표를 효율적으로 사용할 수 있다. 그에 반해 민간부문에 대한 규제를 통해 리스크를 삭감하려 할 경우 리스크 1단위당 비용을 산출하는 것은, 그 자체가 흥미로운 사회경제분석이기는 하지만, 의사결정에 이용하는 문맥에서는 그다지 의미가 있지 않은 듯하다.

12. 마치며

비용편익분석은 제도화된 학문 속에서 입지를 지니고 있고, 또 계속해서 교육되고 있기 때문에 비용편익분석이 규제에 대한 경제분석의 가장 고도화된 표준적 수법이라는 평가는 앞으로도 이어질 것이다. 그러나 비용편익분석에 이 장에서 살펴본 난점들이 존재한다면 이를 환경 규제에 적용하는 것은 현실에 의해 계속 거부당할 것이다. 공공적 의사결정에 관계하고 있는 사람들은 그 노력에 대한 효율적인 지출을 생각해야만 한다. 그러나 경제학자들에게는 카프가 말했듯이 또 다른 할 일이 있을 것이다.

참고문헌

岡敏弘. 2006.『環境經濟學』. 岩波書店.

華山謙. 1978.『環境政策を考える』. 岩波書店.

宮本憲一. 1976.『社會資本論[改訂版]』. 有斐閣.

Augustyniak, C. M. 1997. "Asbestos." in Morgenstern, R(ed.). *Economic Analysis at EPA: Assessing Regulatory Impact, Resources for the Future*, pp. 171~203.

Fisher, A., L. G. Chestnut and D. M. Violette. 1989. "The Value of Reducing Risks of Death: a Note on New Evidence." *Journal of Policy Analysis and Management*, Vol. 8, No. 1, pp. 88~100.

Jones-Lee, M. W., M. Hannerton and P. R. Philips. 1985. "The Value of Safety: Results of a National Sample Survey." *The Economic Journal*, Vol.95, pp. 49~72.

Kapp, W. 1963. *The Social Costs of Business Enterprise*. Asia Publishing House.

______. 1970. "Environmental Disruption and Social Costs: a challenge to Economics." *Kyklos*, Vol.23, pp. 833~848.

______. 1975. *Environmental Disruption and Social Costs*.

Mishan, E. J. 1988. *Cost-Benefit Analysis: an Informal Introduction*, 4th ed. Unwin Hyman.

Schelling, T.C. 1968. "The Life You Save May Be Your Own." in Chase, S. B., Jr(ed.). *Problems in Public Expenditure*, Brookings Institution.

Shapiro, S. A. and R. L. Glicksman. 2003. *Risk Regulation at Risk: Restoring a Pragmatic Approach.* Stanford University Press.

Simon, H. 1956. "Rational Choice and the Structure of the Environment." *Psychological Review*, Vol.63, pp. 129~138.

Thaler, R. and S. Rosen. 1975. "The Value of Saving a Life: Evidence from the Labor Market." in N. E. Terleckyj(ed.). *Household Production and Consumption Columbia University Press*, pp. 265~298.

Tsuge, T., A. Kishimoto and K. Takeuchi. 2005. "A Choice Experiment Approach to the Valuation of Mortality." *Journal of Risk and Uncertainty*, Vol.31, pp. 73~95.

U.S. Environmental Protection Agency. 1989. "40 CFR Part 763 Asbestos; Manufacture, Importation, Processing and Distribution in Commerce Prohibitions." *Federal Register*, Vol.54, No.132, Wednesday, July 12, 1989.

______. 1997. *The Benefits and Costs of the Clean Air Act: 1970 to 1990.* EPA 410-R-97-002.

Viscusi, W.K. 1978. "Labor Market Valuations of Life and Limb: Empirical Estimates and Policy Implications." *Public Policy*, Vol. 26, pp. 359~386.

제 5 장

정규직과 비정규직의 리스크

나가세 노부코永瀬伸子

비정규직이라는 취업 방식이 청년층과 여성들을 중심으로 대폭 확대되고 있다. 그런데 임금 수준은 낮고 고용도 불안정하다. 또한 기업이 인력을 채용할 때 파트타이머나 아르바이터로 일한 경험은 그다지 평가해주지 않는 경우가 많다. 그럼에도 이러한 취업 방식이 확산되고 있는 이유는 무엇일까? 이 장에서는 사회적 보호라는 제도 확충의 관점에서 지나치게 바쁜 정규직과, 시간은 자유롭지만 임금 수준은 너무 낮은 비정규직이라는 두 가지 취업 방식의 거리를 어떻게 하면 좁힐 수 있을지에 대해 고찰해본다. 이러한 시도는 정규직과 전업주부라는 기존의 가족 모형을 대신하는 새로운 취업 방식과, 가족의 형성을 위한 사회적 보호의 제도를 모색하는 것이기도 하다.

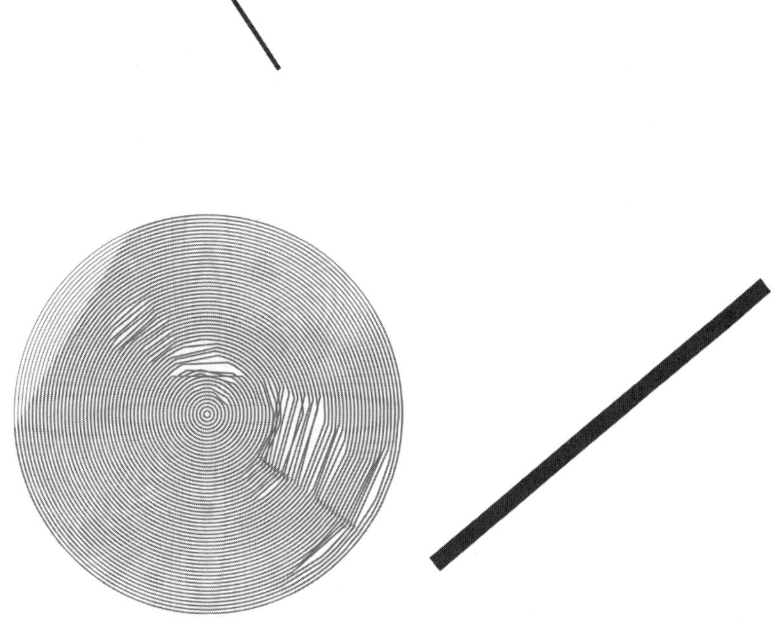

1. 들어가며

최근 정규직이 아닌 비정규직, 즉 파트타이머, 아르바이터, 계약사원, 파견사원, 촉탁사원 같은 일자리에 취업하는 사람이 늘어나고 있다. 그러나 비정규직은 정규직에 비해 여러 가지 의미에서 불안정하다. 일본에서는 이 불안정한 일자리에 35세 이하 독신남녀의 20~30%가 취업해 있다. 예를 들어 학교를 졸업한 후에도 아르바이트를 계속했다고 하자. 그러한 일자리들은 원래 단기적이기 때문에 계약기간이 종료하기 전에 다른 일자리를 정해두지 않으면 실업자가 된다. 아직 젊은 나이라면 그들의 부모가 활동 중이므로 그 덕에 단기간의 실직은 그다지 문제가 되지 않을 수도 있다. 그러나 패스트푸드 아르바이터나 단기 판매직으로 일한다면, 기업 측이 원래 단기적 고용을 전제로 한 것이기 때문에 그들은 취업해 있는 동안 기능 축적이 거의 이루어지지 않는다. 그렇게 일하는 사람이 기능이 축적되지 않은 채 나이를 들면 점점 더 일자리를 찾기가 어려워진다. 또한 가정을 이루어 독립된 생계를 꾸려가고 싶어도 비정규직은 스스로 독립할 수 없을 정도의 저임금인 경우가 대부분이기 때문에, 그러한 희망을 이루기란 쉽지 않다.

크게 변동하는 경제 속에서 수명이 85세 90세에 가깝게 증가한 오늘날, 일자리를 유지한 채 가족 및 이웃들과 유대를 이어가며 남은 고령기에 수입원을 모아두고서 안심하고 살아가기란 쉬운 일이 아니다. 지금까지는 — 물론 주로 정규직을 위한 것이지만 — 해고의 규칙, 승진 및 임금에 관한 규칙, 연금보험이나 의료보험, 육아휴직 제도 등 생활의 제반 리스크를 완화하기 위한 다양한 대책들이 마련되어 있었다. 그러나 오늘날에 와서는 그러한 구조 밖에서 일하는 사람들, 즉 비정규직이 크게 증가하고 있다. 그렇다면 이러한 비정규직은 어떤 리스크들에 노출되어 있는가, 또 그렇게 비정규직으로 일하는 남녀가 늘어나고 있는 이유는 무엇인가? 이 장에서는 그 배경 요인들을 검토하고, 그들이 직면하고 있는 리스크들을 완화하기 위해 어떤 규칙의 도입이 필요한지 고찰해본다.

2. 왜 비정규직이 확대되고 있을까?

1) 기업 측 요인들: 장기고용의 틀에 수용할 있는 피용자 수의 축소

왜 정규직이 아닌 취업 방식이 확대되고 있을까?

비정규직의 확대는 일본에서만이 아니라 다른 선진국들에서도 공통적으로 나타나고 있는 현상이다. 연구에 따르면 복리후생 등 고용 비용이 낮고(Montogomery, 1988; Tilly, 1991), 상용 노동자의 해고 비용이 높아지고 있는 법규제상의 변화가 비정규 고용 확대의 요인으로 지적된다(Autor, 2003). 미국에서도 확실히 안정된 일자리와 임금, 승진 기회를 제공하는 내부 노동시장은 축소되고 있다는 결과가 있다(Bernhardt·Marcotte, 2000). 일본에서는 상용고용자에 대한 임금 개혁의 여지가 제한되어 있다는 것이 비정규 고용을 확대하고 있는 한 요인이라고 설명했으며(Osawa·Houseman, 2003), 중·고년 비율이 높은 기업일수록 청년 채용을 줄이고 있다는 보고도 있었다(玄田有史, 2004).

그런데 1990년대 이전 일본에 비정규 고용 확대와, 그 이후의 확대는 그 성격이 조금 다른 듯 보인다. 우선 1970~1980년대에 파트타임 고용이 크게 확대되었는데, 경제의 서비스화나 일손 부족, 여성들의 가사·육아 부담 경감 등이 주요인이었다. 바쁜 시간대 소매점이나 음식점에 가사노동이 경감된 여성들이 취업함으로써 기업은 싼값에 노동력을 조달할 수 있었고,

배우자가 있는 여성들은 자기가 가능한 시간대에 일을 할 수 있었다.

그러나 1990년대, 특히 1998년 이후 일본에서 비정규직이 늘어난 것은 그 이전과는 다른 성격이라고 여겨진다. 비정규 고용이 젊은 남녀에게 확산되어갔기 때문이다. 일본의 인구 감소와 고령화 전망은 국내 수요 전망을 전반적으로 저하시켜왔다. 한편 경제의 글로벌 시대를 맞아 기업들은 노동 비용이 훨씬 저렴한 해외로 생산거점을 옮겨갔다. 그러면서 많은 기업이 장기 고용자의 신규 채용을 크게 억제하고 대신(풀타임으로 필요한 인원이더라도) 필요한 때 필요한 만큼만 고용해 유기有期 고용자의 비율을 높여갔다. 경제 불황이 이어지고 경쟁이 격화하면서, 업무를 검토하고 일의 내용을 간단하게 한 후 그것을 단기 고용자에게 분담시키는 것이 비용 삭감으로 연결되었으므로 이러한 노력이 계속되었고, 비교적 단순한 일과 중요한 일을 나누어왔다. 1995년 이래 25~34세 남성의 임금격차가 확대되었고, 저소득자가 늘어났다는 연구가 있으며(太田清, 2006), 1995~2000년 사이에 취로세대 중 1인세대의 빈곤율이 증가했고, 그 주요인은 실업과 유기고용의 확대라는 결과도 있었다(橘木俊詔·浦河邦夫, 2007).

기업이 비정규직을 고용하는 이유는 무엇일까? 일본 후생노동성의 「유기고용 노동에 관한 실태조사」(2005)에 따르면, 우선 일반적으로 구성비가 높은 '단기간 파트타이머'를 고용하는 이유는 하루 혹은 주 중의 바쁜 시간에 대한 대응이 52%, 인건비 삭감이 51%로, 바쁜 시간에 대한 대응과 비용 삭감이 가장 큰 고용 이유였다. 그리고 파트타이머와 이와 비슷한 명칭으로 불리는 '풀타임 비정규직(기타 파트타이머)'의 경우는 인건비 삭감이 54%로 가장 큰 이유였다.

최근에 증가하고 있는 '계약사원(여기서는 프로그래머, 기계·전기 기술자 등 전문직종에 종사하고, 고용계약기간을 정해 고용되는 사람으로 정의하고 있다)'은 파트타이머와 달리, 전문적인 능력을 가진 인재들을 일정 기간 확보·활용하기 위해서가 41%, 인건비 삭감이 39%였다. 즉, 일정 기간의 전문능력 활용과 비용 삭감이 최대 요인인 것이다. 또 '정규직으로서의 적성을 보기 위함'도 19%에 달해 다른 비정규 고용과는 다르게 나타나는 것을 알 수 있다. 그러나 결국 비용 삭감이 고용 이유의 가장 큰 비중을 차지하고 있었다. 유기고용 전체를 놓고 보면 이유의 1위는 비용 삭감(52%), 2위는 바쁜 시간에 대한 대응(39%)이었으며, 이는 비율상으로도 상당한 차이가 있다.

게다가 앞으로도 비정규직의 고용이 상승할 것으로 내다보는 회사가 500명 이상 기업의 1/3을 차지해, 대기업에서 비정규직 활용은 계속 강화될 것으로 보인다(2003년 「취업형태의 다양화에 관한 실태조사」)

2) 개인 측면의 요인: 다양한 생활 방식을 희망하는 사람의 증가

개인 측면의 요인도 있다. 1980년대 파트타이머 사원의 주력은 가사노동이 경감되고, 또 남편의 수입이 기대만큼 증가하지 않은 회사원 세대 내의 주부들이었다.

1990년대에 들어서자, 잔업이 많고 오랜 시간 일하며 입사 후 배치가 분명해지기 전까지 일의 내용이 명확하지 않다고 정규직을 꺼리는 젊은이들이 증가했다. 일하는 시간을 선택할 수 있고, 구체적으로 어떤 일을 하는지도 선택하며, 마음에 들지 않으면 간단하게 그만둘 수 있는 아르바이트나 파트타임 근무, 파견근무 같은 유연한 작업 방식에 매력을 느끼는 사람들이 생겨난 것이다.

또한 수명이 길어지고 생활이 풍요로워진 가운데 일하는 시간을 자기 생활에 맞게 선택하려는 사람, 자녀양육이 끝났으니 일터로 돌아가려는 사람, 혹은 재취업을 목표로 재교육을 받기 위해 일단 일을 그만두는 사람들이 꾸준히 늘어나고 있다.

장기고용으로 가는 입구가 갓 대학을 졸업한 사람에게 가장 넓고, 또한 입사 연차에 따라 처우가 개선되는 것이 일본의 고용 관행이었다. 이 같은 연공적 처우가 축소되고 있기는 해도 아직도 경력 단절이 있는 사람이나 중도참가자, 또는 중·고년층이 정규직으로 고용되는 길은 넓지 않다.

그 결과 어떤 사람은 노동시간이 자유로운 점을 스스로 희망하지만, 또 어떤 사람은 할 수 없이 비정규직에 취업하고 있다. 일본 수도권 고등학생을 대상으로 한 조사 결과에 의하면, 고졸 비정규직 취업자의 절반은 진로에 대해 생각해본 적이 없거나 혹은 자유롭게 가벼운 마음으로 돈을 벌고 싶어서 비정규직에 취업한 사람이었고, 나머지 절반은 구직 과정의 어떤 단계에서 정규직 취업을 단념한 사람이었다고 한다(小杉禮子, 2004).

다만 전체적으로는 어쩔 수 없이 비정규직에 취업한 사람이 증가하고 있다. '정규직으로 일할 수 있는 회사가 없었기 때문에' 현재의 일자리에 취업한 사람이 파견근로자의 40%, 계약사원의 36%였고, 풀타임의 상용 근로자 중에서는 약 40%가 어쩔 수 없이 현재의 일에 취업했다고 답했다(2003년「취업형태의 다양화에 관한 실태조사」). 한편, 같은 조사의 '파트타임 고용자'의 경우에는 어쩔 수 없어 취업했다고 답변한 사람이 20%에 머물렀고, 가계나 학비 보조 목적이 약 40%, 나에게 적합한 시간에 일할 수 있어서라는 답변이 40%에 가까웠으며, 당장의 추가 수입을 위해 일한다는 답변자가 많았다. 파견사원이나 계약사원이 비정규직에서 차지하는 비율이 여전히 낮기는 하지만, 어쩔 수 없어 비정규직에 취업하는 사람의 비율이 전반적으로는 상승하고 있다. 나아가, 향후 희망하는 고용형태로 '정규직'을 꼽는 사람이 계약사원의 92%, 파견근로자의 89%, 파트타임 근로자의 86%에 이르고 있다. 이는 분명 비정규직과 정규직 간의 격차를 실감했기 때문일 것이다.

3) 기술혁신 요인: IT혁명과 경험의 진부화

유기고용자의 확대 요인으로 컴퓨터 기술의 발달도 큰 배경이 되고 있다. 지금까지 중요하게 여겨졌던 경험에 의한 지식이나 직장에서 '걸어다니는 사전' 같은 종류의 지식에 대한 가치를 감소시켰기 때문이다. 예를 들어 편의점의 판매시점 정보관리 시스템POS: Point Of Sales은 고객의 수요 동향을 알고, 효율적으로 상품을 보충하는 복합적인 시스템이다. 이런 시스템이 없다면 계절에 따른 수요 변화나 지역의 수요 특성을 알고 있는 점원의 경험은 더 높은 가치를 지니게 될 것이다. 그러나 POS 시스템이 효율적으로 운영되면서 예전 같으면 평가받았을 지식이나 경험의 일부는 컴퓨터에 그 자리를 내주게 되었다. 실제 정보통신기술을 이용하고 있는 기업일수록 핵심인재의 중요성이 커지고 있는 한편, 동시에 비정규직의 고용률이 높다고 한다(阿部正浩, 2005).

대학생들의 구직 활동도 컴퓨터 기술의 발전에 따라 크게 변화했다. 1998~1999년의 취직 활동에서는 인터넷 접수가 대세였다. 인터넷 접수는 접수의 기회비용을 낮추었고 이에 따라 유명한 특정 기업으로 지원이 집중되었다. 결과적으로 기업은 좀 더 많은 학생들을 대상으로 필요 인력을 선발할 수 있었고, 지원자들도 더 많은 기업에 지원할 수 있었다. 그러나 일부 기업으로 편중 현상이 일어나 그러한 기업들의 설명회에 참가할 권리를 얻는 것이 취직 활동의 첫 번째 관문이 되었다. 불황이 거듭된 사정도 작용하긴 했지만, 상황에 따라서는 일 년 동안 취직 활동을 해도 실제 취직설명회에는 한 번도 참가하지 못하는 학생이 생기기도 했다. 즉, 학생들이 기업의 채용담당자에게 접근하는 데 높은 장벽이 세워진 것인데, 이러한 분위기도 어느 정도 대졸자들이 비정규직으로 취업의 발길을 돌리게 만든 한 요인이라 생각된다.

4) 규제변화 요인: 규제 개혁이 간과하고 있는 것들

현행의 규제 또는 규제 개혁으로 비정규직이 확대된 부분도 있다. 이제까지 수요 측면, 공급 측면 또는 기술 측면 등에서 구조적 변화가 발생함에 따라 취업 형태의 다양화가 나타났다고 서술했는데, 그러한 다양화에는 규제의 존재 방식도 큰 영향을 미쳤다. 이 점에 대해서는 4절에서 논하기로 하고, 우선 격차 현상을 살펴보도록 하자.

3. 정규직과 비정규직 간 격차의 실태

1) 임금과 훈련량의 격차

개인으로서는 유연한 취업 방식이라는 적극적인 측면이 있어 확대된 비정규 고용은, 노동시간의 자유도가 높고 쉽게 취업할 수 있는 장점이 있다. 그러나 임금 수준, 고용조건, 승진 전망, 고용의 안정성 등 많은 점에서 비정규직과 정규직의 차이는 상당히 크다.

〈그림 5-1〉은 18~19세 임금을 100으로 했을 때의 성별·연령계급별 임금의 변화를 나타낸 것이다. 남성 상용고용자의 임금은 50~54세에 정점을 나타내며 평균적으로 18~19세 임금의 약 3배로 증가한다. 여성 상용고용자의 임금 증가는 남성보다 작은데, 35~39세에 정점을 보이며 18~19세 임금의 약 2배로 오른다. 그런데 단기간 고용자의 임금 상승을 보면 남성은 고작 1.5배, 심지어 여성의 경우에는 연령에 따른 변화를 거의 찾을 수 없다. 단기간 고용자는 임금 수준 자체도 낮다. 덧붙인다면, 〈그림 5-1〉는 단기간 고용자들의 상황만을 보여주고 있지만 풀타임 비정규직을 포함시키

〈그림 5-1〉 상용고용자와 단기간 고용자의 평균 시급: 성별·연령계급별 추이

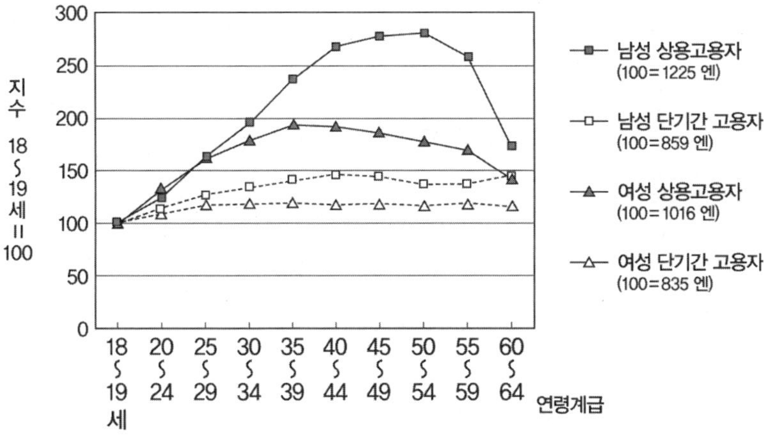

주: 상용고용자에게는 정해진 지급 급여액 및 연간 상여금, 기타 특별급여액을 하루당 정해진 노동시간 수로 시급 환산, 단기간 노동자에 대해서는 연간 상여금을 하루당 정해진 노동시간 수로 시급 환산해 1시간당 정해진 급여액에 더해 산출.
자료: 「임금구조 기본통계조사」(2003).

더라도 그 기본 경향은 기본적으로 다르지 않다. 젊은 연령계급에서 그 차이가 약간 축소될 뿐이다.

임금은 왜 연령과 함께 상승하는 것일까? 경험에 따라 생산성이 상승하고 또 직급이 상승하기 때문이라고 한다면, 역으로 비정규직은 업무의 수준이 낮고 업무로 얻는 훈련량도 적기 때문에 장기간 근무하더라도 생산성 상승이 낮으며, 또 승진 기회도 별로 없다고 말할 수 있을 것이다.

2) 고용 안정성의 격차

고용 안정성에 대한 불만족도를 보면 〈그림 5-2〉와 같이 고용계약의 종료 시기가 정해져 있지 않은 정규직과, 그 시기가 정해져 있는 비정규직 사이에 큰 차이가 있다는 것을 알 수 있다. 가장 불만이 높은 것은 파견사원

〈그림 5-2〉 고용 안정성에 불만을 가진 사람의 비율

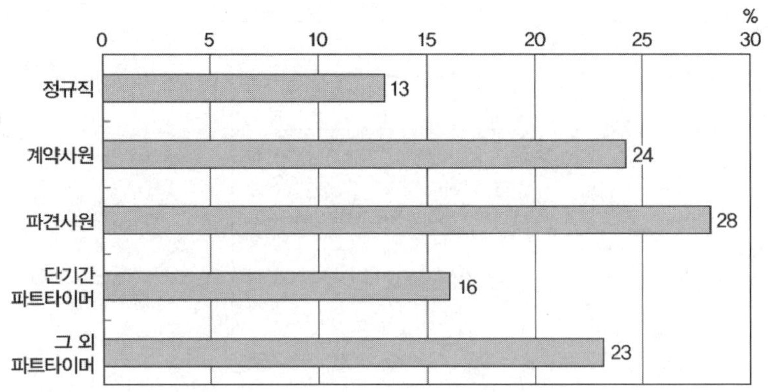

주: 고용 안정성에 대해 불만이거나, 약간 불만인 사람의 비율을 조사.
자료: 일본 후생노동성(2003), 「취업형태의 다양화에 관한 종합실태조사」.

들인데, 이는 고용계약기간이 몇 개월인 사람이 많기 때문이다. 또 계약사원의 경우도 4명 중 1명이 불만이 있다고 답했다. 단기간의 파트타이머들은 이보다 불만이 낮기는 하지만, 풀타임으로 일하는 파트타이머('기타 파트타이머')들은 계약사원과 거의 같은 정도의 불만을 가지고 있었다.

4. 불안정 고용에서 얼마나 쉽게 빠져나올 수 있는가, 누가 불안정 고용에 진입하는가

1) 불안정 고용으로부터의 탈출 가능성

이처럼 비정규 고용은 임금, 훈련, 고용 안정성 등 여러 면에서 문제가 있다. 그러나 당장 그렇게 취업했다 하더라도 머지않아 안정 고용으로 이동할 수 있다면 실업과 안정 고용의 사이를 잇는 고용이라고 볼 수 있으므

〈그림 5-3〉 지난 1년간 직장을 옮긴 비정규직 중 정규직으로 이동한 사람의 비율

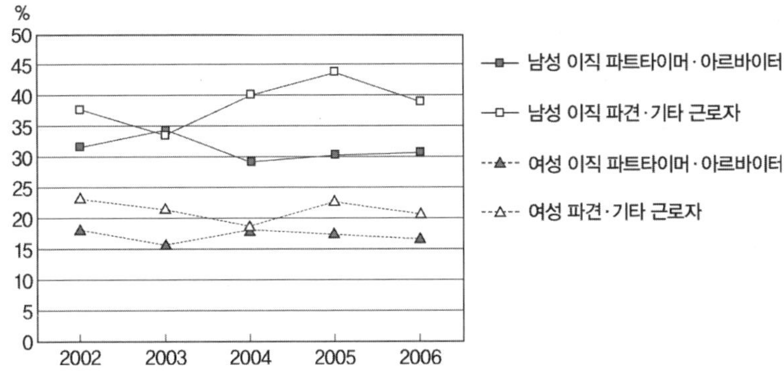

주: 지난 1년간 직장을 이동한 사람 중 현직이 정규직이면서 전직이 파트타이머, 아르바이터, 파견·기타 근로자인 사람의 비율.
자료: 일본총무성, 「노동력조사」.

로 문제가 적다.

하지만 일단 그렇게 취업을 하고, 거기에서 빠져나오기가 어려울 경우 문제가 된다. 어떤 사정으로 '비정규직'이 된 경우 그 상태를 끝내 벗어날 수 없다면 실제 일본에서 1998년부터 2003년까지 신규 채용이 크게 하락했던 시기에 취업시장에 나온 젊은이들은, 그 이전이나 이후 세대와 비교했을 때, 소득 면에서 오랜 기간 타격을 입었다고 할 수 있다.

그래서 누가 얼마나 빠져나왔는가를 본 것이 〈그림 5-3〉이다. 총무성의 「노동력조사」 '특정조사표特定調査票'[1] 로부터 지난 1년간 직장을 옮겼고 현재는 직업이 있는 사람 가운데, 전직이 비정규직인 사람의 몇 %가 현재 정규직인지를 나타내고 있다.

---

1 「노동력조사」는 동일한 세대에 대해 2년에 걸쳐 4회의 조사를 실시했다. 「노동력조사」 특정조사는 그 최종에 실시된다. 「노동력조사」의 개시월은 1월부터 12월까지고, '특정조사표'는 매월 회수되기 때문에 특정 월에 편중되는 것은 아니다.

전직이 파트타이머 또는 아르바이터이며 지난 1년 동안 직장을 옮긴 사람 중에 정규직으로 이동한 사람은 남성이 약 30%로, 3명 중 1명이 채 되지 않는 수준이다. 더욱이 여성은 전직이 파트타이머·아르바이터였다가 이직한 사람 중 15% 정도인, 즉 6명 중 1명만이 정규직으로 이동했음을 알 수 있다.

또 전직이 '파견·기타 근로자'에 해당하는 사람이 정규직으로 이직한 경우는 남성이 약간 더 높은데, 특히 경기회복으로 구인이 늘어난 2004년 이후는 그 전의 30% 대에서 40~45%까지 상승했다. 한편 여성의 경우 '파견·기타 근로자'에서 정규직으로의 이동은 '파트타이머·아르바이터'에서 이동보다 약간 높기는 하지만, 그 비율은 5명 중 1명 수준이다.

다만 〈그림 5-3〉이 비정규 고용으로부터 정규 고용으로의 이동이 쉽다는 것을 직접적으로 보여주지는 않는다. 정규직으로의 이동을 희망하면서도 가능하지 않을 것 같아 포기한 사람들은 포함되어 있지 않다. 어디까지나 비정규직에서 회사를 이동한 사람에 한해 살펴본 것으로, 그들 가운데 정규직으로 이직한 사람이 몇 %인지를 나타낸 수치다. 또 여성의 정규직으로의 이동은 남성보다 어렵다는 것을 확실히 알 수 있다.

이어서, 〈그림 5-4〉는 총무성의 「취업구조 기본조사」를 사용해 2002년에 과거 1년간 이직자들의 전직의 종업상 지위 관계를 나타낸 것이다.

일반적으로 비정규직에서 정규직이 되는 사례가 그다지 많지 않으리라 여겨질 것이다. 그리고 통계 역시 그러한 실상을 보여준다. 남성 이직자 중 절반에 좀 못 미치는 숫자가 정규직에서 정규직으로 이직했고, 여성 이직자 중에서는 절반이 비정규직에서 비정규직으로 이직했다. 전직이 정규직이었다가 비정규직이 된 사람은 20% 후반에서 30% 초였다. 그에 비해 지난 1년 동안 비정규직이었다가 정규직이 된 사람은 남녀 모두 10% 정도에 지나지 않았다.

〈그림 5-4〉 지난 1년간 이직자들의 종업상 지위

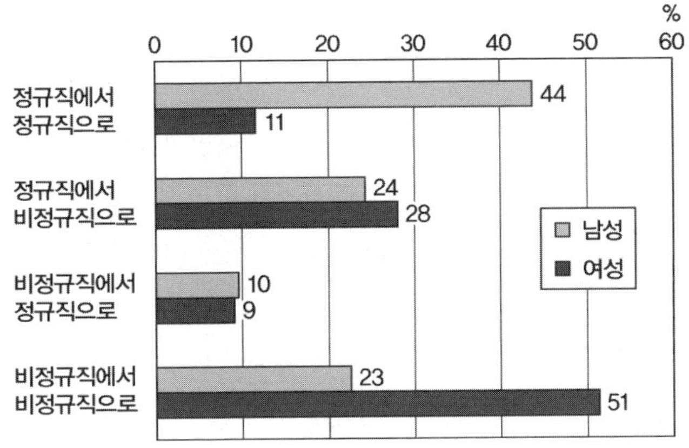

자료: 일본총무성(2002), 「취업구조 기본조사」.

〈그림 5-5〉 비정규직이었다가 지난 1년 사이에 정규직이 된 사람의 비율

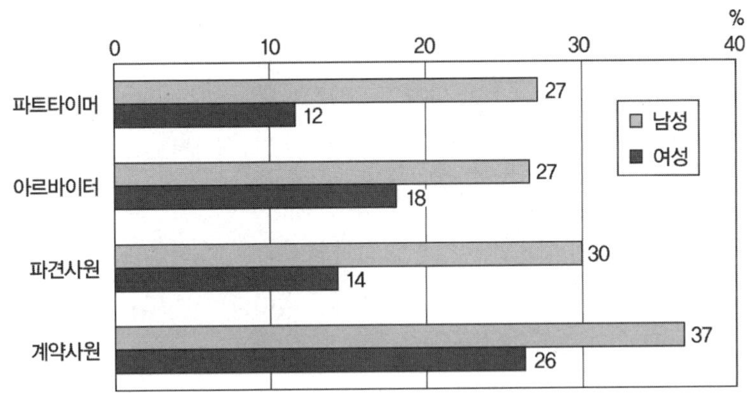

자료: 일본총무성(2002), 「취업구조 기본조사」.

이어 취업형태별로 전직이 파트타이머, 아르바이터, 파견사원, 계약사원인 사람 중에서, 지난 1년 사이에 정규직이 된 사람의 비율을 보면(〈그림 5-5〉), 계약사원에서 그 비율이 가장 높다는 것 외에는 역시 정규직으로의 이동 비율에서 여성과 남성 간에 격차가 있음을 발견할 수 있다.

2) 비정규직이 되는 리스크

어떤 사람들이 비정규직이 되는 리스크에 노출되어 있을까? 파트타이머로 일하는 형태에 만족하는 사람들도 있다. 이들 다수는 독립된 생계를 세울 필요가 없는 경우가 많다. 불안정 고용자라 하면 예전에는 주로 주부나 학생, 즉 독립된 생계를 세울 필요가 없는 사람들이 비정규직이란 형태를 선택해 일하는 것을 의미했다.

그러나 오늘날에는 학교를 졸업한 청년층에서 비정규 고용이 대폭 증가하는 특징이 있다. 또한 여성들도 독립된 생계를 희망하면서 비정규직에 취업하는 경우가 많다.

〈그림 5-6〉은 독신남녀의 60% 정도만이 정규직으로 일하고 있다는 것을 보여준다. 나머지는 파트타이머, 아르바이터, 파견·촉탁으로 일하고 있고, 그 밖에는 무직자거나 알 수 없는 경우다.

어떤 사람들이 비정규직이 되기 쉬울까? 또 일단 비정규직이 된 사람들이 과연 그 상태를 벗어날 수 있을까? 젊은 층에 대한 분석 조사에 따르면, 남성에 비해 여성들이 비정규 상태를 벗어나기 힘들고, 또 남성은 학력이 높을수록 벗어나기 쉽지만 여성은 학력의 효과가 거의 나타나지 않는다고 한다. 또한 실업률이 높을수록 비정규직에서 벗어나기 어렵다는 점도 밝히고 있다(黑澤昌子·玄田有史, 2001).

이에 더해 일본은 미국에 비해 비정규직에 머무는 비용이 높은 것으로 나타났다. 단기와 장기로 나누어, 파트타임으로 일하는 것이 임금을 어느 정도 낮추는지를 밝히는 조사에서, 미국 남성은 마이너스 효과가 더 크지만 미국 여성은 현재 임금의 5%를, 과거 파트타임 경험이 4%만을 저하시킬 뿐이었다(Ferber·Waldfogel, 2000). 그리고 여성에 한정했을 때 자발적으로 파트타임으로 일한 경우에는 풀타임으로 일한 경험과 마찬가지로 그

〈그림 5-6〉 독신남녀의 취업형태별 구성

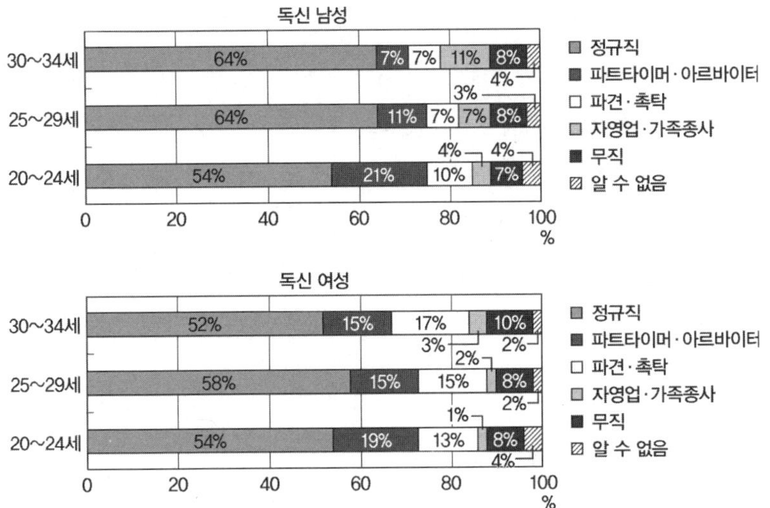

자료: 일본 국립사회보장인구문제연구소, 「제13회 출생동향 기본조사」.

후의 임금을 인상시키는 효과도 있었다(Green·Ferber, 2005).

한편 일본에서 학력, 근속연수, 연령, 기업규모, 직종 등이 임금에 미치는 영향을 배제했을 때, '호칭상 파트타이머'라는 것은 정규직에 대해 남성은 17%, 여성은 22% 임금을 낮추는 효과가 있다고 추계하고 있다(永瀨伸子, 2004). 또 일본에서는 취업 중단이 임금에 미치는 영향이 훨씬 더 커서, 여성이 35세 이후 현직에 취업한 경우 이후 임금은 거의 횡보할 뿐 상승하지 않는다는 것을 보여준다(永瀨伸子, 2003: 251~252).

5. 불안정 고용에 대한 사회적 보호가 취약한 이유

이처럼 일본의 불안정 고용은 한번 진입하면 벗어나기가 상당히 어렵다. 또 사회적 안전망의 정비가 취약한 것도 하나의 특징이다. 이런 특징이 나타나는 이유는, 미국과 유럽에 비해 일본에서는 고도성장과 낮은 실업률이 지속되었고, 또 장기고용에 성공했던 경험이 있어 불안정한 고용자들을 위한 법 정비가 지체된 것이 주요인으로 보인다.

2절에서 기술한 기업 측, 개인 측의 요인 및 기술혁신 요인들은 정도의 차이는 있지만 많은 나라에서 찾아볼 수 있다. 그러나 정규직, 유기고용자, 파트타임 고용자 등의 고용형태나 그 임금격차, 또는 고용 안정성은 나라에 따라 큰 편차가 있다. 그러한 편차에 큰 역할을 하고 있는 것이 규제의 존재 방식이다. 일본의 규제 방식은 비정규 고용을 보호하는 데 시간을 지체하고 있다고 할 수 있다.

1) 불안정 고용의 전후사

불안정 고용이 일본에서 어떻게 논의되어왔는지 역사를 되돌아보면, 전후에는 제조업에서 '본本공'과 '임시공' 간의 임금 차이나 고용 안정성에서 격차 문제가 크게 다루어졌다. 그러나 이후 일본이 고도성장기에 진입하고 노동 수요가 증가하면서 '본공' 채용의 입구가 크게 확대되었다. 이때 '임시공'의 '본공'으로의 채용이 진행되었기 때문에 '임시공'의 처우를 개선해야 한다는 의론은 그다지 발전하지 않았다. '본공'의 근로조건이나 임금체계가 의론의 중심을 이루었고 '임시공' 문제에 대한 관심은 희박했다.

그 후 고용에 대한 조정판 역할은 '배우자가 있는 여성 파트타이머'들이 담당하게 되었다. 즉, 1980년대 배우자가 있는 여성들에게 근로시간 선택에 일정한 자유를 부여해 가족을 돌볼 수 있도록 하면서 그들을 저임금으로 고용하는 방식이 각 산업에서 확립되었다. 이 시기에 '제3호 피보험자'가 창설되어 1986년에 시행되기도 했다. 그래서 중년 여성 다수가 그러한

'가계를 보조하는' 방식의 취업을 하게 되었다.

파트타이머의 저임금이 부당하다는 의론이 있기는 했지만, 가정을 중시하는 여성들이 낮은 임금도 좋다면서 선택한 취업 방식이라는 의론도 존재했기 때문에[예를 들면, 니타(仁田道夫, 1993)와 오자와(大澤眞理, 1993, 1994)의 논쟁], 불안정 고용의 문제가 사회문제로서 본격적으로 다루어지지는 않았다.

2) 1998년 이후 신규 고용자에게 확대된 불안정 고용

이러한 객관적 조건의 커다란 변화가 일반화한 것은, 1998년의 금융위기와 기업도산, 그리고 기업들의 구조조정 지속으로 많은 젊은 남녀들이 (희망하더라도) 정규직에 고용되기 어려워진 때부터다. 또한 구조조정된 남녀, 이별해 혼자 살거나 평생 독신으로 사는 여성이 증가하자, 이들은 생계유지를 위해 가계를 보조하는 수준의 임금밖에 받을 수 없는데도 비정규 고용의 근로조건을 받아들였다.

예를 들면 남성 고용자의 정규직 비율은 1984년에 85%, 버블 정점기인 1991년에 83%, 1998년에 82%로 크게 낮아지지 않다가 1998년 이후에 대폭 떨어져, 2006년에는 74%가 되었다. 그 대신 아르바이터나 계약사원이 늘어났으며, 특히 20~24세층에서는 고용자 4명 중 1명이 비정규직으로 나타났다.

한편, 여성의 경우 경기 동향에 상관없이 일관되게 정규직의 비율이 낮아졌다. 1974년에 68%였던 것이 1991년에는 60%, 1998년에는 55%, 그리고 2006년에는 45%까지 떨어졌다. 그 사이 1984년 24%였던 파트타이머·아르바이터의 비율은 2007년에 38%로 일관되게 증가했다. 또 2000년 이후, 계약사원과 파견사원도 증가하고 있다. 여성 20~24세층에서는 고용자의 40% 가까이가 비정규직이다. 25~29세층에서는 정규직의 비율이 조금 올라가지만, 35~39세층에서는 비정규직의 비율이 절반을 넘고, 그 이상의 연령층에서는 일관되게 비정규직이 정규직보다 높다.

3) 일본 고용 관행의 이면을 보여주는 비정규 고용

그런데도 여전히 비정규직과 정규직의 격차를 해소하려는 노동법의 움직임이 더딘 것은 일본의 장기고용이 일본 경제의 경쟁력의 원천이라는 견해가 여전히 존재하고 있기 때문이 아닐까 생각된다. 장기 고용자들의 기업에 대한 헌신을 높이고, 또 고용 안정성을 높은 수준으로 유지하기 위해서는 저렴한 고용형태라는 경기의 조정판을 확보할 필요가 있는 것이다.

앞 절에서 보았듯이 일본의 정규직과 비정규직 간 임금격차는 선진국 중에서도 눈에 띄게 높은 수준이다. 이것은 일본에서는 정규직과 비정규직 간의 근로조건 격차가 기본적으로는 노사 간 자율 사항으로 간주되고 있으며, 또 일본의 노동법이 정규직의 고용 보호를 중심으로 형성되었다는 사실이 큰 영향을 미쳤을 것이다. 이와 관련해, 파트타임 근로자와 풀타임 근로자의 균등한 처우 원칙[2]을 법적 구속력 아래 명확하게 정한 법률이 일본에는 없었다고 하면서, 파트타임 근로자와 정규직 간 임금 격차의 위법성을 '공공질서 위반'의 법리에 의거하여 다음과 같이 설명한 연구가 있어 소개하기로 한다(淺倉むつ子, 2000: 438~452). 우선, 노동법의 '공공질서'로서, 동일한 노동에서 동일임금을 인정하기로 하자. 다만 사회통념이나 사회적

2 EU의 지침에는 '균등처우'라는 말이 사용되고 있지만 일본의 파트타임 근로지침은 '균형처우'라는 좀 더 완화된 표현을 사용하고 있다. 또한 균형처우를 위한 규정들도 지침 안에 삽입시킨 정도에 그치고 있다.

관행상 '합리성'이 인정되는 격차는 허용된다. 이 연구에서는 '합리성'의 기준 지표로 업무내용, 노동시간, 소정 외 근무 유무, 배치전환 유무, 계약기간, 근속연수, 직업능력 등을 제시하고 있다. 이 외에 기업에 대한 책임이나 구속 정도, 채용 기준이나 절차 등을 '합리성'의 기준으로 내세우는 학설도 있다. 그러나 이 연구에서는 예를 들어 전근이나 소정 외 노동에 대해, 이것들이 직무상 요청되는 것이 아님에도 파트타임 근로자의 저임금을 정당화하는 데 이용되는 일이 있어서는 안 된다고 기술해, 합리성의 기준이 정말 합리적인지, 직무와 얼마나 관련이 있는지를 주의 깊게 확인해야 한다고 해설하고 있다.

다만 이 정도의 법적 지원으로 정규직과 비정규직 간의 대단히 큰 격차를 해소하기는 부족하다. 단기간 고용자나 중도채용자가 능력을 발휘해 커리어를 쌓을 수 있는 취업 방식을 만들어나가려는 노사 양측의 진지한 노력, 기업연금이나 공적연금을 시간비례적으로 급부하는 것을 의무화하는 법 개정 노력 등이 요구된다. 이에 더해 비정규직에게 육아휴직 수당 등의 여러 사회보장 확대, '균등처우'로 나아가기 위한 한층 강화된 법 차원에서의 뒷받침도 필요할 것이다.

또한 젊은 세대가 비정규 고용에 내몰리고, 한번 경력이 단절된 여성이 비정규 고용을 강요받는다면, 젊은 층은 독립하기 어려울 것이고 다음 세대도 육성되지 않을 것이다. 그리고 이렇게 가족들이 중년·고령층 남성에게 의존하는 경제는 조만간 모순이 확대되어 유지할 수 없을 것이다.

그렇다면 정규직일 경우 과연 안심할 수 있을까? 일본에서는 중년·고령층 남성들의 자살률이 두드러지게 높다. 그 배경에는 지금의 취업 형태를 계속 이어나가야 한다, 가계를 짊어져야 한다, 쉽게 이직이 어렵다 같은 강력한 압박이 있을 것이라 생각된다. 취업 방식에 관한 근본적인 개혁이 필요한 시점이다.

6. 불안정 고용에 대한 사회적 보호의 새로운 양태

1) 비정규직에 대한 사회적 보호가 불충분한 이유

고용되어 있는 사람은 여러 가지 의미에서 취약한 상황에 놓여 있다. 그런 이유로 고용자에 대해서 노동법이나 사회보험 등을 통해 다양한 보호가 시행되고 있다.

(1) 노동법상 보호의 개선 필요성

근로자의 입장을 안정시키는 가장 일반적인 고용계약은 계약기간이 정해지지 않은 형태다. 이는 정년 등 취업규칙으로 정해진 조항을 제외하면, 원칙적으로 고용이 계속된다는 것을 상정한다. 물론 해고 등의 방법으로 고용계약이 중단될 수는 있다. 그러나 해고와 관련해서는 고도성장기에 법정까지 간 몇 건의 사례가 있었고, 경영자는 해고 회피를 위해 노력할 의무가 있다는 「해고권 남용의 법리」가 판례로 확립되었다. 그 결과 대기업들은 경영 사정이 악화하는 상황일지라도 해고라는 절차를 취하기보다, 예를 들면 고용자들에게 예를 들어 정규 퇴직금에 외에 돈을 더 받고 퇴직하는 '희망퇴직'이라는 형태의 이직을 선택하도록 하는 것이 일반적이었다.

그런데 비정규직의 다수는 원래 유기고용이다. 고용계약기간이 종료되면 실직한다. 이 같은 불안정 고용을 제한하는 입법이 일본에서 실행된 적은 없다. 하지만 EU 많은 나라에서는 유기고용에서 계약 갱신이 몇 번 있었다면 자동으로 계약기간이 정해지지 않은 계약으로 이행되는 입법이 존재한다(Osawa·Houseman, 2003).

「고용기회균등법」은 동일한 고용형태 안에서 남녀 차별을 금지하고 있지만, 결과적으로 어떤 고용형태가 여성을 배제하더라도 그것을 위법으로 삼지 않는다. 자녀 양육을 하고 있는 여성이 잔업이나 전근을 할 수 없다는 조항에서, 만일 '파트타임 근로'라는 직종에 있는 사람들이 기업연금에서 배제되는 것이 여성에 대한 간접 차별이고 위법행위라는 판결이 나온다면, 파트타임 근로자들의 처우는 크게 개선될 수 있다. 그러나 현실은 '간접 차별'이라는 개념이 노동법에 가까스로 도입된 단계이고, 그 적용 범위 또한 대단히 제한되어 있다. 그래서 이것을 크게 확대할 필요가 있다.

(2) 피용자보험에 비정규직의 가입을 촉진할 필요성

근로자는 노동법에 의한 보호와는 별도로 취약 상태에 빠질 경우 사회보험으로부터의 보호를 제공받을 수 있다. 예를 들어 실업자에게는 고용보험을 통한 실업급부, 병 때문에 휴직한 사람에게는 피용자 건강보험을 통한 요양급부, 육아 때문에 일을 쉬는 사람에게는 그 기간의 소득 보장을 위한 육아휴직 급부, 고령자에 대해서는 연금급부가 설계되어 있다.

그러나 대부분의 비정규직들은 피용자를 위한 사회보험의 가입 자격을 충족하지 못하고 있다. 〈그림 5-7〉에서 보듯이 비정규직의 사회보험 가입률은 높지 않다. 20대 전반에서의 비정규직 남성은 고용보험·건강보험·후생연금보험의 어느 쪽에도 겨우 20% 정도밖에 가입하고 있지 않다. 여성이 조금 높기는 하지만, 그래도 40% 초반 수준이다.

중년기가 되면 남성의 경우 파견사원이나 계약사원 등의 비율이 증가하는 경향이 있어 피용자보험의 가입률이 60~80% 정도로 높아진다. 그러나 여성의 피용자보험 가입률은 낮아져, 건강보험·연금보험은 30%, 고용보험은 50% 정도가 된다. 여성은 대부분 회사원의 피부양 배우자이기 때문에 사회보험료를 지불하지 않더라도 일정한 의료보험·공적연금보험의 급부를 받을 수 있어, 자발적으로 가입하지 않는 경우도 있을 것이다. 그러나 희망하더라도 가입하기 어려운 측면도 있다. 〈그림 5-7〉에는 없지만 배우자의

〈그림 5-7〉 비정규직들의 사회보험 가입 상황

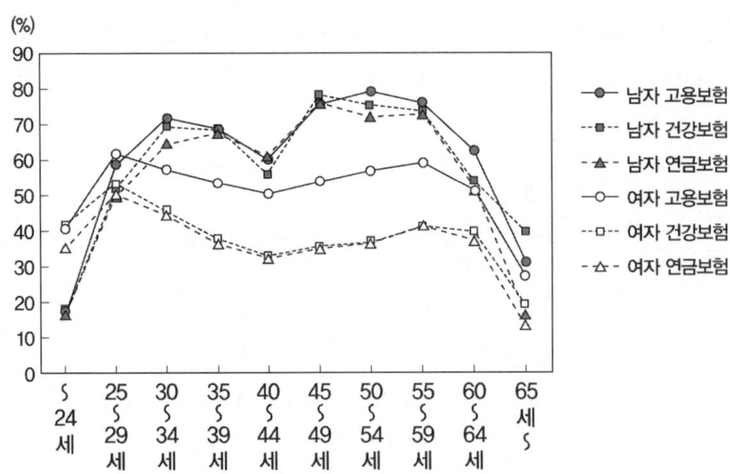

자료: 永瀬伸子(2004), 일본 후생노동성(1999), 「취업형태의 다양화에 관한 조사」에서 재집계.

유무에 따른 여성의 피보험 가입률에서 비非전형적 취업형태로 일하는 배우자가 없는 여성이 가입한 보험을 살펴보면 고용보험, 피용자 건강보험, 피용자 연금보험의 경우, 20대 후반의 가입률이 각각 69%, 63%, 62%로 그다지 높지 않다. 그런데 40대 후반에는 62%, 50%, 47%로 한층 낮아진다. 노후와 건강에 대한 염려가 높아지는 중년기에 오히려 1인가구 여성의 가입률이 떨어지는 이유는 이들이 피용자보험에 가입할 수 있는 일자리에서 중년 여성이 배제되고 있기 때문인 것으로 보인다. 2001년 일본 노동연구기구가 모자세대의 어머니의 취업지원에 관해 조사한 자료를 보면, 이들 가운데 41%가 이직할 때 중요시하는 사항으로 '연금보험이나 고용보험에 가입할 수 있다'는 것을 꼽고 있다. 그럼에도 가입할 수 없는 사람이 많은 것이다. 편모세대의 여성은 고용자에 대한 사회적 보호의 틀에서도, 주부에 대한 사회적 보호의 틀에서도 뒤처져 있다.

또 육아휴직을 누릴 수 있는 자격은 '육아휴직 복귀 후 계속해서 1년 이상 일할 것으로 예상되는 경우'이기 때문에, 실질적으로 비정규직 대부분이 자격요건을 충족하지 못한다. 대단히 드문 경우만이 육아휴직을 누리고 있는 것이다. 이 때문에 육아휴직 급부의 총액이 2007년 4월부터 출산 전 급여의 50%로, 10% 포인트 인상되었지만 비정규직의 대부분은 그 혜택을 받지 못하고 있다.

(3) 가족과 일에 관한 중요 규제 개혁

이렇듯 가장 취약한 비정규직이 보호의 사각지대에 놓이게 된 이유가 무엇인지 생각해보면, 일본의 사회적 보호 제도는 정규직과 정규직이 부양하는 가족 및 자영업주와 그 가족을 상정해 만들어졌기 때문으로 볼 수 있다. 비정규직을 정규직이 부양하는 가족으로 여겼기 때문에, 피용자보험에 가입해 있지 않더라도 피부양 가족으로서 보호를 받을 수 있다고 상정했던 것이다. 또한 그러한 보호를 받지 못하는 비정규직은 매우 소수이며, 자영업 제도로 들어가면 될 것이라고 대응했을 것이다.

그런데 오늘날 이 자영업 제도에 들어갈 수 없는 비정규직은(예를 들면 연금제도를 볼 때), 수적으로 자영업주와 그 가족을 훨씬 상회하고 있다. 그러나 '1호 피보험자' 제도는 기본적으로 자영업을 상정하고 있기 때문에, 고용자들에게는 적용되지 않는 부분이 많다. 예를 들어 비정규직을 고용하는 것으로 가장 큰 혜택을 얻는 사업주는 이 사회보험료에 대한 사업주 부담을 질 필요가 없는 것이다. 또한 자영업의 사회보험료는 정액 부담이기 때문에 저소득자는 납부하기가 어렵게 설계되어 있다. 나아가 연금급부의 수준도 생업을 가진 자영업자를 상정하고 있다.

지금까지는 피용자보험에 단기간 고용자를 조금씩 더 포함시키기 위한 법개정이 이루어져왔다. 하지만 이 제도는 정규직에 참여할 수 있는 길을 더 넓히기 위한 것이었고, 비정규직이라는 취업형태의 특성을 고려해 창설

된 것은 아니었다. 예를 들어 현재의 피용자 연금이나 건강보험료 징수는 원칙적으로 매년 한 번 결정된다. 그리고 월수입에 큰 폭의 변동이 없다면 사회보험료도 변하지 않는다. 이 제도는 4월에 정기 승급이 있는 정규직들을 상정한 것이고 매월 노동시간에 변동이 있는 비정규 고용자들에 대한 배려는 결여하고 있다. 매월의 급여에 연동하는 형태로 사회보험료 징수방법을 변경하는 것이 바람직하겠지만 그러한 대응은 이루어지지 않고 있다.

또한 회사원이 부양하는 배우자들에 대한 은전恩典 개념으로서 '제3호 피보험자' 제도나 건강보험료의 면제 등이 비정규직의 사회보험에 대한 요청을 갈라놓고 있기도 하다. 피용자보험을 비정규직에 확대하는 것은 보호를 확대하는 것이므로 기본적으로 비정규직은 이를 지지하겠지만, 이미 '제3호 피보험자'의 권리가 있는 파트타이머 여성들은 새로운 사회보험료를 부담하는 데 적극적이지 않을 것이다.

그러나 앞서 독신남녀의 취업형태별 구성(〈그림 5-6〉)을 보면 쉽게 예측할 수 있듯이, 앞으로는 비정규직끼리의 혼인이 늘어날 것으로 생각된다. 그렇기 때문에 이에 따른 사회보장을 확충하지 않는다면 젊은이들의 혼인률은 더욱 침체할 것이고 저출산 문제도 더욱 심각해질 것이다. 비정규직의 현재 임금 수준으로 볼 때 부부 두 사람 모두 일하지 않으면 생계를 꾸릴 수 없다. 그러나 현 제도 아래에서 여성은 출산·육아기에 직장을 그만둘 수밖에 없고, 이 경우 경제적 곤란에 빠질 세대가 적지 않을 것이다.

비정규직일지라도 자녀양육기나 훈련기간, 실업기간, 고령기 또는 질병기 등을 안심하고 보낼 수 있도록 사회적 규칙을 바꿔나갈 필요가 있다.

비정규직에 대한 사회보장책으로 다음과 같은 것들을 생각할 수 있다.

① 자녀양육기

비정규직 세대는 이 시기에 가장 취약해진다. 아이를 부양할 수 있을 정도의 임금이 아닌 경우가 많고 또한 자녀양육기와 관련해 육아휴직의 권리를 보장받지 못한 사람이 대부분이기 때문이다. 아이를 부양할 수 있을 정도의 임금을 받지 못하는 사람에게는 근로장려세제 Earned Income Tax Credit, 아동수당 등으로 대응해야 하고, 또한 비정규직도 육아휴직 급부를 받을 수 있도록 법개정이 이루어져야 한다. 자녀양육기의 소득 확충을 위한 일반론으로는 프랑스에서 시행하고 있는 '가족급부 기금'에서의 급부 제도가, 또 저소득자 자녀양육기의 소득 확충을 위해서는 현재 미국에서 시행하고 있고 다른 많은 나라에서 도입하고 있는 근로장려세제가 참고가 될 것이다. 또한 육아휴직 급부와 관련해서는 영국, 캐나다, 프랑스 등에서 시행하고 있는, 출산 전에 취업하고 이후 수입이 낮아진 사람이 예외 없이 육아휴직 급부를 받을 수 있는 제도가 참고가 될 것이다(永瀬伸子, 2007). 급부권자는 풀타임 고용자에 한정되지 않으며, 그 재원은 고용보험이나 일반재원, 또는 '가족급부 기금' 등에 의해 충당되고 있다. 오늘날 여성의 수입도 가계에 반드시 필요시 필요하다고 여겨지고 있기 때문에, 그와 같은 제도 변경이 사회적 보호의 한 선택지가 되고 있다.

② 훈련기간과 실업기간

비정규직은 정규직이 기존에 회사에 받는 수준의 훈련을 충분히 받지 못하는 경우가 많다. 젊은 비정규 고용자층이 훈련급부를 좀 더 쉽게 받을 수 있도록 하는 고용보험의 개정이 필요하다. 고졸자 취업 시스템이 무너지고 공교육만으로는 취직하기 어려워진 오늘날, 가정의 경제력이 자녀의 진학은 물론 취업 기회까지 규정하게 되었다고 말한다. 청년층이 취업을 통해 교육훈련을 보조받는 구조를 도입하는 것이 중요하며, 그와 같은 제도를 만드는 것은 비전형적 고용자가 고용보험에 가입하는 의욕을 향상시킬 것이다.

비정규직은 일자리를 얻기도 잃기도 쉬운 취업형태다. 이들에게 실업에 대한 소득 급부를 부여한다면 모럴 해저드를 일으키기 쉽다. 이들의 실업에 대해서는 훈련이나 안정 고용으로의 이행에 주안점을 둔 제도를 고안해야 할 것이다.

일본에서는 1998년 고용보험에 '직업훈련 급부'가 추가되었다. 이 급부는 이전처럼 기업에 보조금을 주는 방식이 아니라 개인이 그 자신의 능력 개발을 위한 활동을 선택할 때 그것을 지원하는 방식을 취하고 있는데, 개인이 정부에게 인정된 강좌를 수강할 경우 그 비용 중 일부를 고용보험이 충당하는 형태다. 그러나 비정규직은 그 혜택을 거의 받지 못하고 있다. 왜냐하면 고용보험에 가입해 5년 이상(현재는 3년 이상)이 되어야 수혜자격이 생기기 때문이다.

업무가 중도에서 단절되기 쉬운 비정규 고용층을 대상으로 이들의 능력 개발을 도울 수 있는 구조를 창출하는 것이 현재 가장 중요한 문제다. 왜냐하면 일본 기업들은 정규직에 대해서는 교육훈련을 잘 실시하고 있지만 비정규직에 대한 교육훈련은 빈약하기 때문이다. 청년층이 취업해 2년 정도가 지나면 전문학교, 직업학교 혹은 기업이 제공하는 능력 개발 강좌를 통해 고용 비용의 일부를 충당하는 제도를 창설해야 할 것이다.

원래 유기고용자는 기업 사정에 따른 실업의 리스크가 고용계약기간이 정해지지 않은 고용자들보다 크다. 일본의 고용보험료는 노사가 절반씩 부담한다. 하지만 최근에 크게 증가한 유기고용자들은 높은 실업리스크에 노출되어 있기 때문에, 고용보험료를 전적으로 사업주가 부담하도록 하고 또 그 요율도 일반 고용자보다 높게 책정함으로써, 기업 사정에 따른 실업리스크의 새로운 안전망을 도입하는 것이 바람직할 것으로 생각된다. 또한 그 급부 중 특히 젊은 연령층과 관련해서는 능력 개발에 중점을 두어야 한다. 한편 노동 수요 측인 사업주가 인정한 강좌의 선택에 일정한 발언권을 행사하는 것도 필요할 것이다. 이와 같이 비정규직의 능력 개발을 고려한 새로운 사회안전망의 구축이 필요하다고 하겠다.

③ 고령기

현행 기초연금의 연금 수준에서는 도저히 불충분할 것이다. 사업주가 부담하는 것으로 법을 개정할 필요가 있고 피용자보험을 확대해갈 필요도 있다. 또한 육아·출산으로 여성의 연금권이 낮아지는 것과 관련해, 직접적인 육아·출산으로 인한 소득저하가 (정규직의 배우자인지 아닌지에 관계없이) 연금급부권의 저하로 연결되지 않는 제도를 창설할 필요가 있다. 예를 들면 육아기에 대해서는 평균 임금을 번 것으로 추산해 연금권을 적립해 쌓거나(사회보험료를 국고 부담으로 하는 독일 방식), 육아기의 경우 가입기간에 포함시키되 표준보수의 산출에서는 제외하는 방식(캐나다 방식) 등을 생각해볼 수 있다.

④ 질병기

마찬가지로 피용자보험에 가입할 수 있도록 하는 것이 중요하다.

참고문헌

淺倉むつ子. 2000.『勞働とジェンダーの法律學』. 有斐閣.

阿部正浩. 2005.『日本經濟の環境變化と勞働市場』. 東洋經濟新報社.

大澤眞知子·スーザン·ハウスマン 編. 2003.『働き方の未來: 非典型勞働の日米欧比較』. 大澤眞知子 監驛. 日本勞働硏究機構.

大澤眞理. 1993.「日本的パートの現狀と課題: ≪ジュリスト≫, 4月15日号,「特集·パートタイム勞働の現狀と課題」を讀んで」. ≪ジュリスト≫, 1026号, pp. 133~136.

______. 1994.「日本の'パートタイム勞働'とは何か」. ≪季刊勞動法≫, 170号, pp. 34~51.

太田淸. 2006.「非正規雇用と勞動所得隔差」. ≪日本勞働硏究雜誌≫, 557号, pp. 41~52.

黑澤昌子·玄田有史. 2001.「學校から職場へ: '七·五·三'轉職の背景」. ≪日本勞働硏究雜誌≫, 490号, pp. 4~18.

權丈英子·シブ·グルタフソン·セシール·ウエッツエルス. 2003.「オランダ, スウェーデン, イギリス, ドイツにおける典型勞働と非典型勞働: 就業選擇と賃金格差」. 大澤眞知子·スーザン·ハウスマン 編.『働き方未來: 非典型勞働の日米欧比較』. 日本勞働硏究機構.

玄田有史. 2004.『ジョブ·クリエイシオン』. 日本經濟新聞社.

小杉禮子. 2004.「フリーターと誰なのか」. ≪日本勞働硏究雜誌≫, 525号, pp. 46~49.

橘木俊昭·浦河邦夫. 2007.「日本の貧困と勞働に關する實證硏究」. ≪日本勞働硏究雜誌≫, 563号, pp. 4~19.

永瀨伸子. 2003.「母子世帶の母のキャリア形成, その可能性: '就業構造基本調査 平成9年'を中心に」. ≪母子世帶の就業支援に關する調査硏究報告書≫, 日本勞働硏究機構調査硏究報告書, 156号, pp. 239~289.

______. 2004.「非典型的雇傭者に對する社會的保護の現狀と課題」, ≪季節社會保障硏究≫, 第40卷 2号, pp. 116~126.

______. 2007.「少子化にかかわる政策はどれだけ實行されたか? 保育と兒童育成に關する政策の課題」.『フイナンシャル·レビュー』.

仁田道夫. 1993.「'パートタイム勞働'の實態をめぐる論点: 大澤助教授の批判に答えて」. ≪ジュリスト≫, 1031号, pp. 98~101.

Autor, David H. 2003. "The Contribution of Unjust Dismissal Doctrine to the Growth of Employment Outsourcing." *Journal of Labor Economics*, Vol.21, No.1, pp. 1~42.

Bernhardt, Annette and Dave Marcotte. 2000. "Is 'Standard Employment' Still What It Used to Be?", Carre Francoise, Marrinne A. Ferber, Lonnie Golden and Stephen A. Herrenberg(eds.). *Nonstandard Work: The Nature and Challen ges of Changing Employment Arrangements.* Cornell University Press.

Bland, Rebecca M. 1990. "Are Part-Time Jobs Bad Jobs?" Gary Burtless(ed.). *A Future of Lousy Jobs: The Changing Structures of U.S. Wages, Brookings Institution*, pp. 123~155.

Ferber, Marianne A. and Jane Waldfogel. 2000. "The Effects of Part-Time and Self-Employment on Wages and Benefits: Differences by Race, Ethnicity and Gender", Carre Francoise, Marianne A. Ferber, Lonnie Golden and Stephen A. Herrenberg(eds.). *Nonstandard Work: The Nature and Challenges of Changing Employment Arrangements.* Cornell University Press.

Green, Caroline A. and Marianne A. Ferber. 2005. "The Long-Run Effect of Part-Time Work." *Journal of Labor Research*, Vol.26, No.2, pp. 323~333.

Houseman, Susan and Machiko Osawa. 2003. "The Growth of Nonstandard Em ployment in Japan and the United States: A Comparison of Causes and Consequences." Houseman Susan and Machiko Osawa(eds.). *Nonstandard Work in Developed Economies: Causes and Consequences.* W.E.Upjohn Institute for Employment Research Kalamazoo, Michigan.

Montogomery, Mark. 1988. "Determinants of Employer Demand for Part-Time Workers." *Review of Economics and Statistics*, Vol.70, No.1, pp. 112~117.

Tilly, Chris. 1991. "Reasons for the Continued Growth of Part-Time Employment." *Monthly Labor Review*, Vol.114, No.3, pp. 10~18.

제 6 장

기업도산 리스크

히로다 신이치広田眞一

일반적으로 일본의 많은 사람이 "기업이 도산하면 큰일 난다"고 생각할 것이다. 하지만 이런 통념과는 관계없이 지금까지 경제학에서는 기업도산 리스크를 중요한 문제로 다루지 않았다. 그 이유는 전통적인 경제학에서 '기업은 주주의 것'이고, "많은 주식을 동시에 보유하고 있는 주주에게는 개별 기업도산이 대단한 사건은 아니다"라는 사고방식이 지배적이었기 때문이라고 생각된다. 그러나 일본 사회에서는 "기업은 직원의 경제활동의 장이자 사회생활의 장"이라는 생각이 현실적이고, 기업도산은 직원의 인생을 뒤흔드는 심각한 사태다. 기업도산은 직원의 경제·정신 측면에 어떤 영향을 미칠까? 일본 기업은 지금까지 도산 리스크에 어떻게 대처해왔을까? 또한 앞으로 일본 사회는 기업도산 리스크를 어떻게 받아들여야 할까? 이 장에서는 기업도산 리스크를 일본 사회에 입각해 이론적·실증적으로 고찰한다.

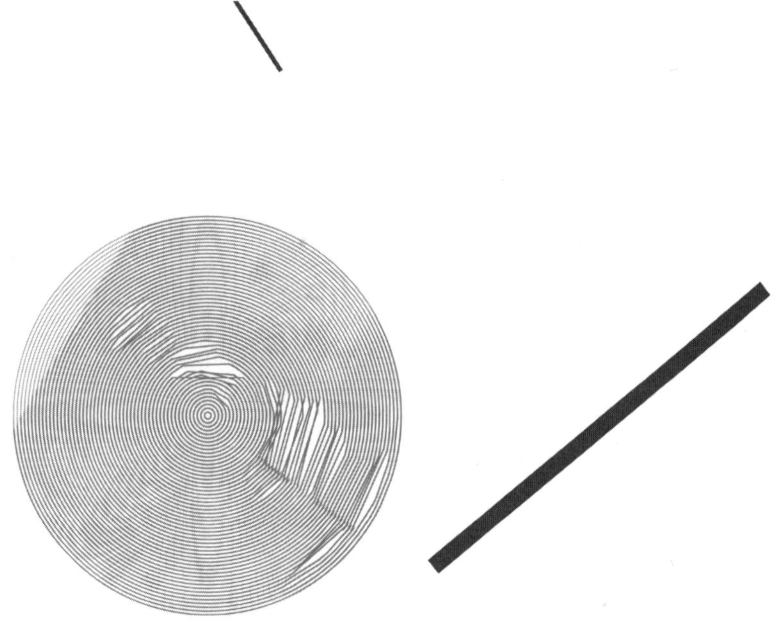

1. ≪월스트리트저널≫의 기사

나는 2001년부터 2003년까지 2년 동안 모 대학에 객원연구원으로 근무하면서 미국 동부에 머무른 적이 있다. 그러던 어느 날 알고 지내던 한 미국인이 일본에 대한 매우 흥미로운 기사가 났다면서 신문을 가지고 왔다. 그 신문은 미국의 경제지 ≪월스트리트저널Wall Street Journal≫이었다. 다음은 그 기사를 내 나름대로 요약한 것이다.

> 2001년 7월 5일
>
> "회사에 작별을 고할 수 없는 일본인"
>
> 많은 일본인에게 회사는 특별한 장소인 모양이다. 믿어지지 않지만 일본에서는 회사가 도산한 후에도 출근하는 사람들이 있다.
>
> K 씨는 1980년대 중반 무렵, 직업훈련학교를 졸업하고 지금의 회사에 취직했다. 그가 배치된 곳은 도쿄에서 동쪽으로 60km쯤 떨어진 곳에 있는 공장이었다. 그는 그곳에서 10년 동안 근무한 후 그 공장의 책임자가 되었다. 그에게 오랫동안 함께 일해온 공장의 동료들은 가족과 같은 존재였다. 그는 업무 외적으로도 많은 시간을 공장 동료들과 함께 보냈다. 해마다 봄에는 동료들과 함께 꽃구경을 다녔고, 결혼 상대도 공장에서 만났다. 당시 그의 인생은 어떤 의미에서 블루칼라판版 재퍼니즈 드림이 실현된 것이나 마찬가지였다. 회사에서는 그에게 책임 있는 일을 맡겼으며, 개인적으로는 주택론을 받고 주택을 구입해 부인, 두 자식과 함께 사이좋게 살았다.
>
> 그러던 1995년 12월의 어느 날, K 씨의 인생을 크게 뒤흔드는 사건이 일어났다. 이날 일련의 채권자들이 그의 공장을 찾아와 회사가 채무불이행으로 도산했다는 사실을 알렸다. 그리고 채권자들은 바로 회사를 청산하려 했다. 그러나

그와 동료들은 그것을 받아들이지 않았고 정면으로 저항했다. 채권자들이 공장에서 기계를 반출해가지 못하도록 공장 문에 잠금 장치를 했고, 사납게 짖어대는 개를 길러 채권자들이 공장에 들어오지 못하게 했다. 그렇게 3개월 동안 그들은 공장에서 먹고 자면서 채권자들의 손에서 그들의 공장을 지켜냈다.

K 씨는 "우리가 지금 이 공장에서 일하는 것 말고 무슨 일을 할 수 있겠습니까? 회사를 단념하고 다른 곳에 가서 새롭게 출발하라고 가볍게 말하지 말아주기 바랍니다"라고 말했다.

사실 K 씨는 회사가 도산하자 곧 다른 회사로부터 공장 지배인으로 일하지 않겠냐는 제의를 받기도 했다. 그러나 그는 그 매력적일 수 있는 제안을 받아들이지 않았다. 공장에는 아직도 주문이 들어오고 있었고, 그리고 무엇보다 지금까지 함께 일해온 동료들을 버릴 수 없었기 때문이다. 공장에는 그보다 더 나이 든 사람들이 있었고, 그가 이직해 공장이 문을 닫으면 그들은 일자리를 찾을 수 없어 상당히 곤란한 지경에 처할 것이라고 그는 생각했다. 그러한 동료들을 버리고 자신만 이직한다는 것은 생각할 수 없는 일이었다.

회사 소유주가 법적으로 도산 신고를 한 것이 아니었으므로 K 씨와 동료들은 채권자들의 요구를 무시하고 조업을 계속했다. 그들은 거래처들을 찾아가 지금까지와 마찬가지로 주문을 달라고 고개를 숙이며 부탁했다. 쉬운 일은 아니었지만 모두 한마음이 되어 기존 매출 수준을 유지하기 위해 안간힘을 썼다.

그러한 K 씨를 부인도 지지해주었다. 남편이 이전과 같은 급료를 받아올 수 없었기 때문에 그녀는 평일에는 식당에서 일하고, 주말에는 수도 요금 징수 아르바이트를 하며 힘들게 가계를 꾸려나갔다. 그녀로서는 주택대출이 아직도 2000만 엔 이상 남아 있는 상황이었기 때문에 남편이 이직해 안정된 일자리를 얻기를 바라는 마음이 컸다. 그러나 그녀는 남편이 회사 동료들을 위해 버티고 있는 것을 이해했다. 왜냐하면 그녀 역시 자식 둘을 낳기 전에는 그 회사의 직원이었기 때문이다.

이윽고 1998년 10월에 K 씨는 자신이 사장으로 취임해 새로운 이름의 회사를 등록하고 출범시켰다. 이를 위해 필요한 자금은 회사의 2년간 이익과 자신 및 동료들의 저금으로 충당했다. 하지만 새 회사의 경영이 그 후로 순조롭지만은 않았다. 처음 몇 개월은 좋았으나 산업경기가 저조해지고, 국제 경쟁이 격화되면서 업적은 악화되어갔다. 그는 새 회사를 출범시킨 이래 지금까지 세 번이나 급여 삭감을 해야만 했고, 조만간 또 한 번의 급여 삭감을 단행할 수밖에 없는 상황이다.

K 씨는 가끔씩 그때 동료들을 버리고 타 회사로 이직했다면 좋았을 것이라는 생각도 한다. 그랬더라면 금전적으로나 정신적으로나 편하게 살 수 있었을 것이라고. 그러나 그는 곧 그런 생각을 단념하고, "여기서 도망칠 수는 없는 일"이라며 지금의 현실로 돌아오곤 하는 것이었다.

나는 이 기사를 읽고 K 씨가 처한 상황과 그의 생각, 그가 취한 행동들을 바로 이해할 수 있었다. 그러나 그 기사를 가져온 미국인 지인은 "K 씨를 도저히 이해할 수 없네요. 도산한 회사에 왜 그렇게 연연하는 건지. 도산했다면 포기하고 바로 새 직장을 찾아야 하는 것 아닙니까?"라고 말하는 것이었다. 애초에 그가 그 기사를 나에게 들고온 것도 K 씨의 행동이 믿기지 않아, 같은 일본인인 내가 어떤 대답을 할지 듣고 싶어서였을 것이다.

이 기사에 대한 그 미국인의 반응과 나의 반응이 이렇게 다른 것은, 한마디로 '기업도산'이라는 같은 사건이라도 나라나 지역의 문화, 관습, 제도, 환경에 따라 의미하는 바가 다를 수 있다는 것을 나타낸다. 또한 같은 나라나 지역이라고 해도 도산한 기업의 특성에 따라 그 의미는 다를지도 모른다. 그래서 다음에서는 기업도산의 의미와 그것이 사회에 미치는 영향을 이론적·실증적으로 검토하고, 특히 일본의 경제와 사회가 기업도산 리스크를 어떻게 받아들여야 할 것인가에 대해 고찰해보기로 한다.

2. 기업도산이란

기업도산이란 기업이 채무 변제 기한이 왔는데도 돈을 다 갚지 못해 더 이상 경제활동을 할 수 없게 된 상태를 말한다. 기업도산에는 기업이 발행한 수표가 부도 처리된 경우(은행거래정지 처분)나 스스로 법원에 도산을 신청한 경우(「회사갱생법」·「민사재생법」·「파산법」 등에 의거), 또는 거대 채권자와 협의해 법적 절차를 취하지 않고, 내부적으로 정리에 들어가는 경우(내부정리) 등이 있다(이 내용은 도쿄상공리서치 홈페이지를 참조함).

일반적으로 기업도산 가능성은 기업 실적의 좋고 나쁨, 채무(부채)의 크고 작음에 의해 결정된다. 기업은 실적이 악화될수록 채무지불이 어려워지기 때문에 도산 가능성이 커진다. 또한 실적 수준이 같다고 해도 부채가 많은 기업은 갚아야 할 원리금이 커지기 때문에 도산 가능성이 크다.

〈그림 6-1〉의 막대그래프는 과거 30년 동안 일본에서 발생한 기업도산(부채 총액 1000만 엔 이상) 건수를 나타낸다(東京商工リサーチ, 2007). 이것을 보면, 기업도산 건수가 일본 경제의 경기 동향과 밀접하게 관련되어 있다는 것을 알 수 있다. 제1, 2차 석유파동 이후인 1970년대 후반부터 1980년대 전반기에는 그 건수가 1만 5000~2만 건 근처에서 움직이다가 1980년대 후반의 버블경기 시기에는 대폭 감소해 1990년에는 6468건으로 최저를 기록했다. 그러나 1990년대 들어 헤이세이平成불황이 진행되면서 건수가 다시 증가해, 2001년에는 1만 9164건에 도달했다. 그리고 이후 일본 경제가 회생하면서 건수는 다시 감소하고 있다. 이로부터 기업도산의 발생 가능성이 기업 실적의 좋고 나쁨에 의해 결정된다는 것을 알 수 있다.

〈그림 6-1〉의 꺾은선그래프는 일본 기업도산 발생률 추이를 보여준다. 도산 발생률은 도쿄상공리서치가 '보통 법인의 도산 건수/재무통계에 의한 보통 법인의 수'로 계산한 것이다. 이 도산 발생률도 일본 경제의 경기 동

〈그림 6-1〉 도산 건수와 도산 발생률

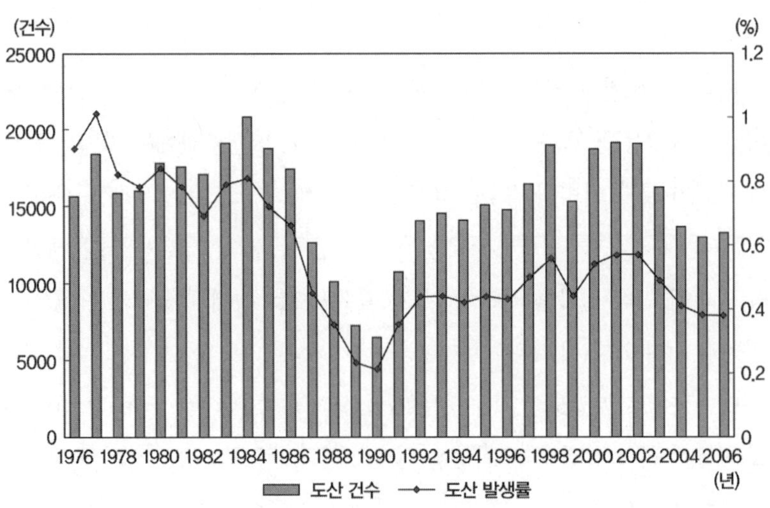

〈그림 6-2〉 도산 원인별 상황

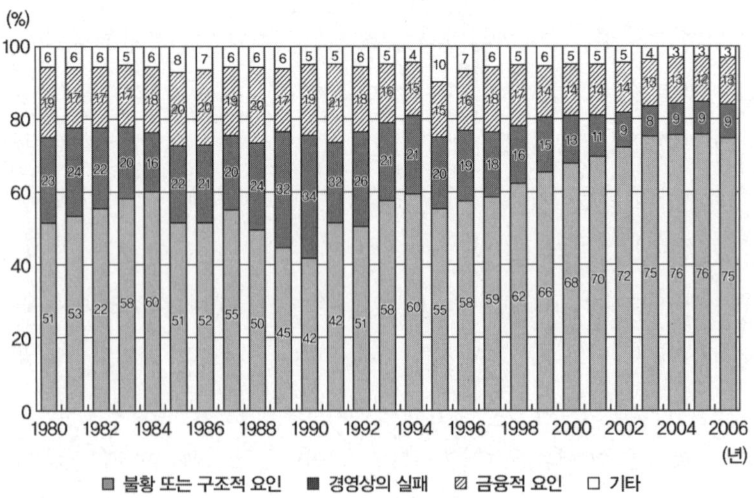

향과 상관관계가 크다는 것을 알 수 있다. 그리고 그 수치는 0.2~1% 사이에서 움직이고 있다.

〈그림 6-2〉는 도쿄상공리서치가 기업도산의 원인을 크게 세 가지로 나누고 각각의 비율을 각 연도별로 정리한 것이다. 첫 번째 요인인 '불황 또는 구조적 요인'은 판매 부진 또는 적자 누적에 의해 도산한 경우를 가리킨다. 이 요인에 의해 도산하는 경우가 가장 많아 각 해마다 도산의 40~70%를 차지한다. 그리고 특히 1990년대 이후 현재에 이르기까지 그 비율이 늘어나고 있는 것이 주목할 만하다. 이는 근년에 크게 바뀐 일본 경제 구조를 반영하는 것으로 보인다. 두 번째의 요인, '경영상의 실패'는 사업상의 실패와 사업 외 실패, 그리고 과다한 시설투자에 의해 일어나는 도산을 가리킨다. 이 요인에 의한 도산의 비율은 1980년대 전반기에는 20% 전후였지만, 버블기였던 1980년대 후반 증가하기 시작해 1990년에는 33.7%에 달했다. 그러나 1990년대에 들어서는 감소해 현재는 10% 정도가 되었다. 세 번째 요인, '금융적 요인'은 운전자금의 결핍, 금리 부담의 증가, 타사 도산의 여파 등으로 일어나는 도산을 가리킨다. 이 요인에 의한 도산 비율은 해마다 10% 내지 20%를 차지한다.

이와 같이 도산의 원인을 관찰하는 것은, 도산을 회피하기 위한 방책을 강구하는 데 큰 역할을 한다. 다만 이에 대해서는 추후 논의하기로 하고, 다음 절에서는 우선 기업도산의 의미, 그리고 그것이 누구에게 어떤 영향을 미치는가에 대해 이론적·실증적으로 고찰할 것이다.

3. 기업도산의 비용: 누구를 가장 괴롭히는가?

그렇다면 학문의 세계에서는 기업도산과 그 사회적 영향에 대해 어떻게 보고 있을까?

표준적인 경제학 또는 금융론의 세계에서는 기업도산을 기업에 일어날 수 있는 하나의 사상事象으로 간주하면서 그것이 사회적으로 큰 비용을 만들어낸다고 생각하지는 않는 것 같다. 그 세계에서는 기업을 주주의 것으로 상정하고, 주주는 기업의 가치(이익과 보유자산) 중에서 부채의 원리금 합계를 반제한 나머지의 수취 권리를 가지는 것으로 본다. 그러므로 기업도산이 일어나는 것은 기업의 가치가 부채의 원리금 합계를 만족시키지 않은 경우이고, 그때는 모든 이익과 자산이 채권 보유자에게 돌아가고 주주는 아무것도 나눠 받을 수 없다. 즉, 주주는 장래 이익을 전망해 자금을 제공하지만, 기업이 도산하면 그에 대해 반환받을 수 있는 것은 전혀 없는 것이다. 이렇듯 기업도산은 주주에게 큰 손실을 주는 것처럼 보일지도 모른다. 그러나 실제로 표준적인 경제학이나 금융론의 관점에서 그것이 주주에게 중대한 일은 아니다. 왜냐하면 주주는 자신의 자금을 그 기업의 주식뿐만 아니라 기타 다양한 금융자산(타 회사의 주식, 투자신탁, 공·사채 등)에 넓게 분산해 보유하고 있기 때문이다. 주주의 관점에서 보면 어떤 기업에 투자한 수익이 제로가 되었다고 해도 다른 50~100가지 금융자산으로에서의 수익이 있다면, 한 기업도산쯤은 큰 문제가 되지 않는 것이다.

이것은 기업의 채권자(대출을 해준 은행, 사채 보유자 등)에게도 마찬가지다. 그들도 자신의 자산을 다양한 금융자산에 분산투자하고 있기 때문에 그중 한 기업이 도산하는 것은 자산 전체가 가져오는 수익에 비춰본다면 근소한 손실에 지나지 않는다. 또한 채권자 역시 일반적으로 사전에 기업도산 리스크를 감안해 금리를 높게 받아왔고, 어떤 기업이 도산해 원리금 전액을 돌려받을 수 없게 된다 하더라도 도산하지 않은 거래처에게서 그만큼 더 높은 금리를 받고 있기 때문에, 평균적으로는 나름의 수익을 얻을 수 있는 것이다.

한편, 자금 제공자(주주·채권자) 외의 기업관계자(예를 들어 직원 등)에게 기업도산은 어떤 영향을 미칠까? 경제학과 금융론의 틀에서 보면 이들 역시 그다지 큰 영향은 없는 것으로 보인다. 직원은 기업과 단기적인 노동계약을 맺고 있는 존재로 간주된다. 예를 들어 현재 A사에서 일하고 있는 직원은 현재 그들이 제공하는 노동서비스의 대가로서 급료를 받고 있는 것이고, 내년에도 A사에서 일할 것인지는 알 수 없다. 그들에게는 언제나 다른 일자리를 찾을 기회가 있고, 더 좋은 일자리를 발견한다면 언제든지 그곳으로 옮겨갈 수 있다. 따라서 현 근무처가 도산했다 하더라도 그것이 그들에게 중대한 일은 아니다. 단지 다른 일자리를 찾아내기만 하면 되는 것이다. 앞서 이야기한 ≪월스트리트저널≫ 기사에 대한 미국인 지인의 반응은 그런 태도에 가깝다고 할 수 있다.

이처럼 표준적인 경제학이나 금융론의 사고방식으로는 기업도산에 대해 우리의 생각과는 반대되는 주장이 나온다. 그 첫 번째는 기업의 부채 발행은 기업 가치의 극대화라는 관점에서 바람직하다는 점이다. 앞서 서술했듯이 부채 발행은 도산 리스크를 높이는 것이지만 한편으로는 절세 효과나 자기자본이익률ROE: Return On Equity을 상승시키는 이점이 있다. 그것으로 기업도산에 따른 사회적 손실을 무시할 수 있다면, 부채 발행의 이점을 강조할 수 있다(금융론에서도 기업도산의 비용을 전혀 생각하지 않는 것은 아니지만, 여기에서 상정하고 있는 비용은 일반적으로 도산을 처리하는 절차 비용, 도산에 의한 자산 감소, 자본제공자 간의 이해 대립에 따른 손실 등으로 한정된다). 그리고 부채비율이 높은 기업은 주주 이익을 극대화하는 자본 정책을 취하고 있는 기업으로서 종종 긍정적으로 평가받는다.

두 번째는 기업도산을 적자생존survival of the fittest의 메커니즘에 따른 것으로 상정해 경제의 효율성 향상에 기여한다고 보는 것이다. 시장에 더 이상 가치 있는 상품이나 서비스를 제공할 수 없게 된 기업이 도산하는 것은, 거기에서 이용할 수 있는 산업요소(자본, 노동)가, 다른 생산성 높은 기업으로 이동해 새로운 부가가치가 창출된다는 의미다. 더 나아가 이러한 적자생존의 메커니즘을 통해, 사회의 자원이 바람직한 형태로 배분되고 경제성장으로 이어진다는 주장이다.

이와 같은 경제학, 금융론의 기업도산에 대한 주장은 이치상으로는 이해할 수 있다. 그뿐만 아니라 현실적으로도 많든 적든 미국의 기업에서는 타당한 부분이 있을지도 모른다. 그렇지만 그러한 주장이 서로 다른 문화, 관습, 제도, 환경 아래서도 현실적으로 타당한지를 논한다면 이야기가 달라진다. 일본에 살고 있는 사람은 의식적으로든 무의식적으로든 일본의 기업을 관찰하며 살고 있다. 그러한 일본인이, "기업이 도산해도 직원이 곤란을 겪는 것은 아니다. 그들은 곧 다른 일자리를 찾을 수 있다"는 사고방식을 받아들이기는 어려울 것이다.

고도성장기 이래 일본에는 장기고용의 관습이 확산되어온 것이 주지의 사실이다. 학교를 졸업하고 어떤 회사에 취업한 직원의 다수는 그 회사에 장기적으로 근무한다. 그리고 그들은 날마다 일을 하며 그 기업 특유의 지식, 기술, 문화, 관습 등을 몸에 익히고 자신의 생산성을 높여간다. 즉, 그들은 기업에 대해 어떤 종류의 인적 투자를 하고 있으며, 그 보답으로 장차 승진, 급료 상승, 고용 안정성 등의 이득을 얻는다. 그러한 직원에게 자기가 일하는 회사가 도산한다는 것은 유일한 인적 투자의 대상이 충분한 보답을 주지 않고 시야에서 사라져버리는 것을 의미한다. 게다가 장기고용의 관습 아래서는 다른 기업도 동일한 인사정책을 채택하고 있기 때문에 도산 후 새로운 일자리를 찾는 것도 쉬운 일이 아니다. 일본과 미국의 고용 조사 결과, 어느 일자리를 그만두고 다른 일자리를 찾을 때까지의 구직기간은 일본이 미국보다 긴 것으로 나타났다(樋口美雄, 2001). 이는 일본에서는 기업도산으로 직원들이 입는 금전적 손실이 크다는 것을 의미한다. 또한 직원의 연령이 높아짐에 따라 심각해질 것이다. 사실, 앞서 서술한 ≪월스트리트저널≫ 기사에서도 기자는 다음과 같은 지적을 했다.

> 일본인이 회사에 매달리는 것은 어떤 의미에서는 합리적인 반응이라고 생각되기도 한다. 일본 고용시장에서는 연령차별이 위법은 아니기 때문에 중년 이상의 노동자가 새로운 일자리를 얻는 것이 간단하지 않다. 일본노동연구기구가 작년에 실시한 조사에 의하면 90%의 일본 기업이 고용 시 연령 상한선을 두고 있는데 그 평균치는 41세라고 한다

이로부터 K 씨의 "우리에게 회사를 단념하고 다른 곳에 가서 새롭게 출발하라고 가볍게 말하지 말아주기 바랍니다"라는 말을 충분히 이해할 수 있을 것이다.

게다가 일본에서는 기업도산으로 직원들이 입는 비용에 금전적인 면뿐만 아니라 정신적인 면까지 포함될 가능성이 있다. 이는 '집단주의', '일을 삶의 보람으로 여기는 자세' 같은 일본인에게 나타나는 행동 특성들과 관련이 있다.

"미국인은 개인주의적이고, 일본인은 집단주의적이다"라는 말은 옛날부터 자주 듣는 이야기다. 일본인 중에는 경쟁사회에서 살아가기보다 자신이 속하는 집단 속에서 주변과 타협하며 마음 편히 살고 싶다는 사람이 많다(阿部謹也, 1995). 그런 점에서 보면 어떤 조직에도 속하지 않고 한 마리 하이에나처럼 일하는 것보다 직장을 자신이 속한 집단이라고 생각하고 그 속에서 다른 구성원들과 협력하며 일하는 것이 일본인의 평균 상像에 가깝다고 생각된다. 더 나아가 일본인에게 일이란 노동하는 것이면서 학문이며 수업이기도 한, '함께하는 어떤 것'이라는 지적도 있다(會田雄次, 1972). 일은 스스로를 성장시키는 것이고 또한 삶의 보람이기도 하다는 것은 일본인

〈표 6-1〉 일본과 미국에서의 설문조사 결과

질문	일본인	미국인
① 일터에서는 팀의 의견을 따라야 한다	2.83[3708]	3.85[3034]
② 팀으로 협력하는 쪽이 높은 성과를 낸다	2.46[3736]	2.77[3081]
③ 팀으로 협력하는 쪽이 만족도가 크다	2.37[3736]	2.94[3083]
④ 일은 돈을 벌기 위한 것이다	2.44[3748]	2.45[3086]
⑤ 일은 삶의 보람으로 연결된다	2.39[3747]	3.49[3082]

주: 표 안의 숫자는 각 질문에 대한 회답치(① 완전히 그렇다, ② 어느 정도 그렇다, ③ 모르겠다, ④ 그렇지 않은 편이다, ⑤ 전혀 그렇지 않다)의 평균값이고, [ ] 안의 숫자는 회답자 수이다.
자료: 오사카 대학, 「21세기 COE 프로젝트: 설문과 실험에 의한 거시 동학」 '일상생활에서 좋아하는 것들과 만족도에 관한 설문'에서 질문 발췌.

이 흔히 하는 말이다. 즉, 일본의 많은 노동자들에게 회사란 단순히 생활의 양식을 얻는 장을 뛰어넘는 귀중한 사회생활의 장, 그리고 인간으로서 생활하는 장으로 받아들여지고 있다(田中一弘, 2006).

〈표 6-1〉은 앞서 서술한 '집단주의', '일을 삶의 보람으로 여기는 자세' 같은 행동 특성이 일본인에게 특히 뚜렷한지의 여부를 확인하기 위해 일본과 미국 각국 3000명 이상을 대상으로 실시한 설문조사 결과를 정리한 것이다.

먼저 첫 번째 질문, '일터에서는 팀의 의견을 따라야 한다'는 직장에서 의사결정이 조직의 의견에 기초해 이루어지는지 아니면 개개인의 판단에 따르는지를 물은 것이다. 이 질문에 대한 일본의 평균값은 2.83이고 미국의 평균값은 3.85였는데, 이는 일본 쪽이 집단주의적인 의사결정 경향이 높다는 것을 보여준다. 그리고 두 번째와 세 번째 질문은 집단주의적 행동의 동기를 찾기 위한 것이다. 두 번째 질문, '팀으로 협력하는 쪽이 높은 성과를 낸다'는 것은 집단주의적 행동이 생산성의 향상이란 경제적 동기에서 나오는 것인가의 여부를 보려는 것이고, 세 번째 질문, '팀으로 협력하는 쪽이 만족도가 크다'는 것은 집단주의적 행동이 그 구성원들의 정신적인 만족도를 높여주는가의 여부를 보려는 것이다. 〈표 6-1〉에서 두 번째 질문에 대한 회답치의 평균값은 일본이 2.46이고 미국이 2.77이었는데, 집단주의적 행동이 생산성에 긍정적인 효과를 가져온다고 생각하는 사람이 일본에 더 많다는 것을 알 수 있다. 그리고 세 번째 질문에 대한 회답치의 평균값은 일본이 2.37, 미국이 2.94였는데, '모두 함께 무언가를 달성한다'는 것 자체에서 정신적인 만족을 느끼는 경향이 일본인에게 더 강하게 나타난다는 것을 알 수 있다. 이렇게 집단행동이 높은 정신적 만족도를 가져온다는 것은 일본 기업에서 직원 사이의 연결성이나 동료의식이 높은 것과 깊은 연관이 있을 것이다. 이러한 것에서도 우리는 K 씨가 공장 동료들을 가족처럼 느낀 것, 그리고 그들을 버리고 다른 기업으로 이직하기를 포기한 사실을 잘 이해할 수 있다.

이어서, 네 번째와 다섯 번째 질문은 일의 의미를 찾는 것이다. 네 번째 질문, '일은 돈을 벌기 위한 것이다'에 대해 일본의 평균값이 2.44, 미국의 평균값이 2.45로, 두 나라 사이에 거의 차이가 없었다. 그에 비해 다섯 번째 문항 '일은 삶의 보람으로 연결된다'에 대해서는 일본의 평균값이 2.39인 데 비해 미국의 평균값은 3.49로, 두 결과에는 큰 차이가 있었다. 즉, 일본에서는 일하는 것을 돈을 벌기 위한 것뿐만 아니라 그 자체가 삶의 보람이라고 생각하는 사람이 미국보다 많다는 것을 알 수 있다.

이상의 설문조사 결과로부터 일본에서 회사란 생활의 양식을 얻는 것뿐만 아니라 동료들과 함께 일하는 기쁨과 삶의 보람을 얻는 장으로 기능하고 있음을 알 수 있다. 이것은 동시에 회사가 도산하면 직원들은 경제활동과 사회활동의 장을 상실하게 된다는 것을 의미한다. 따라서 기업도산이 직원들에게 미치는 비용은 금전 면뿐만 아니라 심리 면에서도 상당히 크다고 생각할 수 있다.

나아가 기업도산이 경제 전체의 효율성에 미치는 영향과 관련해서도 일본에서는 앞서 서술한 적자생존의 메커니즘과는 반대의 결론이 도출될 가능성이 있다. 일본은 메이지시대 이래 경제성장의 원천으로서 생산요소를 기업들 간에 효율적으로 배분하는 것보다 현존하는 조직의 생산효율 향상을 중요하게 생각해왔다고 한다(寺西重郎, 2004). 그래서 조직의 생산효율은 직원의 기업특수적인企業特殊的인 기능을 형성함으로써 향상시킬 수 있었다고 주장한다. 만약 이 주장이 옳다면 기업도산의 가능성은 직원의 인적 투자를 저해하기 때문에 조직의 생산효율은 낮아지고, 경제 전체의 효율성을 떨어뜨린다. 즉, 기업이 그 구성원들의 투자에 의해 조직 능력을 향상시켜가는 상황에서는, 기업도산의 증가가 표준적인 경제학의 주장과는 달리 경제성장에 좋지 않은 영향을 미칠 수도 있는 것이다.

4. 기업도산 리스크에 대한 대처

이상에서 살펴본 것처럼 일본에서 기업도산은 그곳에서 일하는 직원에게 상당한 손해를 입히고, 또 도산 가능성은 조직의 효율을 저하시킨다고 생각할 수 있다. 따라서 기업 측에서는 도산 가능성을 낮추기 위해 평상시부터 여러 가지 노력을 할 것이 예상된다. 그렇다면 일본 기업은 구체적으로 어떤 방법으로 도산 리스크에 대처해왔을까?

첫 번째로 생각할 수 있는 것은, 일본 기업은 큰 수익high return을 노리고 리스크를 선택하는 경영이 아니라, 수익성이 크지 않더라도 안정성을 중시하는 경영을 해왔다는 점이다. 자본수익률에 대한 국제비교분석에서 일본 기업의 총자산순이익률Return On Assets(당기순이익/총자산)은 개별 기업 간에 큰 차이가 없었고, 그 표준편차는 미국 기업의 절반 수준이라고 보고하고 있다. 또 동시에 한 기업의 ROA의 10년 동안의 변동 크기(시계열 방향의 표준편차)에서도 평균값이 미국 기업의 1/3~1/4로 나타나고 있다. 이러한 사실에 근거해 일본 기업은 대담한 리스크테이킹을 하는 경우가 적다고 주장했고, 그것이 거시적인 저수익성으로 이어지고 있을 가능성을 지적했다. 이에 더해 '기업이 리스크테이킹을 하지 않는 경향이 있다는 것은 주주의 본래의 행동 원리를 따르지 않고 있거나, 혹은 주주의 관리 기능이 충분히 작동하고 있지 않을 가능성을 나타내는 것일지도 모른다. 본래 개별 기업에 투자하고 있는 주주의 입장에서 본다면, 기업경영상의 리스크는 주식시장에서의 분산투자를 통해 충분히 대비할 수 있기 때문에 그러한 리스크는 허용될 수 있다'라고 설명하며, 표준적인 경제학·금융론의 입장에서 일본 기업의 안전지향적인 경영 태도를 비판적으로 다루었다(龜田制作·高川泉, 2003).

그러나 앞서 서술했듯이 기업특수적인 기능이 경쟁력의 원천이며 장기고용이 지배적인 일본 기업에서, 직원은 스스로 자기의 인적 자산을 현재 회사에 집중적으로 투자하고 있다. 즉, 일본 기업의 직원은 분산투자를 통해 기업경영으로 인한 리스크를 대비하지 않는 것이다. 이러한 기업의 실상에서 보면 기업 측이 큰 리스크를 감수하려 하지 않고 안정을 제일이라고 생각하면서, 도산 가능성을 저하시키기 위해 애쓰고 있다는 것을 충분히 이해할 수 있다.

두 번째 도산 리스크에 대한 대응으로 생각할 수 있는 것이 자기자본을 충실화하는 것이다. 기업도산은 채무를 변제할 수 없어서 일어나는 것이기 때문에 도산 리스크의 감소를 위해서는 채무(부채)를 줄이면 된다. 이는 기업이 필요한 자금을 자기자본(내부유보retained earning 또는 주식 발행)으로 조달하는 것을 의미한다. 일본의 대기업은 주식을 상호 간에 소유하면서 오랫동안 주식시장으로부터 압박을 크게 받지 않았고, 그 덕분에 주주에 대한 배당을 낮은 수준으로 실시해도 무방했으며 비교적 쉽게 내부유보를 쌓

〈그림 6-3〉 일본 대기업들의 부채비율, 차입금비율
주거래은행 차입금비율(약 500개사 평균)

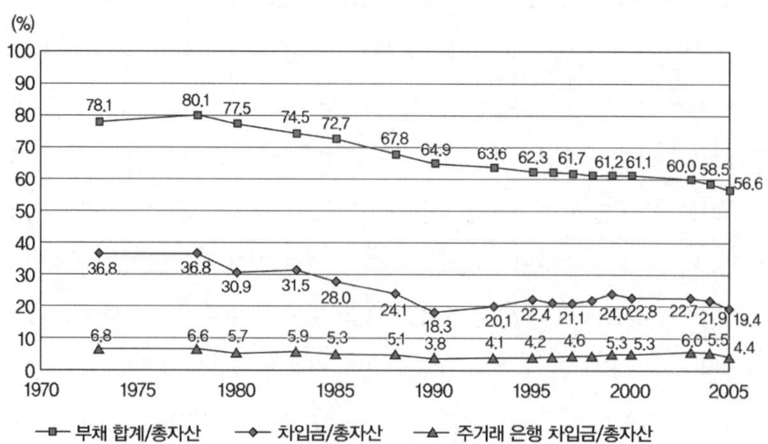

주: 각 기업의 주거래은행은 도요게이자이신보사에서 발간한 『회사사계보』의 '은행'란에 가장 먼저 기재된 은행으로 했다. 또 주거래은행의 차입금 데이터는 『기업계열총람』, NEEDS Financial Quest에서 입수했다.

을 수 있었다.

〈그림 6-3〉은 미쓰비시三菱종합연구소에서 발간한 『기업경영 분석』에 게재되어 있는 자료로, 일본 대기업 약 500개 사를 대상으로 1970년대 전반부터 2005년까지 그 부채비율(부채 합계/총자산), 차입금비율(차입금/총자산), 주거래은행 차입금비율(주거래은행으로부터의 차입금/총자산)의 평균값을 나타낸 것이다. 〈그림 6-3〉의 가장 위 그래프를 보면 일본 대기업의 부채비율이 1970년대 후반기 이래 일관되게 낮아지고 있다는 것을 알 수 있다. 구체적으로 말하면 부채비율의 평균값이 1978년 3월에는 80.1%였는데 2005년 3월에는 56.6%까지 낮아졌다. 부채비율의 이 같은 저하, 즉 자기자본의 충실화가 일본 대기업의 도산 리스크를 현저하게 낮춘 것으로 생각된다. 쉽게 말하면, 이전에는 총자산의 20%만큼 적자가 축적되었을 때(또는 자산이 감가했을 때) 도산 위기에 내몰린 데 비해, 현재는 총자산의

40%만큼 적자가 축적되었다 하더라도 아직은 괜찮다는 의미다.

앞서 서술했듯이 표준적인 경제학·금융론의 세계에서는 부채비율을 높이는 것(자기자본 비율을 낮추는 것)을 절세 효과, ROE 상승 효과의 측면을 주목해 긍정적으로 평가할 때가 적지 않았다(후자의 경우 '재무 레버리지의 효과를 일으켰다'고 표현한다). 그러나 일본에서 높은 부채비율을 좋은 것으로 간주하는 견해는 지금까지 거의 없었다. 실제로 일본에서는 자기자본 비율을 높이는 것을 '재무체질의 개선'이라고 하며 바람직한 것으로 간주해오기도 했다(田中一弘, 2006). 재무체질을 개선해 도산이라는 병을 예방하려 한 것이 일본 기업이 그들의 존속을 도모하기 위해 실시한 하나의 큰 정책이었을 것이다.

세 번째의 도산 리스크에 대한 대응은, 유사시를 위해 평소 주거래은행과 밀접한 관계를 맺는 것이다. 일본에서 기업과 은행 간에 지속적·장기적 거래 관계가 있다는 것이 잘 알려져 있다. 그중에서도 특히 기업은 주거래은행과의 관계를 중시해왔다. 주거래은행은 기업과의 관계에서 융자단의 중심, 주요 주주, 종합적인 금융서비스의 제공자 등 다양한 기능을 수행하고 있는데, 그 역할이 사회적으로도 크게 주목을 받는 때는 기업이 도산의 위기에 내몰린 경우다. 주거래은행은 위기에 빠진 기업에 대해 일반적으로 채무·금리의 감면, 추가 융자, 임원 파견, 다른 은행들에게 협조 호소 등의 역할을 적극적으로 수행해 기업을 도산이라는 최악의 사태에서 구조하고자 시도한다. 그리고 기업으로서는 이러한 '만일의 경우 주거래은행의 역할'에 기대를 걸고 평소부터 주거래은행의 관계를 중시해 융자, 예금, 외환 기타 제반 금융서비스의 거래를 주거래은행에 집중시킨다. 〈그림 6-3〉의 가장 아래 그래프는 주거래은행 차입금비율인데, 이것은 1970년대부터 현재에 이르기까지 5% 전후의 숫자에서 안정적으로 추이하고 있다. 이를 보더라도 기업은 경기가 좋을 때도 나쁠 때도 주거래은행과의 관계를 중시하

〈표 6-2〉 주거래은행에서 구제받은 기업의 직원에 대한 데이터

총 직원 수(명)	남자 직원 수(명)	여자 직원 수(명)	평균 연령(세)	평균 근속연수(년)
2095	1780	315	35.8	12.8

주: 수치는 31개 사의 평균치.

고 있다는 것을 알 수 있다. 필자가 일본의 대기업 재무 담당자들을 인터뷰해보면 주거래은행과의 관계는 (유사시를 위한) 계약에 없는 보험으로서의 기능을 수행하고 있는 것처럼 느껴졌다(廣田眞一, 2001).

주거래은행이 파산의 위기에 빠진 기업을 구제한 실제 사례조사를 토대로(Sheard, 1989, 1994), 다음에서는 여기에 열거된 60개의 사례 중 1975년부터 1992년 사이의 41개 사례를 샘플로 택해, 주거래은행의 구제가 기업도산을 막는 데 얼마만큼 효과가 있으며, 구제가 그 직원들에게 어떤 영향을 미쳤는지 분석하기로 한다.

먼저 주거래은행에 의해 구제받은 41개 기업이 그 후 10년 동안 어떻게 되었는가를 조사해보았다. 그 결과 10년 동안 계속해서 존속해온 기업은 36개(그중 상장 유지가 27개, 상장 폐지가 9개)였고, 타 기업에 흡수·합병된 것이 2개였으며, 결국 파산·정리된 기업은 3개뿐이었다. 즉, 주거래은행에 의해 구제받은 기업의 약 90% 그 후 계속 존속한 것이다. 〈표 6-2〉는 41개 기업 중 다음의 분석에 필요한 데이터를 입수할 수 있었던 31개 기업을 대상으로 총 직원 수, 남자 직원의 수, 여자 직원의 수, 평균 연령, 평균 근속연수 등을 조사해 그 평균값을 나타낸 것이다. 이 수치로부터 우리는 구제받은 기업의 직원들의 모습을 그려볼 수 있다. 직원 총수는 2095명인데 그중 남자 직원이 1780명, 여자 직원이 315명이었고, 평균 연령은 35.8세, 평균 근속연수는 12.8년이었다. 주거래은행에 의한 구제가 없었다면 이들은 모두 일거에 실직당할 위험에 놓여 있었던 것이다. 연령이 35.8세, 근속

〈그림 6-4〉 주거래은행에 의해 구제받은 기업들의 고용 수준 추이

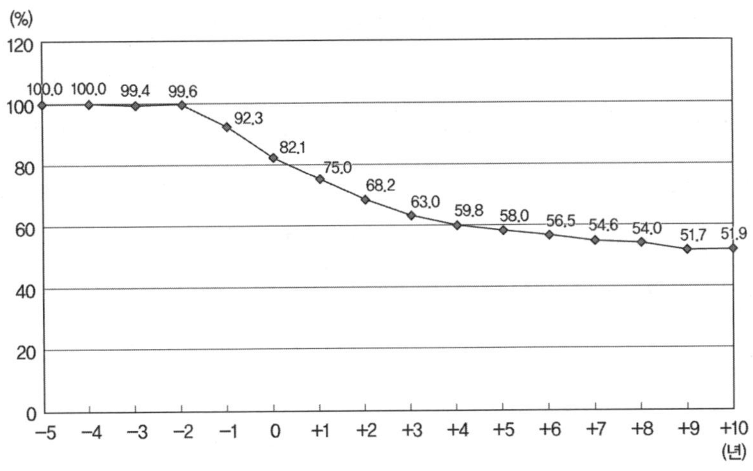

연수가 12.8년인 사람이 갑자기 생활의 방편이자, 삶에 보람을 얻는 장을 잃었을 때 다른 일자리를 찾기란 결코 간단한 일이 아니다.

〈그림 6-4〉는 주거래은행에 의해 구제받은 기업들의 고용 수준의 추이를 나타낸 것이다. 그래프의 가로축에는 구제가 행해진 해의 결산기를 0년으로 해서, 그 이전의 결산기는 -1년, -2년, ……, -5년으로, 그 이후의 결산기는 +1년, +2년, ……, +10년으로 표시하고 있다. 그리고 각 기업의 5년 전 결산기(-5년)의 직원 수를 100으로 해서, 그 이후의 고용 수준을 계산한 다음 그것들의 평균값들을 그래프에 표시했다. 이것을 보면 주거래은행에 의해 구제받은 이후 기업들의 고용 수준은 서서히 낮아지고 있다는 것을 알 수 있다. 10년 후(+10년)에는 그 값이 51.9가 되어, -5년 시점에서 절반이 되어 있었다. 즉, 주거래은행에 의해 구제받은 기업들은 그 후 규모를 서서히 축소해 살아남기를 도모했지만, 모든 직원이 고용을 보장받은 것이 아니었다. 다만, 여기에서 유의할 점이 두 가지 있다. 첫 번째는 만약 주거래은행이 구제를 해주지 않았다면 기업이 도산하면서 0년 시점의 고용 수

준은 갑자기 제로 또는 그에 근접한 수준이 되었을 것이라는 점이다. 따라서 구제 후 기업규모의 축소에 따라 결과적으로 기업을 떠나게 된 직원들이 있었다 하더라도 그들 대부분에게 준비를 위한 시간적 여유를 주었던 것으로 추정할 수 있다. 두 번째는 그림에는 나타나 있지 않지만, 구제 이후 직원들의 평균 연령과 평균 근속연수가 확실히 상승했다는 점이다. 0년에는 35.8세였던 평균 연령이 +10년에는 39.5세로, 0년에는 12.8년이었던 평균 근속연수가 +10년에는 16.3년으로 상승했다. 이는 구제 이후 기업의 고용 삭감이 현존 직원들에 대한 구조조정보다 주로 신규 채용의 억제를 통해 이루어졌다는 것을 시사한다. 이러한 점에서 볼 때 주거래은행에 의한 기업구제는 그것이 없었다면 도산했을 기업의 직원들에게 계속해서 일자리를 주었다는 의미에서 큰 효과가 있었다고 판단된다.

나아가, 기업에 대한 주거래은행의 지원은 기업이 도산 위기에 빠졌을 때뿐만 아니라 그 전 단계에서도 이루어진다고 알려져 있다. 필자가 대기업의 재무 담당자들과 은행원들을 인터뷰해본 결과, 기업이 도산 위기에 처하지 않았더라도 어떤 이유에서든 재무상태가 악화될 경우 주거래은행과의 장기적 관계가 살아난다고 말했다. 일반적으로 재무상태의 악화로 신용등급이 떨어질 경우 자본시장에서 자금 조달(사채社債나 기업어음)이 어렵게 된다. 다행히 은행으로부터 차입이 가능해졌다 하더라도 평소에 친분이 있는 은행이 아니라면 이전보다도 높은 금리를 지불해야 한다. 그러나 주거래은행이라면 그런 때도 이전과 다름없는 조건으로 안정적으로 자금을 공급받을 수 있다는 것이었다(廣田眞一, 1998, 2001).

필자는 이를 확인하기 위해 전술한 미쓰비시종합연구소의 『기업경영분석』에 게재된 약 500개 대기업을 대상으로 '재무상태가 악화됨에 따라 주거래은행으로부터의 차입금이 증가하는가'에 대해 조사해보았다. 대상 기업들을 1980년, 1985년, 1990년, 1995년, 2000년, 2005년의 각 시점에

〈표 6-3〉 기업의 재무상태와 주거래은행으로부터의 차입금

연도	부채비율(부채 합계/총자산)에 따른 분류		
	80% 미만	80%이상 90% 미만	90% 이상
1980년	5.75[253]	7.81[180]	9.33[95]
1985년	5.55[309]	8.35[132]	9.93[73]
1990년	4.44[444]	8.95[71]	9.53[38]
1995년	5.18[425]	8.38[78]	12.70[28]
2000년	6.82[360]	11.84[51]	14.66[19]
2005년	6.43[416]	10.24[36]	11.60[9]

주: 모두 3월 결산기. 기업 수치는 '주거래은행 차입금/부채 합계'의 평균값(%). [ ] 안은 샘플 수.

서 재무상태가 좋은 것부터 나쁜 것까지 3개 그룹으로 나누어 살펴보았다. 구체적으로는 부채비율이 80% 미만인 기업, 80% 이상 90% 미만인 기업, 90% 이상 기업, 총 3개 그룹이다. 마지막 그룹(90% 이상의 기업들)은 아직 채무 초과에 이르지는 않았으나 재무상태가 상당히 나쁜 기업들이라 할 수 있다. 〈표 6-3〉은 이 세 그룹에서 각각 주거래은행 차입금이 부채 총액에서 차지하는 비율(주거래은행 차입금/부채 합계)의 평균값을 정리한 것이다.

〈표 6-3〉을 보면 부채비율이 높은 기업일수록 부채 총액에서 주거래은행 차입금이 차지하는 비율이 높다는 것을 알 수 있다. 예를 들어, 1980년의 경우 부채비율 80% 미만 기업에서는 그 비율이 5.75%인 데 비해 80% 이상 90% 미만 기업에서는 7.81%였고, 90% 이상 기업에서는 9.33%로 상승한다. 즉, 기업은 재무상태가 악화함에 따라 주거래은행으로부터 차입에 더욱더 의존하고 있는 것이다. 그리고 이러한 경향은 다른 해에도, 또 가장 최근 연도인 2005년에도 변함이 없었다.

이것은 일본 기업 금융에서 주거래은행의 중요성을 재인식시켜준다. 자금은 기업의 생명선이라고 할 수 있기 때문에 경영 상태에 상관없이 자금을 안정적으로 확보할 수 있는 상태를 만들어놓는 것은, 기업이 지속적으

로 조업을 하기 위해 결정적으로 중요하다. 사실 〈그림 6-2〉에는 기업도산의 이유 중 하나로 금융적 요인(운전자금의 결핍, 금리 부담의 증가 등)이 적시되어 있다. 주거래은행과 장기적 관계가 존재한다면 재무상태가 악화되었을 때 이러한 금융적 요인에 의한 도산을 미연에 방지할 수 있다. 일본 기업들에게 주거래은행은 만일의 경우 도산을 피하기 위해, 혹은 애초에 그러한 사태에 빠지는 것을 막기 위해 대단히 중요한 의존처가 되고 있다고 생각된다.

또 하나 덧붙인다면, 표준적인 경제학에는 그러한 주거래은행의 기업구제가 경제 전체의 효율성을 끌어내린다고 보는 의론이 있다. 이 의론에서는 주거래은행이 원래 도산해야 할 기업('좀비기업')의 생명을 연장시켜 경제 전체의 자원 배분을 왜곡시킨다고 주장한다(星岳雄, 2006). 이 주장은 ① 기업도산은 큰 사회적 비용을 야기하지 않으며, ② 경제성장의 원천으로서 생산요소를 기업들에 어떻게 배분하는지가 중요하다는 것을 전제로 하고 있다. 그러나 앞서 서술했듯이 일본에서 ① 기업도산은 일하고 있던 직원들에게 금전적·심리적으로 커다란 비용을 부담시키고, ② 경제성장의 원천은 배분의 효율성보다 오히려 조직의 효율성에 있다는 사실을 고려할 때 '주거래은행의 구제로 좀비기업이 만연하게 되어 일본 경제를 망친다'는 이론은 재고할 여지가 크다.

5. 앞으로의 기업도산 리스크

지금까지 서술했듯이, 기업도산을 어떻게 생각할 것인가는 주주·채권자 등 자금 제공자 외에 기업에 인적 자산을 제공하는 직원이 존재하는가의 여부에 따라서도 달라진다. 표준적인 경제학이 상정하는 것은 기업의 직원은 단순한 노동서비스의 계약자이기 때문에 그들에게 개별 기업도산은 큰 문제가 되지 않는다. 반면 장기고용이 지배적인 일본 기업도산은 직원에게 금전적·심리적으로 커다란 비용을 부담하게 한다. 따라서 앞으로 일본 기업도산 리스크를 생각할 때는 먼저 일본의 고용 시스템의 미래에 대해 예측할 필요가 있다.

매스컴 등에서는 일본 기업의 장기고용 관행이 점점 무너지고 있고 미국형 단기 노동계약의 비율이 늘어나고 있다고 말한다. 하지만 실증연구 결과는 그러한 견해를 지지하지 않는다. 통계 데이터와 인터뷰를 기초로 한 연구에 따르면 일본의 장기고용 관행은 1990년대에도 거의 변화하지 않았다고 한다(kato, 2001). 또, 2003년의 설문조사에 따르면 일본 기업의 약 80%(직원 수의 90%)가 여전히 장기고용 정책을 유지하고 있으며, 장기고용이 지배적이지 않은 기업은 소매업, IT산업에 집중되어 있고, 그 외의 산업에서는 대부분 장기고용 중심의 기업이 압도적이라는 연구결과도 있다(Jackson·Miyajima, 2007). 게다가 2000년의 한 조사에서는 인터뷰 대상 13개 기업 모두가 앞으로도 장기고용 방침을 유지할 것이라고 답했다(河村耕平·廣田眞一, 2002).

일본의 장기고용 제도가 앞으로도 계속 이어진다면 기업도산 리스크는 결코 무시할 수 없는 문제이며, 각 기업은 이 문제에 확실히 대처할 필요가 있다. 그렇다면 그 대처 방법에서, 지금까지와 비교해 어떤 변화를 찾아볼 수 있을까?

첫 번째 변화는, 앞 절에서 서술한 '만일의 경우의 주거래은행'에 관한 것이다. 1990년대 후반에서 2000년 초까지 은행의 불량채권 문제가 심각했던 시기에는, 주거래은행이 기업을 구제하려 해도 은행 측의 체력이 달려 힘들다는 의론이 많았다. 일본 산업재생기구産業再生機構의 지원 기업을 보면, 채권포기 부담비율이 각 은행의 융자 비율에 대응한 비례 배분법이기 때문에 주거래은행의 초과 부담에 의한 기업의 구제는 관찰할 수 없었다고 보고하고 있다(福田慎一·鯉渕賢, 2006).

금융위기가 지나간 것으로 보이는 현재는 은행의 체력이 회복되었다고 간주해, 앞으로 '만일의 경우 주거래은행'이라는 기능이 부활할 것 같다. 다만, 필자의 은행 인터뷰 조사에 의하면 그러한 기능의 발휘를 방해하는 요인이 한 가지 있었다. 그것은 은행 주주에게의 설명 책임이다.

예전부터 주거래은행의 기업구제는 '지금까지 기업이 은행과의 오랜 친분관계를 바탕으로 집중적인 거래를 해준 것이기 때문에 만일의 경우에는 은행이 기업을 도와야 한다'는 암묵적 합의에 바탕을 둔 것이었다. 그러나 최근 은행에는 주주 대표소송이 보급되었고, 또 주식시장으로부터의 압박이 커졌기 때문에 만약의 경우라고 해도 주주에게 설명 책임을 이행할 수 있는 범위 이상의 지원은 할 수 없다는 견해가 많다. 그리고 그때는 '구제에 경제적 합리성이 있는지'가 설명 책임의 기준이라고 할 수 있다. 그런 의미에서, 앞으로 주거래은행에는 어떤 기업에 대해서도 그리고 어떤 상황에서도 무조건적으로 돕는다는 것을 기대할 수 없다. 다만, 은행 직원들에 대한 인터뷰 조사 결과를 보면 '이는 넓은 의미에서 경제적 합리성이며, 설사 어느 기업을 구제한 것이 당장 은행에 손실을 가져온다고 해도 그로써 다른 기업 또는 은행으로부터 신용과 평판을 유지할 수 있는 장점이 더 크다는 것을 명시적으로 주주에게 설명할 수 있다면, 지금까지와 마찬가지로 구제가 가능'하다는 의견도 있었다. 기업이 평상시에 주거래은행에 거래를 집중하는 것은 주거래은행에게 상당한 이익을 가져다준다고 할 수 있다. 그런데 그러한 거래는 '만일의 경우 도와준다'는 주거래은행에 대한 신용에 의한 것이라고 생각할 수 있다. 즉, 주거래은행이 기업구제 기능을 수행하는 것은 그들의 장기적 이익과 모순되지 않을 가능성이 높다. 그렇다면 '만일의 경우의 주거래은행'의 역할은 예전에 비해 다소 약화될 수는 있지만, 앞으로도 경영 위기에 빠진 일본 기업을 위해 지속될 것으로 기대할 수 있다.

두 번째 변화는, 내부유보의 축적에 의한 자기자본의 충실화다. 하지만 이것도 최근 자본시장의 변화를 볼 때 다소 우려되는 점이 있다. 일본 기업의 주주 구성에서 외국인 투자가나 기관투자가의 지주 비율이 상승해 주주에 대한 이익 환원 압박이 높아졌기 때문이다. ≪일본 경제신문≫ 2007년 3월 19일 자 기사에 의하면 상장 기업이 2006년도에 배당금과 자사주 매입을 포함해 총 13조 3000억 엔 정도를 주주에게 환원했다고 한다. 이 금액은 역대 최고였으며, 그 해 이익의 절반에 상당했다고 한다. 주주에 대한 그러한 이익 배분은 내부유보에 의한 자기자본 증가를 억제하기 때문에, 기업의 ROE를 높이는 효과(레버리지 효과)가 있다. 하지만 이것은 주주의 호감은 얻을 수는 있겠지만, 기업도산 리스크의 관점에서 볼 때 내부유보가 축적되지 않는다는 것이 결코 바람직한 일은 아니다. 현재 일본 대기업의 부채비율은 그다지 높은 수준이 아니므로 내부유보 축적의 감소가 당장 큰 문제가 되지는 않을 것이다. 그러나 만일 추후에 기업의 업적이 떨어지고 재무상태가 악화될 경우, 주식시장으로부터 현재와 마찬가지의 주주 환원이나 ROE를 중시하는 재무정책을 요구받는다면, 기업도산 확률이 상승해 사회적으로 커다란 비용이 발생할 수 있다는 것을 인식할 필요가 있다.

세 번째 변화는, 최근의 일본 기업을 둘러싼 변화의 하나로서 새로운 기업지배구조corporate governance 방식을 찾는 움직임이다. 그중에서도 특히 사외이사제 도입을 둘러싼 의론이 활발하게 이루어지고 있다. 지금까지 일본 기업의 이사는 대부분 내부자(즉, 승진한 직원)였는데 최근 사외이사를 두는 기업이 서서히 증가하고 있다. 사외이사의 장단점에 대해서는 다양한 의론이 있는데, 기업도산 리스크의 삭감이란 측면에서는 장점이 더 큰 것으로 여겨진다. 〈그림 6-2〉에서 보듯이 기업도산의 원인에는 불황 또는 구조적 요인 외에 사업상의 실패, 사업 외 실패, 과다한 설비투자 등 경영상의 실패가 있다. 이와 같은 경영 부진은 기업 이사회가 내부자만으로 구성되었을 때 더 일어나기 쉽다. 왜냐하면 첫 번째로, 내부자로만 의사결정을 할 경우 종종 판단을 잘못할 가능성이 있기 때문이다. 카너먼과 로발로(Kahneman·Lovallo, 1993)는, 사내의견inside view은 지나치게 주관적·낙관적으로 흐르기 쉬우므로 보다 객관적·중립적인 사외의견outside view을 도입해야 한다고 말했다. 두 번째로, 일본의 이사회는 전통적으로 사장을 정점으로 하는 계층구조이기 때문에 사장이 의사결정을 잘못했을 때 그것을 다른 사내이사가 바로잡기가 쉽지 않다. 반면, 사외이사는 회사의 계층구조 밖에 있기 때문에 사장에 대해 좀 더 쉽게 의견을 제시할 수 있고, 또 경우에 따라서는 사장 해임을 주창하기도 수월하다. 세 번째로, 내부자만의 이사회에서는 회사 내부의 인간관계에 얽혀 최적의 결정이 이루어지기 어려울 가능성이 있기 때문이다. 예를 들어, 전임 사장이 회장으로서 이사회에 남아 있다면, 현재 사장이 전임 사장의 방침을 뒤엎기는 어렵다고 할 수 있다. 이런 경우에도 회사 내부의 인간관계로부터 자유로운 사외이사의 의견은 귀중할 것이다. 정리해보면, 일본 기업에 사외이사제를 도입하는 것의 장점이 훨씬 더 크다. 미국 기업처럼 사외이사가 이사회의 과반수를 차지하는 정도까지는 아니더라도, 소수의 사외이사를 두어 그들의 의견을 참고로 일정한 규율을 수용하며 경영할 필요가 있다. 그렇게 하면 경영상의 실패를 줄이고, 도산 리스크를 끌어내리는 데 일정한 효과를 거둘 수 있을 것이다.

6. 마치며

"기업이 도산하면 큰일 난다" 일본에 살고 있는 사람들이 일반적으로 실감하는 말이다. 그렇기 때문에 우리는 이 장의 서두에서 언급한 ≪월스트리트저널≫ 기사 내용을 쉽게 이해할 수 있었다. 기업이 도산해 직원이 직장을 잃으면 금전적으로 궁지에 빠지고, 함께 일해왔던 동료를 잃고, 자신의 소속 집단을 상실하며, 경우에 따라서는 삶의 보람도 없어진다. 따라서 일본에서는 각 기업의 도산 가능성을 낮추기 위해 다양한 대책들을 취해왔다. 그리고 그 도산 회피의 관점에서 보면 일본 기업의 몇 가지 행동상의 특징들(리스크테이킹하지 않는 경영 방식, 내부유보의 축적, 만일의 경우를 대비한 주거래은행과의 관계 강화 등) 역시 자연스러운 것으로 해석할 수 있다.

다만 기억해야 할 점은, 기업도산에 관한 이러한 사고방식이 일본 사회에서 흔히 볼 수 있는 것이라 하더라도 표준적인 경제학·금융론에서는 그런 사고방식은 거의 논의된 적이 없었다는 사실이다. 표준적인 경제학·금융론에서는 '기업은 주주의 것'이고 '자신의 자금을 분산투자하고 있는 주주의 입장에서 한 기업의 파산은 심각한 사태가 아니다'라는 사고방식이 지배적이다. 이러한 전통적 사고방식은 미국 기업에 대해서는 타당할지 모르겠으나 일본에서는 쉽게 받아들여질 수 없는 것이다.

따라서 기업도산 리스크를 어떻게 볼 것인가 하는 문제에서는, 각각의 기업이 직면한 문화·관습·제도·환경을 어떻게 다루어야 하는지가 중요하다. 이 점에서 본다면 자본시장이 글로벌화하면서 점차 주주를 중시하는 경영을 요구받고 있는 일본 기업 또한 도산에 관한 사고방식이 표준적인 경제학·금융론이 상정하는 방향으로 변화할 수 있다는 가능성을 전혀 부정할 수는 없다. 하지만 일본 기업이 '사람이 재산이다'라는 관점에서 장기고용을 유지하고, 일본인의 행동 특성(집단주의, 일을 삶의 보람으로 여기는 자세)에 큰 변화가 없다면, "기업도산은 큰일이며, 그런 리스크는 어떻게든 축소해야 한다"는 사고방식이 일본 사회에서 앞으로도 계속될 것이다.

이 글에는 오사카대학의 「21세기 COE 프로젝트: 설문과 실험에 의한 거시 동학」의 '일상생활에서 좋아하는 것들과 만족도에 관한 설문'의 결과가 사용되었다. 이 설문조사의 작성에 기여해준 쓰쓰이 요시로(筒井義郎), 오다케 후미오(大竹文雄), 이케다 신스케(池田新介)에게 감사한다. 또한 본문에 소개된 설문의 다섯 개 질문(〈표 6-1〉 참조)의 작성과 관련해서는, 2004년 여름 아라이 야스히로(新井泰弘)와 함께했던 연구 프로젝트 「일본 사회의 특징을 찾는다」의 성과가 큰 도움이 되었다. 그리고 본문 서두에 소개한 ≪월스트리트저널≫ 기사 내용의 해석과 관련해서는 케이트 엘우드(Kate Elwood)의 교시를 받았기에 이 자리를 빌려 감사의 뜻을 표하고 싶다.

참고문헌

會田雄次. 1972.『日本人の意識構造: 風土·歷史·社會』. 講談社 現代新書.

阿部謹也. 1995.『'世間'とは何か』. 講談社 現代新書.

龜田制作·高川泉. 2003.「ROAの國際比較分析: わが國企業の資本收益率に關する考察」,『Working Paper Series』. 日本銀行調査統計局(2003.9).

河村耕平·廣田眞一. 2002.「株主によるガバナンスは必要か? 日本企業へのインタビューとモデル分析」. 伊藤秀史 編著.『日本企業變革期の選擇』. 東洋經濟新報社.

田中一弘. 2006.「利益率格差の背後にあるもの: 日米の企業觀, 市場觀, 利益觀」. 伊丹敬之 編著 .『日米企業の利益率格差』. 有斐閣.

寺西重郎. 2004.6.22 "日本の金融システム, 仲介型選擇に合理性". ≪日本經濟新聞(經濟敎室)≫.

東京商工リサーチ. 2007.『全國企業倒産白書 2006』.

樋口美雄. 2001.『雇用と失業の經濟學』. 日本經濟新聞社.

廣田眞一. 1998.「企業財務戰略と金融機關との關係」. 黑田晁生·米澤康博·新保惠志·廣田眞一 著.『企業財務戰略ビッグバン: コーポレート·ファイナンスの再構築』. 東洋經濟新報社.

廣田眞一. 2001.「メインバンク關係の現狀と將來: 理論·アンケート·インタビューによる考察」. ≪早稻田商學≫, 391号, pp. 69~103.

福田愼一·鯉渕賢. 2006.「不良債權と債權放棄: メインバンクの超過負擔」. ≪經濟硏究≫, 57号, pp. 110~120.

星岳雄. 2006.「ゾンビの經濟學」. 岩本康志·太田誠·二神孝一·松井彰彦 編.『現代經濟學の潮流 2006』. 東洋經濟新報社.

Kahneman, D. and d. Lovallo. 1993. "Timid Choices and Bold Forecasts: A Cognitive Perspective on Risk Taking." *Management Science*, Vol.39, pp. 17~31.

Kato, T. 2001. "The End of Lifetime Employment in Japan?: Evidence from National Surveys and Field Research." *Journal of the Japanese and International Economies*, Vol.15, pp. 489~514.

Jackson, G. and H. Miyajima. 2007. "Introduction: The Diversity and Change of Corporate Governance in Japan." in M. Aoki, G. Jackson, and H. Miya jima (eds.). *Corporate Governance in Japan: Institutional Change and Organizational Diversity*. Oxford University Press.

Sheard, P. 1989. "The Main Bank System and Corporate Monitoring and Control in Japan." *Journal of Economic Behavior and Organization*, Vol.11, pp. 399~422.

______. 1994. "Main Banks and the Governance of Financial Distress." in M. Aoki and H. Patrick(eds.). *The Jananese Main Bank System: Its Relevance for Developing and Transforming Economies.* Oxford University Press.

종 장

3·11 이후의 경제와 정책

다치바나키 도시아키橘木俊幸

1. 대재해나 전쟁 후의 경제회복

대재해나 전쟁에 의해 큰 피해가 발생하는 것을 피할 수는 없지만, 역사의 많은 상황을 보면 그 이후 경제가 부흥한다는 것을 알 수 있다. 제1차세계대전 이후 독일은 인적·물적 피해가 엄청났지만, 전쟁배상금의 감액과 국내 경제정책의 성공에 힘입어 경제가 부흥했다. 특히 독일의 전후 경제정책에서 중요한 것은, 아돌프 히틀러Adolf Hitler가 국가사회주의를 기치로 군사력 증강에 힘썼기 때문에 중공업의 부흥에 성공했고, 그 결과 독일경제가 다시 강해졌다는 점이다. 예를 들면, 독일은 무기 제작을 위해 철광·석탄·기계공업을 발전시켰다. 하지만 이후 히틀러의 나치당은 불행하게도 전체주의, 제국주의, 인종주의로 치달아 이것이 제2차세계대전의 기폭제가 되었고, 유대인 박해 등 인류 역사상 크나큰 오점을 남겼다. 그러나 히틀러가 집권한 전반기는 제1차세계대전의 폐허로부터 독일을 일으켜 세우는 데 성공한 시기였다.

제2차세계대전은 일본, 독일, 이탈리아의 패전으로 끝이 났는데, 이 세 나라의 피해는 심대했다. 다른 서방제국도 전쟁터였기 때문에 전승국이라고 할지라도 피해가 크기는 마찬가지였다. 이 대규모 전쟁의 폐허로부터 여러 나라를 구한 것이 '마셜 플랜Marshall Plan'이라는 경제부흥책(미국의 주도 아래 전개되었다)이었고, 각국은 공공사업을 중심으로 재정지출을 확대해 경제를 부흥시킬 수 있었다. 특히 유럽의 많은 나라들은 '폐허에서 번영으로의' 경제 대전환에 성공했다.

일본도 미국의 각종 경제 지원, 전후 발발한 한국전쟁 특수, 그리고 일본인의 노력에 의한 경제부흥책이 주효해 1950년대 중반부터 고도성장기에 진입했다. 일본 경제는 전후 부흥의 성공사례로서 특필되는 나라가 되었고, 패전국인 독일, 이탈리아, 일본 모두 훌륭하게 재기에 성공해 부흥의 상징이 되었다. 특히 독일과 일본은 경제대국의 반열에까지 올랐다.

전후의 폐허로부터 부흥과 번영을 이룩할 수 있었던 이유로 경제가 심하게 무너져 있는 상황에서는 초기 값이 아주 낮은 수준이었던 사실이 비교적 쉽게 높은 경제성장을 촉진할 수 있었다는 점을 무시할 수는 없지만, 무엇보다 경제성장률을 높인 것은 재정지출의 증가였다. 본래 존 메이너드 케인스John Maynard Keynes는 불황을 극복하기 위한 경제학을 주장했으나, 그의 경제학은 공공사업을 중심으로 한 재정지출에 의해 전쟁의 폐허로부터 경제를 일으켜 세우는 데 더 큰 역할을 했다. 이에 더해 이후의 번영에도 크게 기여해 "전쟁은 케인스 경제학을 실천하는 최대 기회가 되었다"는 다소 야유 섞인 평가가 나오기도 했다. 제2차세계대전 이후 경제학의 세계는 케인스 경제학의 절정기였던 것이다.

대재해의 경우는 어떠할까? 1995년의 한신阪神·아와지淡路 대지진이 좋은 예다. 이 경우에는 동일본대지진 같은 쓰나미나 원전 피해는 없었고, 큰 지진과 화재로 인한 가옥, 공장, 사무실, 인프라 기능의 피해가 대부분이었다. 그러한 피해에서 회복하기 위해 일본에서는 민간부문과 공공부문에 거액의 부흥 투자를 실시했고, 이에 따라 경제의 부흥과 번영을 경험했다. 한신·아와지 대지진 이후 일본 경제는 소규모이긴 해도 호경기를 맞아, 일본에서도 "대재해 후에는 경제가 호전된다"는 역사를 실제로 경험할 수 있었다. 또 하나의 예는, 한신·아와지 대지진에 이전인 1993년에 홋카이도北海道의 난세이오키南西沖에서 일어난 지진의 여파로 오쿠시리奧尻 섬이 쓰나미와 화재로 큰 피해를 입은 사건이다. 피해자 수는 적었으나 전국에서 거액의 기부금과 물품이 모여 "불난 집이 오히려 부자가 되었다"는 야유를 받을 정도로 부흥에 성공했다. 이상의 사례들은 일본에서의 케인스 경제학에 의한 경제부흥과 번영의 상징적 사례로서 이해할 수 있다.

2. 2011년의 대재해는 예외일까?

2011년 동일본대지진을 어떻게 평가해야 할까? 2년 정도가 지난 현 단계에서 평가해보면 오쿠시리 섬이나 한신·이와지의 경우와 비교해 부흥은 진행되지 않고, 한층 더 번영했다는 말은 도저히 사용할 수 없을 정도로 회복이 되지 않고 있다. 파괴된 가옥, 건물, 공장, 도로, 항만 등의 대다수는 아직도 재건되지 않았고, 게다가 후쿠시마 원자력발전소의 피해 때문에 어쩔 수 없이 피난을 간 사람들도 자신의 원래 집으로 돌아오지 못하고 있다.

부흥이 지체되고 있는 이유는 무엇 때문일까? 첫 번째, 한신·아와지 대지진 때보다도 그 피해 규모가 훨씬 크다는 점이다. 이번 동일본대지진은 그 피해 범위가 이와테 현, 미야기 현, 후쿠시마 현으로 광범위할 뿐만 아니라 피해의 질과 양 또한 크게 다르다. 따라서 부흥에 상당한 시간이 걸리고 소요되는 금액도 크다.

먼저, 내각부 방재 부서와 경제재정 분석 부서의 추계(사례 I)에서는 한

〈표 7-1〉 동일본대지진의 경제적 피해 추계

<table>
<tr><th rowspan="3" colspan="2">구분</th><th colspan="3">동일본대지진</th><th>한신·아와지 대지진</th></tr>
<tr><th rowspan="2">내각부 방재 부서</th><th colspan="2">내각부 경제재정 분석 부서</th><th rowspan="2">국토청</th></tr>
<tr><th>사례 I</th><th>사례 II</th></tr>
<tr><td rowspan="5" colspan="2">건축물 등
(주택·택지,점포·사무소·공장, 기계 등)</td><td rowspan="5">약 10조 4000억 엔</td><td>약 11조 엔의 건축물 파손률 상정</td><td>약 20조엔의 건축물 파손률 상정</td><td rowspan="5">약 6조 3000억 엔</td></tr>
<tr><td colspan="2">쓰나미 피해지역:</td></tr>
<tr><td>한신의 2배 정도</td><td>사례 I보다 특히 큼</td></tr>
<tr><td colspan="2">비(非)쓰나미 피해지역:</td></tr>
<tr><td>한신과 같은 정도</td><td>한신과 같은 정도</td></tr>
<tr><td colspan="2">라이프라인 시설
(수도, 가스, 전기, 통신·방송시설)</td><td>약 1조 3000억 엔</td><td>약 1조 엔</td><td>약 1조 엔</td><td>약 6000억 엔</td></tr>
<tr><td colspan="2">사회기반시설
(하천, 도로, 항만, 하수도, 공항 등)</td><td>약 2조 2000억 엔</td><td>약 2조 엔</td><td>약 2조 엔</td><td>약 2조 2000억 엔</td></tr>
<tr><td rowspan="2">기타</td><td>농림수산</td><td>약 1조 9000억 엔</td><td rowspan="2">약 2조 엔</td><td rowspan="2">약 2조 엔</td><td rowspan="2">약 5000억 엔</td></tr>
<tr><td>기타</td><td>약 1조 1000억 엔</td></tr>
<tr><td colspan="2">총계</td><td>약 16조 9000억 엔</td><td>약 16조 엔</td><td>약 25조 엔</td><td>약 9조 6000억 엔</td></tr>
</table>

주: 스톡의 구분은 일본 내각부 방재 부서의 추계에 따르고 있으나, 추계에 따라 약간씩 다름.
자료: 일본 내각부 방재 부서 발표 자료에 의거. 永松伸吾(2012)에서 인용.

신·이와지 대지진의 피해액이 약 9조 6000억 엔인 데 비해, 동일본대지진의 피해액은 약 16조~17조 엔이었다. 그리고 경제재정 분석 부서의 다른 추계(사례 II)는 약 25조 엔이었다. 방재 부서의 추계는 한신·이와지 대지진 때와 같은 방법을 사용했기 때문에 비교적 의미가 있다. 이에 따르면 동일본대지진의 피해가 한신·이와지 대지진의 약 1.8배이므로, 이번 재해의 피해액이 얼마나 큰지를 알 수 있다. 경제재정 분석 담당의 사례 I과 사례 II의 큰 차이는 추계방법이 다른 데 있다. 여기서는 차이의 이유는 탐구하지 않는다.

〈표 7-1〉을 통해 알 수 있는 또 하나의 사실은 라이프라인lifeline[1]이나 사

1 생활에 필수적인 전기, 가스, 수도, 의약품, 통신 등의 유통 라인.

회기반시설의 피해 추계 수치는 두 사례가 비슷한 데 비해, 건축물 피해액의 추계는 이것보다 훨씬 크다는 점이다. 대지진 피해의 대부분은 주택, 공장, 사무소 등 건축물에서 발생한다고 결론지을 수 있다. 건축물 쓰레기들을 처리하는 문제도 만만치 않다. 이러한 대재해에서 어떻게 경제를 부흥시킬 것인지, 그에 대한 방법이나 대책이 아직 확정되지 않은 점도 부흥을 지체시키는 한 요인이다. 일본정부가 이를 조속히 확정해야 하지만 정치계는 혼란스럽고, 총선거 이후 사령탑도 확고하지 않은 상태다.

부흥이 지체되고 있는 두 번째 이유는, 이번에는 원전 사고라는 특수한 피해가 발생했기 때문에 일반적인 부흥정책과는 다른 수단이 필요하다는 점을 들 수 있다. 예를 들면 방사능 피해에서 벗어나기 위한 대책(제염작업이나 인체건강 예방 등), 파괴된 원전을 폐기하기 위한 대책, 어쩔 수 없이 이전해야 하는 사람들이나 공장, 사무소를 어디로 이전시킬 것인지 같은 큰 과제들이 남아 있다. 이러한 과제들에 대해 어떤 정책을 취해야 하는지에 더해, 소요 비용도 거액이기 때문에 정확한 비용을 예측하는 것도 어렵다.

부흥이 지체되고 있는 세 번째 이유는, 원전 가동의 리스크가 크다는 것을 국민 모두가 알게 되었으므로 기존 원전을 어떻게 해야 할지 결정해야 한다는 점이다. 현재는 대부분의 원전이 검사를 위해 일시적으로 가동을 중지한 상태인데, 재가동 여부가 아직 국론으로 정해지지 않았다. 나아가, 가동이 정지된 원전들의 대체전력원으로 석탄, 석유, LNG 등 화석연료를 사용하고 있어 전력 요금의 상승을 피할 수 없는데, 그것이 경제 전반에 미치는 영향이 크기 때문에 이를 어떻게 해야 하는지의 과제도 있다. 예를 들면 대체전력을 이용하기 위해서는 많은 비용이 소요되며, 이와 관련된 기술 또한 아직 발달하지 못했다는 점이 있다. 이러한 원전 문제에 대해서는 추후 다시 논할 것이다.

이상 서술한 것을 정리해본다면, 전쟁 또는 대재해로 경제에 큰 피해를 입었을 때 일반적으로는 대담한 부흥책을 선택해 부흥에 성공한 사례가 많지만, 이번 동일본대재해는 이것이 지체되고 있다고 말할 수 있다. 피해가 지나치게 크다는 데 그 원인이 있으나 원전 사고라는 지금까지 없었던 사태라는 것의 영향도 무시할 수 없다. 나아가, 정치계에서는 수상이 매년 교체되는 불안정성 때문에 확고한 부흥책이 진행되지 못하고 있는 사실도 원인 중 하나다.

3. 거시경제정책의 효과와 한계

그동안 부흥을 위해 많은 공공지출이 있었지만 재해로부터 거의 2년이 지난 현재, 부흥 투자에 의한 효과는 아직 나타나지 않고 있다. 재해 직후는 일본 경제가 리먼 쇼크에서 회복하는 과정이었기 때문에 2011년도에는 마이너스 경제성장을 피할 수 없었지만, 2012년 6~9월까지도 마이너스 성장이었다. 재해 복구 투자가 있었음에도 경제가 마이너스 성장을 했다는 것은 일본 경제 전체가 상당한 불황기에 진입했음을 보여준다. 앞으로도 부흥투자는 계속되겠지만 그것이 일본 경제 전체의 불황을 극복하는 기폭제가 될 것 같지는 않고, 경기는 더욱 악화될 것으로 보인다.

이러한 상황에서는 아무리 부흥 투자를 해도 큰 효과를 거두기 어렵다고 생각되기 때문에, 과거 전쟁이나 대재해가 있은 후 부흥 투자가 달성했던 효과를 기대하기는 힘들 것이다. 오히려 일본 경제 전체를 위한 경기 대책을 강구해야 한다고 판단하는 것이 옳다. 새로운 자민당 정권은 더 강력한 금융 완화책을 실시하기 위해 물가안정 목표제inflation targeting 도입, 일본은행의 국채 인수를 포함한 「일은법」 개정 같은, 금융시장에 지나친 규모로 자금을 투입하는 정책들을 주장하고 있다. 그러나 나의 판단으로는 시장에는 이미 충분한 자금이 존재하고 있고, 만약 더 많은 자금을 투입한다고 해도 그것을 차입하려는 기업은 많지 않을 것 같다. 또한 만일 그 이상의 금융 완화를 실시하면, 일본 은행은 국채를 인수하지 않는다는 '금기사항'을 해금할 위험성도 있다. 그렇기 때문에 지금 필요한 것은 실물경제를 좀 더 활성화시켜 자금수요를 높이는 일이다.

그렇다면 실물경제의 어떤 분야에 투자를 할지 생각해볼 때 에너지, 환경, 복지, 의료, 약품 등이 로의 수요가 기대되는 분야가 될 것이다. 에너지 분야는 전력에서 원전이 차지하는 비율을 서서히 낮추기 위해 재생 가능한 대체에너지에 대한 기대를 높이고 있기 때문에, 특히 이 분야로의 투자를 중시해야 할 것이다. 이 새로운 분야에 대한 투자의 재원으로서 민간투자와 공공투자 양쪽을 생각해볼 수 있다. 민간부문에서는 이전부터 내려오는 산업에서 새로운 산업으로의 전환투자가 기대된다. 여기에는 기존 기업 내에서의 투자선 전환, 또는 기존 기업이 완전히 새로운 산업으로 전환하는 것scrap and build, 그리고 새로운 기업의 참가 등이 있을 수 있다. 이때 신규 설비투자에 대한 감세 정책의 도입을 고려할 필요가 있다.

공공투자의 재원으로서 공채 발행을 기대할 수는 없다. 왜냐하면 일본의 재정 사정이 더 이상의 차금을 허용하기 않기 때문이다. 그렇다면 증세 정책밖에 남아 있지 않다. 이미 소비세 증세가 결정되어 있는데, 소자고령화의 현 상황에서는 세금의 대부분이 복지와 사회보장에 사용되어야 한다. 그렇다면 공공투자의 재원이 될 수 있는 것은 법인세와 소득세뿐이다. 하지만 기업 간의 국제 경쟁이 나날이 격화되고 각국이 법인세율을 낮추고 있는 상황에서 일본만 법인세를 올리는 것은 어려운 일이다. 결국 남는 것은 소득세인데, 앞으로 몇 년 간 동북 지방의 부흥 재원으로서 소득세가 인상될 것이므로 이것 또한 곤란한 면이 있다. 그렇다면 증세를 통해 재원을 조달하는 것은 좀처럼 실행하기 어려운 상황이라고 볼 수 있다.

오히려 여기서 필자가 강조해두고 싶은 것은, 공공투자의 승수효과가 작아지고 있다는 사실이다. 케인스 경제학이 등장할 당시에는 감세나 공공투자의 효과가 컸다. 그러나 오늘날은 승수효과의 숫자 값이 작아졌기 때문에, 경기부양 대책으로서 공공투자의 역할을 기대하기 어려워졌다. 최근 20~30년 동안 일본정부가 경기부양 대책으로 공공사업을 벌여왔으나 그다지 성공을 거두지 못했다는 사실 또한 이를 증명한다. '남은 것은 거액의 재정적자뿐'이라고 말하는 시대가 된 것이다. 공공투자에 과도한 기대를 걸어서는 안 된다.

4. 발상의 전환 필요: 피해자 지원과 정상상태를 향해

그렇다면 이제는 새로운 발상을 해야 한다. 즉, 민간투자 공공투자 모두 적당히 해야 한다는 발상의 전환을 주장하고 싶다. 다만, 이미 밝혔듯이 동일본대지진의 피해액이 막대하기 때문에, 피해를 입은 사람들의 생활을 원상복구하기 위한 주택 등의 건축 투자를 좀 더 진척시키는 것만은 실행했으면 한다. 전 국민에게 걷는 소득세 증세분의 수입을 재원으로 삼는 것은 정석적인 정책이다. 일반 국민의 갹출을 재원으로 사용하는 것은 대지진의 피해는 자연재해이고 본인에게 과실이나 책임이 없기 때문이다. 자신의 책임이 아닌데도 살고 있던 집을 잃은 사람이 사회의 지원을 받아야 한다는 합의는 반드시 필요하다.

물론 가옥 등은 사적 재산 또는 사유재산이기 때문에 어디까지나 자신의 재력으로 조달해야 한다는 주장도 있다. 자유주의와 자본주의 사회란 원래 그렇다는 신념의 발로일 것이다. 하지만 헌법을 내세울 필요도 없이, 국민은 최저한의 생활을 할 권리가 있다. 소득이 없거나 낮아서 자기 자금으로 가옥을 확보할 수 없는 사람들에게, 임대의 경우에는 집세를 보조하고 자가주택이라면 자금이나 은행 차입금의 일부를 보조해줄 수는 있다.

그다음으로 필요한 발상은, 경제성장을 추구하는 경제사상을 이제 그만두는 것이다. 전문용어를 사용하면 앞으로 경제는 '정상상태'에 있는 것 또는 '제로성장'으로도 충분하다. 일본인 스스로 소자화(저출산)를 선택했기 때문에 인구는 계속 감소할 수밖에 없고, 따라서 노동력은 감소하고 가계소비, 즉 내수의 감소는 필연적인 귀결이다. 나는 이것이 근본적으로 일본인이 이제 경제성장은 바라지 않는다고 선택한 것이라 해석한다. '정상상태'란 존 스튜어트 밀John Stuart Mill이 150년 전에 제창한 개념이다. 인구나 자원의 제약이 큰 경제에서 경제성장을 추구하는 것은 불가능하다는 것인데, 바로 현재의 일본이 그렇다.

제2차세계대전 이후 경제가 최고조였던 때를 지나 일본은 이제 심각한 환경문제를 겪고 있다. 물이나 공기의 오염, 삼림 고갈 등 환경의 악화가 현저해졌는데 대다수가 경제성장이 이런 문제를 촉진하고 있다고 판단하기에 이르렀다. 이 이상의 경제성장을 바란다면 환경문제는 한층 더 심각해지기 때문에 이를 피하기 위해서라도 제로성장은 불가피하다고 말한다. 필자는 환경문제와 관련해 오늘날의 경제는 환경과 인간사회가 공존할 수 있는 지속 가능한 경제가 되어야 한다는 주장(Daly, 2005)에 공감한다.

석탄·석유·광물 등의 천연자원의 제약, 그리고 지구 환경문제의 악화 등을 지적하며 앞으로는 경제성장을 추구해서는 안 된다는 경제사상이 최근에 대두했다. 물론 이 같은 사상은 주류는 아니고, 생활수준의 향상(경제성장)을 추구하는 노선이 아직도 강력한 지지를 받고 있는 것이 현실이다. 아직도 '제로성장이라니 당치도 않다'는 의견이 많지만 필자로서는 발상을 전환해 정상상태 또는 제로성장론을 지지하고 싶다. 다만 현실에서 생활수준의 향상이 없는 세계란 인간에게 가혹하므로, 일본 경제가 0.5~1.0%의

성장률을 목표로 하는 것이 좋겠다고 생각한다.

0.5~1.0%의 성장률로도 충분하다고 주장하는 또 하나의 논거는, 후쿠시마 원전 사고 이후, 전기 에너지의 사용을 현재 수준 이하로 생활하는 시대가 되었다고 보기 때문이다. 경제성장을 위해서는 에너지의 활용이 필수다. 그러나 안심하며 안전하게 살기 위해서는 원전의 이용을 억제하거나 제로화하는 사회적 합의가 이루어져야 한다. 물론 이 경우에는 좀 더 풍요로운 경제생활을 추구하는 것, 즉 경제성장은 단념해야 할 것이다.

5. 후쿠시마 원전 사고의 교훈

후쿠시마 원자력발전소가 쓰나미의 피해를 입어 원자로에서 수소폭발이 일어났고 그 결과 방사능 위기에 노출된 지 몇 년의 시간이 지났다. 그것은 미국의 스리마일Three Mile 섬 사고, 우크라이나의 체르노빌Chernobyl 사고에 필적할 정도의 대형사고였다. 이 사고의 처리 방법이 적절했는가를 판단하기 위해서는 이학과 공학 지식이 필요하기 때문에 여기서는 논하지 않기로 하고, 지금까지 일본에서 왜 원자력발전이 중시되었으며 그것이 어떠한 영향을 끼쳤는지에 대해 논해보기로 하겠다.

전력은 사람들의 일상생활의 에너지원일 뿐 아니라 산업의 원동력으로서도 중요한 역할을 수행해왔다. 그러한 전력을 생산하는 수단으로 일본에서 원전이 중시되어온 요인은 다음과 같다.

첫 번째, 원자폭탄이라는 이미지 때문에 원자력이 위험한 수단이라는 생각이 강했으나, 안전성 확보를 위한 원자력공학의 발전이 두드러졌고 원전을 안전하게 작동시키는 기술이 발전했다. '절대적으로 안전하다'는 것은 원래 불가능하고, 안전성이 높아진 것은 사실이기 때문에 원자력발전을 허용하는 수준이 일본 국민 사이에 높아졌다.

두 번째, 이것이 더 중요한 요인인데 원전이 다른 발전(예를 들면 석탄·석유 같은 화력, 수력, 천연가스 등)보다 비용이 낮다는 인식이 확산되었다. 석유를 예로 들면, 1973년 중동전쟁을 계기로 일어난 오일쇼크 때문에 석유 값이 4배로 뛰었고, 그 결과 전기료가 크게 올라 가계나 산업계가 무거운 부담을 짊어져야 했다. 그런 상황에서 원자력발전비용이 비교적 낮다는 인식이 확산되었고 이에 따라 원전에 대한 기대도 높아졌다.

더욱이 발전을 위해 석탄, 석유, 천연가스 같은 화석연료를 계속 소비한다면 언젠가 그것이 지구상에서 고갈될지도 모른다는 위기의식이 높아졌고 다른 수단을 사용하는 것에 대한 기대가 생겨났다. 특히, 원전의 원료인 우라늄 광석은 비교적 낮은 가격에 조달할 수 있고, 우라늄 자원의 고갈과 관련해서는 아직 우려할 필요가 없었다.

세 번째, 화석연료를 사용해 발전한다면 CO_2를 비롯한 많은 배출물이 생기는데, 이것이 환경문제에 큰 악영향을 주는 시대가 되었다. 이미 서술한 것처럼, 지구온난화, 물이나 공기의 오염, 토지의 사막화 같은 각종 심각한 환경 파괴들이 일어나고 있었다. 1972년에 로마클럽The Club of Rome이 제기한 '성장한계론'은 환경문제에 대한 경고였다. 이런 가운데 비교적 깨끗하게 발전이 가능한 원자력에 대한 선호가 높아졌다.

전후 일본에서 '원자력의 평화적 이용'이란 구호가 일관성 있게 제기된 배경에는 이 같은 세 가지 이유가 존재하는 것이다. 그러나 여기에 열거한 세 가지 이유 중 두 번째 이유와 관련해서는 전문가들 가운데 반대 주장이 있었다는 것을 부가적으로 설명해야 할 것이다. 예를 들어 화석연료, 원자력, 재생가능 에너지 등 다양한 자원을 사용해 발전한다고 할 때 원전은 우리가 생각하듯이 비용이 낮은 것이 아니라 오히려 높다고 계산한 연구가 있다(高木仁三郎, 1981; 大島堅一, 2011).

〈그림 7-1〉 각 전력의 발전비용(정부 추계)

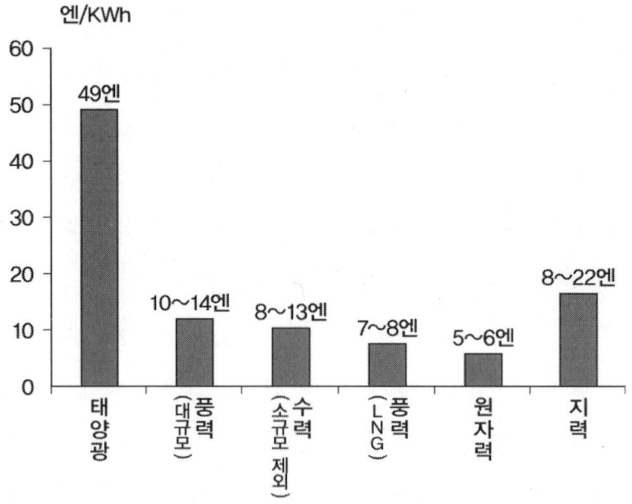

자료: 일본 경제산업성(2010),「2009년도 에너지에 관한 연차보고(에너지 백서)」 참조해 작성. 大島堅一(2011)에서 인용.

〈표 7-2〉 발전의 실제 비용(1970~2010년도 평균)

각 전력원	발전에 직접적으로 필요한 비용	정책비용		합계
		정책개발 비용	입지 대책 비용	
원자력	8.53	1.46	0.26	10.25
화력	9.87	0.01	0.03	9.91
수력	7.09	0.08	0.02	7.19
일반 수력	3.86	0.04	0.01	3.91
양수(揚水)	52.04	0.86	0.16	53.07

자료: 大島堅一(2011).

구체적으로는, 원전의 시설을 건설할 때 그 지역 주민들을 설득할 목적으로 공공시설, 도로 등 여러 가지 지출을 하는 데서 알 수 있듯이, 원자력발전에는 이른바 '정책비용'이 존재한다. 여기에서 정책비용을 포함하지 않은 발전비용과 그것을 포함한 비용을 비교해보기로 한다. 〈그림 7-1〉과

〈표 7-2〉는 이를 나타낸 것이다. 발전비용에서 KWh당 원자력이 5~6엔인 것에 비해 다른 화력이나 수력은 7~13엔, 풍력은 10~14엔, 태양광은 49엔으로, 원자력이 다른 발전보다 저렴한 것은 사실이다. 하지만 발전의 실제 비용에서 원자력은 10.25엔으로 상승해 결과적으로 높은 비용에 속한다. 게다가 실제 비용이 약 2배나 높다는 것은 원자력의 정책비용이 상당하다는 것을 알 수 있다.

후쿠시마 원전 사고에 따른 배상금 지불액이나 발전시설의 수리비용, 폐로처리 비용 등은 현시점에서 분명하지는 않으나 거액에 달할 것이라는 점은 확실하다.

그뿐만 아니라 원자력과 관련해 가장 곤란한 것이 발전 후 폐기물을 어떻게 처리할 것인지의 문제인데, 원래라면 이 폐기물 재처리 비용도 원자력발전비용에 포함되어야 할 것이다. 백엔드코스트backend cost라고 하는 이 비용은, 무려 18조 8000억 엔에 달한다(大島堅一, 2011). 이 비용을 원자력발전의 비용에 더해 계산한다면 KWh당 얼마가 될지는 알 수 없으나, 상당히 큰 폭으로 뛰어오를 것이 틀림없다. 이 같은 여러 비용들을 합산해 화석연료나 재생가능 에너지에 의한 발전비용과 비교해보면 원전 쪽의 비용이 더 높다는 결과가 도출된다.

전문가들의 원전 비용에 대한 계산이 맞다면, 원전이 저렴한 발전이라는 인식을 바꾸어야 하고 화석연료나 재생가능 에너지에 의한 발전 쪽으로 교체하는 정책을 주장해야 할 것이다. 하지만 화석연료를 더 많이 사용하자는 안은 다시 환경문제를 대두시키므로 이 문제가 해결되어야 할 것이다. 아울러 풍력, 태양광, 지열 등 재생가능 에너지를 사용할 때의 비용을 정확하게 계산해내는 것도 앞으로의 과제이며, 또한 이들을 사용한 발전을 위한 기술의 진보 역시 앞으로의 과제라 하겠다.

이러한 것들을 종합해보면, 어떤 방법으로 발전할 것인가 하는 논점과 관련해서, 현시점에서 어떤 정책을 채택할 것인가에 대한 확고한 해답은 없다고 말할 수 있다. 그렇다면 당분간은 (이 장에서도 이미 서술한 것처럼) 발전 총량의 증가를 추구하는 대신 오히려 절전책을 강구하는 편이 현실적일 것이다. 구체적으로 말하면, 사치스러운 생활을 하지 말아야 하고, 고도 경제성장을 추구하지 말아야 할 것이다.

마지막으로 이러한 주장의 근거로서 사치스러운 생활을 하지 않는 것, 또는 경제성장만을 추구하지 않는 자세가 인간의 행복을 낮추는 것이 아니라 오히려 행복을 높이는 것으로 연결된다는, '발상의 전환'에 대해 이야기하고 싶다. 필자는 현재 '행복의 경제학'을 연구하고 있는데 이에 따르면 사람의 행복은 경제생활만으로 얻을 수 있지 않다는 것이 잠정적인 결론이다. 경제 이외에도 인간이 '행복'을 느낄 수 있는 것은 많이 존재하기 때문에, 무작정 경제생활, 경제성장만을 고집할 필요는 없다.

참고문헌

高木仁三郎. 1981.『プルトニウムの恐怖』. 岩波新書.

大島堅一. 2011.『原發のコスト: エネルギー轉換への視點』. 岩波新書.

デイリー·E·ハーマン. 2005.『持續可能な發展の經濟學』. 新田功·藏本忍·大森正之 譯. みすず書房.

橘木俊詔. 2013.『'幸福'の經濟學』. 岩波現代全書.

永松伸吾. 2012.「日本經濟への影響と地域經濟效果」. 關西大學社會安全學部 編.『検證東日本大震災』. ミネルヴァ書房, 第5障, pp. 119~133.

더 읽을거리

의료·개호·연금 관련

駒村康平. 2003.『年金はどうなる』. 岩波書店.

연금제도에 대해서 많은 국민이 막연히 불안해 하고 있다. 실제 국민의 연금에 대한 지식조사에 따르면(駒村康平 編. 2007.『年金制度と個人のオーナーシップ』. 綜合研究開發機構), 20·30·40대는 지식과 관심 정도가 낮고, 50대가 되어서야 급하게 지식이나 관심을 가지게 된다고 한다. 연금제도가 일견 복잡하게 보이지만 기본적인 골조는 의외로 단순하다. 이 책에서는 연금제도의 역사, 구조, 직면한 문제점, 일본이나 다른 나라의 개혁 동향 등을 쉽게 소개한다. 연금제도의 기본적인 구조를 모른다면 지나친 불안감이 생기고, 제도 개혁에 대한 평가를 할 수 없다.

池上直己. 2006.『ベーシック醫療問題』. 日本經濟新聞社.

의료보험·개호보험제도의 기본 구조를 알기 쉽게 설명한다. 제도, 기능, 그리고 이것을 떠받치는 메커니즘을 이해함으로써 현행 의료보험·개호보험이 어떤 과제들을 안고 있는지 알 수 있다. 특히 일본에서는 2006년, 20년 만에 의료보험에 대한 일대 개혁이 이루어졌다. 고령자를 대상으로 한 의료 서비스의 내용이나 보험 부담 방식이 크게 수정되었으며 생활습관병 예방을 위한 정책적 노력도 강화되었다.

國立社會保障. 人口問題硏究所. 2005.『社會保障制度改革』. 東京大學出版會.

의료보험·개호보험, 연금뿐만 아니라 생활보호나 사회보장제도 전체에 관한 최근 연구 동향이 정리되어 있다. 연금을 중심으로 한 현재의 사회보장제도는 기초연금액의 실질적 인하 정책에 의해 전체적으로 정합성을 잃어가고 있다. 생활보호나 최저임금과 연금액의 균형을 어떻게 실현할 것인지, 저하되고 있는 연금에서 고령자들이 의료보험·개호보험의 보험료나 자기부담분을 염출할 수 있는지 등 사회보장제도 전체에 걸친 개혁이 필요하다.

社會保障審議會年金數理部會. 2006.『平成16年 財政再計算に基づく公的年金制度の財政檢證』.

'연금의 재정 상황을 공표하지 않는다'는 말이 들리는데, 이는 매스컴의 미흡한 보도이며 사실과 다르다. 이 보고서는 연금 재정의 현상과 예측에 대해 상당히 많은 것을 기술한다. 일본 후생노동성은 지금까지 이 보고서를 일반인도 알기 쉽게 해설한『연금백서』를 비정기적으로 출간해왔는데 최근에는 출간하지 않는다. 복잡한 연금개혁의 필요성과 의미를 국민에게 어떻게 전달하는지는 정부나 연구자들의 책임일 것이다. 이 보고서는 후생노동성 홈페이지에서 입수할 수 있는데 내용을 읽고 이해하는 것이 쉽지는 않다. 하지만 이 보고서가 2004년 연금개혁의 토대였다.

실업·산재 관련

Layard, Richard, Stephen Nickell and Richard Jackman. 2005. *Unemployment: Macroeconomic Performance and the Labour Market*. Second Edition. Oxford University Press.

이 책은 실업을 분석하려고 하는 사람에게 필수적이며, 실업에 관한 포괄적 연구서로 상당히 이름이 높다. 초반에는 실업 문제의 이론적 기초를 검토한 뒤, OECD의 많은 나라들의 실업 실증 분석을 하고, 마지막에는 정책적 문제를 고찰한다. 이 책을 독파하기 위해서는 미시경제학과 계량경제학에 대한 중급 수준 이상의 지식이 필요할 것이다.

빈곤 관련

岩田正美. 2007.『現代の貧困: ワーキングプア/ホームレス/生活保護』. ちくま新書.
현대의 빈곤 문제를 구체적인 사례를 통해 해설하고 있는 입문서. 워킹푸어나 홈리스가 어떤 사람들인지에 대해 궁금했던 사람이라면 반드시 읽어보기를 권한다.

Bradshaw, J. and R. Sainsbury. 2000. *Researching Poverty*. Ashgate.
영국의 빈곤 연구를 집대성한 책. 피터 타운젠드(Peter Townsend)를 비롯한 저명한 필자들이 최신 데이터를 사용해 빈곤에 대한 실증연구를 시도한다. '빈곤'에서 '사회적 배제'로 개념이 변화하는 과정도 상세하게 설명한다.

환경 리스크 관련

中西準子. 1995.『環境リスク論』. 岩波書店.
저자는 일찍이 환경문제가 새로운 양상을 보이기 시작한 1990년대 전반기에 이 문제의 중요성을 파악하고 '리스크'라는 사고방식의 필요성을 제안했다. 과거 수은 문제를 리스크로 파악했고, 벤젠(benzene) 리스크를 측정했으며 처리 비용과 균형을 도모하는 방법을 제안했다. 나아가 생태 리스크 평가의 필요성과 기본 관점을 수립했다. 일본의 리스크론은 여기서 시작되었고 중요한 의론 또한 대부분 여기에서 나왔다.

Shapiro, S. A. and R. L. Glicksman. 2003. *Risk Regulation at Risk: Restoring a Pragmatic Approach*. Stanford University Press.
비용편익분석을 비판한 책. 저자는 비용편익분석파에 의한 리스크 규제가 위기에 직면했다고 경고하고 있다. 실용주의에 의한 리스크 관리를 제창한다.

岡敏弘. 2006.『環境經濟學』. 岩波新書.
신고전파, 마르크스학파, 엔트로피 경제학의 사고방식 및 이들의 차이점을 설명한다. 고전적 공해, 화학물질 리스크, 생물다양성, 지구온난화에 이들을 어떻게 적용할 것인지를 제시한다. 비용편익분석의 기초와 한계를 논하며, 생태계 리스크를 생물다양성 손실의 지표로 나타내는 방법도 제안한다.

고용 관련

Houseman, Suzan and Machiko Osawa. 2003. *Nonstandard Work in Dev e-loped Economies: Causes and Consequences*. Upjohn Instituted.

일본·미국·유럽의 비전형(非典型) 노동을 비교하기 위한 목적으로, 2001년에 미국에서 행해진 국제회의 보고서. 미국·프랑스·영국·독일·네덜란드·스웨덴·덴마크·이탈리아·스페인·일본의 비전형적 고용에 어떤 유사성이 있으며 각국의 법제도상 차이점이 무엇인지를 다룬다. 파트타임, 유기고용(有期雇用) 등 비전형적 고용은 어느 나라에서나 확대되고 있지만, 법제도의 존재 방식에 따라 전형적 고용과 노동조건의 격차는 각각 다르다. 예를 들어 같은 유럽이라고 해도 균등대우의 추진을 전제로 파트타임 노동을 권장하고 있는 네덜란드와 그렇지 않은 영국 사이에는 차이가 있다. 일본은 정규직과 비정규직 간에 고용 보호의 격차가 특히 크게 나타난다.

菅野和夫. 2004.『新雇用社會の法』. 有斐閣.

일본의 정규직과 비정규직 간 임금격차를 이해하기 위해서는 경제학의 메커니즘뿐만 아니라 노동법에 대한 이해 또한 필요하다. 일본은 대졸 신입사원의 채용, 기업 내 훈련, 연공형(年功型) 임금 같은 독특한 장기고용 관행이 있어왔는데, 이 책은 노동법에 익숙하지 않은 사람이라도 알기 쉽게 해설하고 있다. 또한 일본에서 남녀 임금격차가 축소되지 않는 이유는 무엇인지, 법리에 대해서 차근차근 설명해나간다. 경제학자가 노동법학자의 일반적인 의론을 이해하는 데 필요한 책이기도 하다. 덧붙이자면, 평자(評者)는 노동법에 전문가는 아니지만, 비정규 고용에 대한 보호가 확대되어야 한다고 말한다.

찾아보기

인물

용어

[ㄱ]

[ㄴ]

[ㄷ]

■ 엮은이

다치바나키 도시아키(橘木俊詔)
존스홉킨스대학 대학원 수료. Ph. D.
도시샤(同志社)대학 경제학부 교수.
경제학 전반·노동경제학.

■ 지은이

고마무라 고헤이(駒村康平)
게이오기주쿠(慶應義塾)대학 대학원 박사과정.
게이오기주쿠대학 경제학부 교수.
사회정책론.

오다 소이치(太田聰一)
런던대학 대학원.
게이오기주쿠대학 경제학부 교수.
노동경제학.

아베 아야(阿部彩)
터프츠(Tufts)대학 플레처스쿨(Fletcher School) 법률외교대학원.
국립사회보장·인구문제연구소 사회보장·응용분석 연구부장.
사회보장·빈곤·공적부조.

오카 도시히로(岡敏弘)
교토(京都)대학 대학원 경제학연구과 박사과정 수료.
후쿠이(福井)현립대학 경제학부 교수.
이론경제학·환경경제학.

나가세 노부코(永瀬伸子)
도쿄대학 대학원 경제학연구과 박사과정 수료.
오차노미즈(お茶の水)대학 대학원 인간문화창성과학(人間文化創成科學)연구과 교수.
노동경제학·사회보장론.

히로다 신이치(広田眞一)

도시샤(同志社)대학 대학원 경제학연구과 박사과정 수료.
와세다(早稲田)대학 상학학술원(商學學術院) 교수.
금융론·일본 기업 시스템·기업 지배구조·실험경제학.

■ 옮긴이

백계문

서울대학교 법과대학 졸업, 중앙대학교 대학원 교육학 전공.
민주화운동가 정치활동가.
저서 『성공한 개혁가 룰라』(2011).
역서 『리스크학이란 무엇인가』(2014), 『루쉰: 동아시아에 살아 있는 문학』(2014), 『한국정치와 시민사회: 김대중·노무현의 10년』(2013), 『중국 기업의 르네상스』(2013), 『21세기 패자는 중국인가』(2012) 등.

한울아카데미 1734

리스크학 입문 2

경제에서 본 리스크

엮은이 | 다치바나키 도시아키
지은이 | 고마무라 고헤이·오다 소이치·아베 아야·오카 도시히로·나가세 노부코·히로다 신이치
옮긴이 | 백계문
펴낸이 | 김종수
펴낸곳 | 도서출판 한울
편집책임 | 배유진
편집 | 양혜영

초판 1쇄 인쇄 | 2014년 11월 27일
초판 1쇄 발행 | 2014년 12월 10일

주소 | 413-120 경기도 파주시 광인사길 153 한울시소빌딩 3층
전화 | 031-955-0655
팩스 | 031-955-0656
홈페이지 | www.hanulbooks.co.kr
등록번호 | 제406-2003-000051호

Printed in Korea.
ISBN 978-89-460-5734-0 93300 (양장)

* 책값은 겉표지에 표시되어 있습니다.